学习“商业思维”课程的好处

- 明晰战略定位
- 降低运营成本
- 提高内部效率
- 增强竞争优势
- 扩大市场份额
- 获取高额利润
- 提高股东收益
- 达成经营目标

“商业思维”课程培训每月举办一届，
截至2023年5月已成功举办134届，
服务25万+的中小微企业。

第 88 届珠海“商业思维”课程培训现场

第 85 届苏州“商业思维”课程培训现场

不懂底层逻辑的人听什么都是对的，不会顶层设计的人做什么都是错的。

顶层设计是以底层逻辑为依据，为了用更短的时间、更低的成本走通商业变现路径而设计的商业模式、组织构架、利益分配和交易规则等。

底层逻辑，指从事物的底层、本质出发，寻找解决问题路径的思维方法。底层逻辑越坚固，解决问题的能力也就越强。

简单来说，顶层设计就是一整栋大楼的设计施工图纸，而底层逻辑就是一层一层递进往上盖楼的基础。地基不牢，楼房一高就有塌的风险；没有图纸，根本不知道会建成什么样！

——“商业思维”课程语录

商业思

商业

第 90 届重庆“商业思维”课程培训现场

战略的三大维度：

1. 危难中可以活着；
2. 竞争中可以活好；
3. 市场中可以活久！

企业如人：

活着才有希望；
活好才有价值；
活久才有机会！

——“商业思维”课程语录

第 133 届天津“商业思维”课程培训现场

竞争越来越激烈，企业如何活下去？

应该从追寻市场随机的运气，

到探索经营管理的底层逻辑！

客户选择产品的逻辑是什么？

团队跟随你的逻辑是什么？

激发团队动力的逻辑又是什么？

……

——“商业思维”课程语录

第 122 届北京“商业思维”课程培训现场

商业的底层逻辑

苏引华　李超　著

SPM 南方传媒 | 广东经济出版社

·广州·

图书在版编目（CIP）数据

商业的底层逻辑 / 苏引华，李超著．—广州：广东经济出版社，2023.5

ISBN 978-7-5454-8804-3

Ⅰ．①商… Ⅱ．①苏… ②李… Ⅲ．①商业经营—研究 Ⅳ．① F713

中国国家版本馆 CIP 数据核字（2023）第 081360 号

责任编辑：毛一飞
责任校对：李玉娴
责任技编：陆俊帆
封面设计：博墉文化

商业的底层逻辑
SHANGYE DE DICENG LUOJI
出版发行：广东经济出版社（广州市环市东路水荫路 11 号 11 ～ 12 楼）
印　　刷：艺通印刷（天津）有限公司
（天津市宝坻经济开发区宝富道 9 号 3、4 号车间）

开　　本：787mm×1092mm 1/16　　**印　　张**：20　**插页** 8
版　　次：2023 年 5 月第 1 版　　**印　　次**：2023 年 5 月第 1 次
书　　号：ISBN 978-7-5454-8804-3　　**字　　数**：287 千字
定　　价：199.00 元

发行电话：（020）87393830　　编辑邮箱：gdjjcbstg@163.com
广东经济出版社常年法律顾问：胡志海律师　　法务电话：（020）37603025
如发现印装质量问题，请与本社联系，本社负责调换。

序 Preface

为什么写这本书？

为什么你听过很多道理，但仍然过不好这一生？

为什么你学过很多课程，但仍然经营不好企业？

主要原因是，你没有掌握商业的底层逻辑。

没有商业底层逻辑的人听什么都觉得对，但做什么都错。

为了帮助更多人掌握商业的底层逻辑，从而更好地经营管理自己的企业，我决定出版这本《商业的底层逻辑》！

为什么你一定要看这本书？

因为：

公司的问题源于财务的问题，

财务的问题源于业务的问题，

业务的问题源于管理的问题，

管理的问题源于文化的问题，

文化的问题源于经济的问题，

经济的问题源于财务的问题……

这是一个循环，也是一个死结。

所以，如果一个公司的业绩不好，那么问题就会集中爆发，老板的职责就是打开这个死结（见图1），让公司进入正循环……

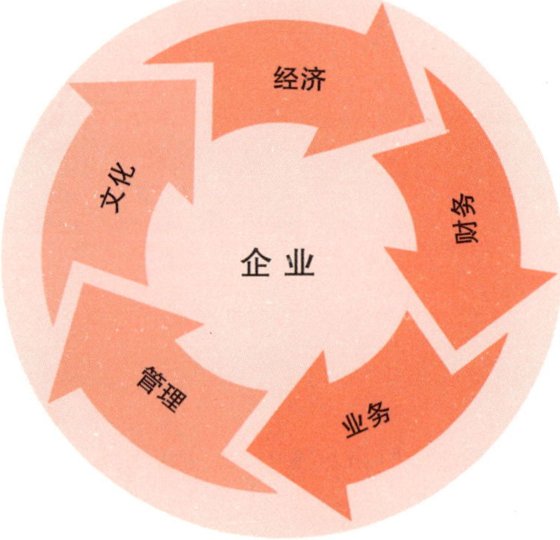

图1 企业问题的死循环

如何打开这个死结？你必须明白商业的底层逻辑，理顺业务流程，找到经营的着力点，这样才能让企业步入正轨，走上发展的道路。

这本书主要讲什么？

企业的核心在于利润，

利润的核心在于经营，

经营的核心在于人才，

人才的核心在于激励，

激励的核心在于分配，

分配的核心在于绩效，

绩效的核心在于预算。

没有预算就谈不上绩效，没有绩效就谈不上利益分配，没有利益分配就谈不上共享共赢，没有共享共赢就没有员工的自动自发，没有员工的自动自发就没有企业的自动运转，没有企业的自动运转就没有企业的业绩暴涨和老板的身心解放。

本书从**战略、利润、经营、人才、激励、分配、绩效、预算**八个维度（见图2），为你理清商业的底层逻辑，把企业经营和管理的八大核心问题用一根线串联起来，让你学会：

正确地制定企业的发展战略，

用精确的预算来设定科学的绩效考核标准，

用科学的绩效考核标准来制定员工的薪酬分配制度，

用激励性的薪酬分配来激发员工的动力，

从而吸引更多优秀的人才和激发团队把企业经营得更好，

实现企业的业绩暴涨和获取高额的利润，

进而更好地促进公司战略目标的实现。

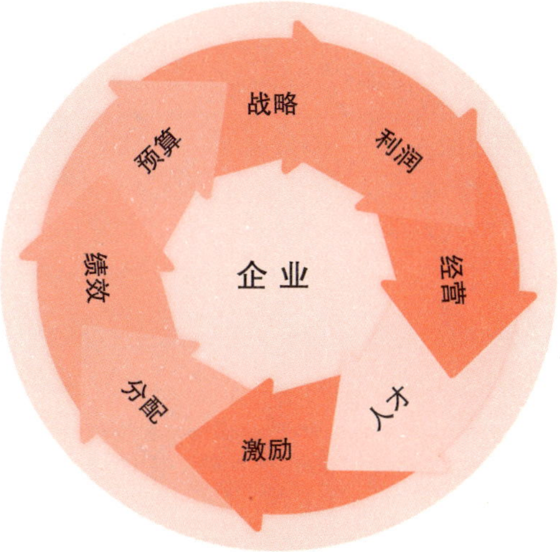

图2　企业经营和管理的八个维度

如果你想**实现企业的业绩暴涨和老板的身心解放**，那么，请务必认真看看这本《商业的底层逻辑》。

目录 Contents

第一章　战略的底层逻辑

第二章　利润的底层逻辑

第三章　经营的底层逻辑

第四章　人才的底层逻辑

第五章 激励的底层逻辑

第六章 分配的底层逻辑

第七章　绩效的底层逻辑

第八章　预算的底层逻辑

第一章

战略的底层逻辑

一个企业再强大，也不可能强大到不足以被打败；
一个企业再弱小，也不可能弱小到没有资格去竞争。
只要你懂得定战略，你就可以以少胜多、以小博大。

第一节 为什么要定战略

Why

一提战略，很多老板会摇头：我的企业这么小，战略离我太遥远，我只要跟紧趋势，啥挣钱干啥就行了。

可是，你想跟着感觉走，可能走着走着就走进了死胡同；你想当机会主义者，可能你抓住的机会不过是对手给你埋的一个雷。试想一下：没有罗盘与灯塔，航船将会漂向何方？看完本节内容，相信你会有所收获，并反躬自省：我的企业有战略吗？

一、不谋万世者，不足谋一时；不谋全局者，不足谋一域

能带领事业走向成功的，一定是一个战略大师，而不会是一个战术大师。古今中外，概莫能外。

※ 案例 ※

楚霸王项羽堪称超级战术大师，几乎赢得了每一场战斗，但他却没有战略思维，只满足于战术目标的达成。相反，刘邦屡战屡败，几乎每次都被项羽打得丢盔卸甲、溃不成军，但他战略目标明确，那就是“争天下”，为此可以“与天下同利”。最后垓下合围，战术大师项羽被战略大师刘邦一战而灭，项羽自刎于乌江，刘邦则建立了大汉四百年基业。

三顾茅庐前，刘备戎马半生四处征战，年近五旬依然一事无成。而三顾茅庐后，刘备有如神助，占荆州、取益州，很快就割据一方，最终三分天下有其一，得遂平生之志。失意半生的刘备为何会改命转运，“创业”成功？皆因战略大师诸葛亮《隆中对》中的千古奇策。诸葛亮未出茅庐已知三分天下，在精准分析天下大势后，为刘备成就霸业量身打造了明确而又完整的战略蓝图。

抗战初期，国内舆论出现两种声音：一种是中国必亡论，一种是中国速胜论。1938年在延安抗日战争研究会上，毛主席针对这两种错误观点进行了一一驳斥，论证了抗战的发展规律，阐明了争取抗战胜利的道路——抗日战争是持久战，最后的胜利是中国的。《论持久战》，正是指导全国抗战取得最终胜利的理论纲领。

战术决定了一时的成败，战略却决定了全局的得失。

二、所有企业都需要战略

有些人说，我的企业这么小，有必要定战略吗？

答案是：当然要。

对于企业来说，战略是航海途中的罗盘，是长征路上的导航。

我们不妨来看一个商业案例：

电视剧《狂飙》中，高启盛为何会贩毒？最直接的原因就是他的小灵通生意大败亏输。

※ 案例 ※

在GSM双向收费的时代，小灵通以极其简单的技术改造、超乎想象的组网成本和低到脚底板的资费水平迅速实现野蛮扩张。高启强、高启盛兄弟俩及时抓住了风口，成功掘得了人生的第一桶金。然而，“城头变幻大王旗”，在三大运营商的“联合绞杀”下，2011年，小灵通正式退市，一个时代结束了。然而，这一风向的改变，高启盛完全没有预见，反而囤积了几十万台小灵通，最终全部砸在手里，血本无归，也直接导致他铤而走险，走上贩毒的不归路。

高家用血与泪证明了“成也小灵通，败也小灵通”，同时也提醒我们，不管公司是大是小，企业决策层都需要通过战略性思考来确定企业的发展方向，提前布局，争取主动，而且，越小的企业，越需要用战略来确定方向。

管理大师德鲁克说，没有战略的企业就像流浪汉一样无家可归。

国内不少企业就有这种“流浪倾向”，喜欢脚踩溜冰鞋，溜到哪儿算哪儿。

试想一下，一家没有发展方向的公司，在激烈竞争的市场中，将会是什么结局？它通常会走到不想去的地方，企业的处境是极其危险的。

有一家公司原来靠电视广告卖保健品，有几年做得很好，但近几年销量骤减，投放效果很差。我问，为什么不转向移动端呢？负责人说，不懂，没有团队。

时代要抛弃你的时候，连声招呼都不会打。

对战略的认知将决定一家企业能走多远！

国内很多中小企业的成功靠的是起步早、胆子大、有关系，但在今天，由于缺乏战略的指引和管理的支撑，这些企业的持续发展受到严重制约，形势好，大把捞钱，形势不好，立刻被打回原形。

没有战略的企业，面对未来，茫然无措，没有对未来发展的思考与研判，没有明确的目标和方向，更缺乏笃行的定力与韧性，有的生搬硬套、盲目跟风，有的见异思迁、随意改变方向，有的故步自封，陷入过去的成功当中无法自拔，有的缺乏底线思维，为达目的不择手段、自毁前程……

战略既是必需品，又是奢侈品，代表着企业老板的层次与智慧。

三、到底是战略重要还是执行重要

多数人会说：都重要。因为即使你的企业战略定得非常好，可是不去执行，也是没有用的。

而事实的真相是：**战略比执行重要100倍。**

战略是“道”，是方向；执行是“术”，是方法。

战略是从全局思考实现目标的规划，战术只是实现战略的手段之一。

争一时之短长，用战术就可以达到；争一世之雌雄，非战略不足以谋划。

“有道无术，术尚可求也；有术无道，止于术。”

下面我们来看一张图（见图1–1），了解战略与执行的关系。

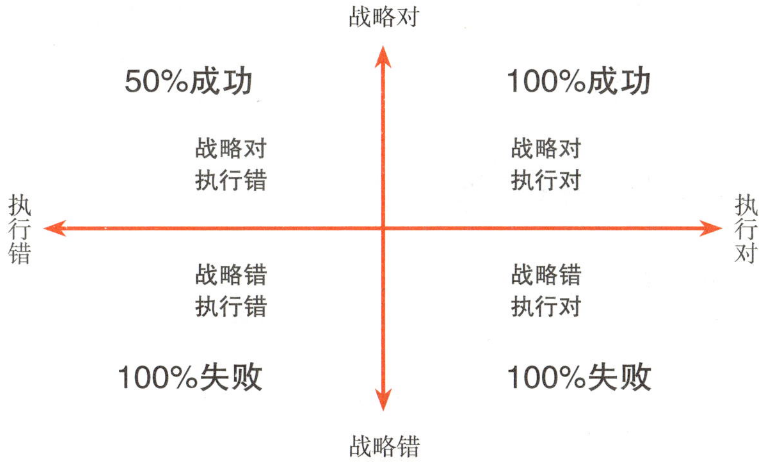

图1–1　战略与执行逻辑关系示意图

战略对＋执行对＝100%成功　　战略对＋执行错＝50%成功

战略错＋执行对＝100%失败　　战略错＋执行错＝100%失败

战略得当，即便战术有误，也总有咸鱼翻身的机会；战术再强，若战略失误，则无异于南山有鸟，北山张罗。

结论：方向正确是得到好结果的唯一前提条件。

所以雷军说过一句非常著名的话：**千万不要用战术上的勤奋来掩盖战略上的懒惰。**

一个农民，他给自己订立的目标是成为百万富翁，然后他辛勤耕种自己的一亩三分地，年底一算账，得，还是那点收成。

一个北漂，拼命工作努力赚钱，但是他觉得一线城市的房价不会大涨了，觉得炒股和投资理财的收益要远远跑赢房价，于是，他工作十几年一直没买房，而房价却一路飙升。

这就叫战术上的勤奋掩盖了战略上的懒惰。

IBM前总裁郭士纳说：忽视战略，仅仅关注战术和执行，会给企业带来灾难。

任正非说：战略决策关乎方向，方向错误，速度越快越容易翻车。

所以中小微企业的突破之道，不在于“财力”，而在于“脑力”。

四、定战略将帮助企业实现三大目标

定战略的三大目标示意图，见图1-2。

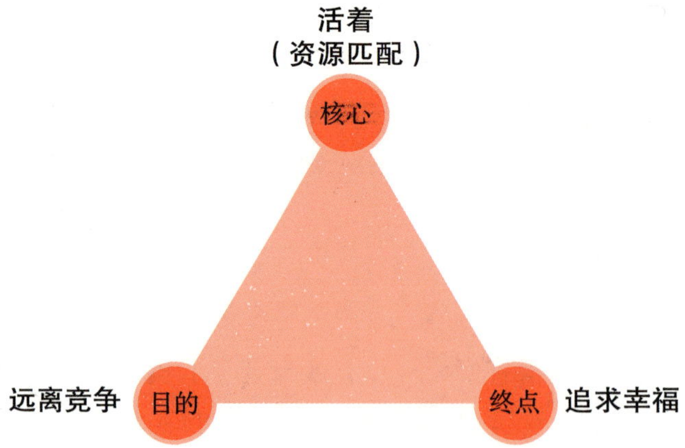

图1-2　定战略的三大目标示意图

1. 活着

有人研究过，在中国，中小微企业的平均寿命是2.9年，也就是说，中国大部分的中小企业是昙花一现。

为什么中小企业的寿命这么短？

因为大部分企业老板只有“放大镜”，没有“望远镜”，只关注眼前利益，压根没有战略规划。另外，虽然企业制定了战略，但资源和战略不匹配，“想做的”事情很多，但“能做的”事情很少，战略无法落地。所以人们常说，人生最大的不幸是你的才华配不上你的野心。

而强有力的战略落地和战略定力，可以让企业活得很好，也活得很久。

2. 远离竞争

田忌赛马的故事妇孺皆知。

※ 案例 ※

战国时期，齐国大将田忌经常和齐威王进行跑马比赛，每次比赛共设三局，胜两局以上者为赢家。每次比赛，田忌总是输给齐威王，这让他很是郁闷。

田忌有个军师叫孙膑，他给田忌制定了一个策略：

孙膑说：用您的下等马去对阵齐王的上等马，用您的上等马去对阵齐王的中等马，用您的中等马去对阵齐王的下等马。

田忌采纳了孙膑的策略，结果三局两胜，第一次在赛马比赛中战胜了齐威王。

田忌与齐威王“硬刚”，结果一败涂地，然而，“战略一转天地宽”，换一种思维，轻轻松松赢得比赛。

战略正确才是王道，它可以让我们摆脱红海，创造蓝海，在那个远离竞争的领域分得大块蛋糕。

3. 追求幸福

商场如战场，战术是方法，战略是方向。

选择客户群体是战略，锁定客户需求是战略，新产品研发是战略，营销系统建设是战略。

人员推销是战术，直播带货是战术，短视频营销是战术，广告投放是战术，会议营销是战术，电话营销是战术。

大多数人耽于战术，却疏于战略。因为他们不明白，**战略如果没有布局好，再厉害的战术也难以发挥效果。**

方向错，无异于南辕北辙，走得越快离目标就越远；方向对，即使慢一点，也终有一天会抵达理想的彼岸。

这就是所谓的：

一个企业再强大，也不可能强大到不足以被打败；

一个企业再弱小，也不可能弱小到没有资格去竞争。

只要你懂得定战略，你就可以以少胜多、以小博大。

五、如何让自己立于不败之地

接下来我们分享一个经典案例，如果你能够把这个案例看懂，你就知道如何让自己立于不败之地。

※ 案例 ※

大小两条船要进行比赛，看谁先到海的对岸，前提条件是：

① 起点是同一个起点，终点是同一个终点；

② 两条船都对这片海域一无所知；

③ 大船在任何方面都优于小船，设备更先进、人员更优秀、食物储备更多……

根据这三个前提条件，我们来思考一下：

如果你是小船，你如何战胜大船？

如果你是大船，你如何战胜小船？

这里我们不妨抛砖引玉，各给出两种方法。

1．小船要胜利的方法

第一种，先出发。

在燃油车一统江山的时代，特斯拉就已看到了新能源汽车的未来图景，并率先入局，“革燃油车之命”，从而彻底搅动了整个汽车行业，让燃油车横行天下的历史得到了终结。目前特斯拉的市值是宝马、奔驰、奥迪市值的总和。为什么？因为它先出发。

中国有句老话叫“笨鸟先飞”。举个例子，我跑步的速度比你慢，但是我提前出发，等到你做完热身运动准备起步的时候，可能我已经到达了终点。

天下武功，唯快不破。有时候做得快比做得对更重要。

第二种，差异化。

大船走A路线，我就走B路线；大船走B路线，我就走A路线。

为什么？

因为与强大的对手在同一个赛道上同质竞争，无异于以卵击石。要想超越对手，你只能变换维度另辟蹊径，创造差异化，最后实现殊途同归甚至后来居上的目标。

※ 案例 ※

苏宁和国美，曾经的两家家电零售连锁巨头，在它们纵横江湖的时候，刘强东还在靠乡亲们凑的500元钱和76个鸡蛋在北京读书。

但让苏宁和国美做梦也没有想到的是，这个学生居然成为打败苏宁和国美的黑马。

抛弃苏宁、国美开实体店的老路，京东热情拥抱互联网，进行线上布局，并开创直营模式。当国美、苏宁已走在破产边缘的时候，京东年营收接近万亿元规模，跃居2022中国民营企业500强第一名。

如果当初京东跟在苏宁、国美后面亦步亦趋、生搬照抄，恐怕早已被两位老大哥扼杀在摇篮里，连长大的机会都没有，又怎么会有今天“长江后浪推前浪，后浪把前浪拍在沙滩上”的辉煌战绩？

再举个例子：腾讯与新浪的微博之战。

※ 案例 ※

2009年9月，新浪微博悄然上线，仅一年时间用户就达到1亿人。而腾讯微博上线于2010年5月，比新浪微博迟了整整8个月。

几乎所有人都认为，在白热化的微博一战中，腾讯对新浪的胜算十分渺茫。

“能够战胜微博的，一定不会是另外一个微博。”

2011年1月，腾讯新的战略级产品“微信”面世。从图片分享、语音聊天、摇一摇、漂流瓶到查看附近的人，持续的迭代让微信用户数量激增。等到朋友圈、公众号成功推出，一个全新的舆论生态——自媒体——横空出世，不仅让传统媒体出现雪崩式的倒塌，也让微博之战毫无悬念地落下了帷幕。

2. 大船要胜利的方法

大船要胜利的方法很简单：

第一种，不让你先出发。

蜂窝不粘锅，近几年走进了很多家庭的厨房。先不论这口锅好不好用，锅界两个“大佬”苏泊尔、巴赫就为了这口锅对簿公堂，并轰动一时。苏泊尔公司认为，巴赫公司在多个媒体平台通过主持微博话题讨论、召开新闻发布会等形式明示或暗示苏泊尔公司生产、销售的“X晶盾不锈钢炒锅”侵害其“蜂窝不粘锅”专利权，损害苏泊尔公司的商业信誉，构成商业诋毁。浙江省高级人民法院对此案做出终审判决，巴赫公司因商业诋毁苏泊尔，被判赔偿300万元。这就是商业竞争的残酷真相，最简单直接的方法就是阻止你先出发。

第二种，紧紧跟随。

什么意思？

大船跟在小船后面，当看到小船找到一条路了，就直接复制粘贴，所以结果必然是后来居上。

“跟随”规避了企业埋头钻研的时间成本，将先进的技术直接拿来为自己所用，是站在别人的肩膀上快速成长。

所以，当你实力强大的时候，你就跟随、复制，然后超越。

第二节 什么是战略

What

每个企业的战略都应该是独一无二的，每个企业都应该选择不同的赛道、定义全新的战场。和那些没有战略思维的机会主义者正相反，也有一部分企业老板志向高远，热衷于擘画战略蓝图，可是，要么志大才疏，战略根本无法落地，蓝图沦为一张废纸，要么生搬硬套、东施效颦，重复别人的老路，要么眉毛胡子一把抓，西瓜、芝麻都要捡，最后偏离了既定的方向，让自己长成了一丛灌木。如果你踩了这些坑，相信你一定是对“战略”这个词有所误解。那么，到底什么是战略？如何校准自己的战略定位，在市场缝隙中找到出路？

一、战略就是取舍，战略就是选择，战略就是定位

战略分为“战”和“略”。

“战”就是“决定做什么”，“略”就是“决定不做什么”。

你认为是“略”重要，还是“战”重要？

答案是：“略”比“战”更重要。

有所不为，才能有所作为。

所以，战略的核心关键就是做减法，我们叫“舍得”。

先舍后得，不舍不得；小舍小得，大舍大得。

先学会“舍”，然后才能“得”。

人生有两件事很重要：**一是要学会选择，二是要学会放弃。**

我们的命运取决于自己的选择。所有的选择都有风险，所有的选择都要付出代价，关键在于你想要什么，愿意放弃什么。

放弃不是认输，也不是投降，而是一种更重要的选择。不懂得放弃就做不出选择，选择与放弃就是决定命运的十字路口，选择就意味着放弃，而放弃是为了更好地选择。

机会成本一直都在，只有在权衡大局之后做出选择，知道自己真正想要什么、目标在哪里，我们才能怀着最诚挚的心、踏着最坚定的步伐去实现我们的目标。

※ 案例 ※

2022年8月16日，国内最大的数字藏品平台之一——腾讯幻核——发出公告：自即日起，幻核将停止数字藏品发行……

腾讯幻核上线以来开局良好、发展不俗，然而，无论是行业风险还是监管风险，数字藏品的发展都面临着较大的不确定性。

身为互联网巨头，主动将风险性业务列入非战略业务并坚决放弃，更务实、克制地聚焦自身核心业务，是腾讯的一次战略选择，体现的正是腾讯决策层头脑的清醒与取舍的智慧。

有时选择放弃什么，更能折射企业决策层的战略考量。

老板犯的最大的错误，就是什么人的钱都想赚，结果什么钱都赚不到。

企业只能为部分人服务，如果你想赚所有人的钱，最后注定什么钱都赚不到，因为你的资源无法匹配你的野心。

只有决定不做什么，才有更多的时间去做什么。因为人的时间是有限的，我们想做的事情是无限的，用有限的时间去做无限的事情，不是聪明之举。所以，人要想办法把有限的资源、有限的时间聚焦在有限的事情上，把一件事做到极致，这时候才可能取得最好的结果。

二、战略就是想清楚“赚谁的钱”和“怎么赚”

心理学上说：“你可以成为你想成为的人。”但在商业竞争中，你永远也无法成为你想成为的人，你只会成为“市场所需要的人”。

有人问我：到底是做自己想做的事情，还是做该做的事情呢？

我的回答是：做你想做的事情会让你很快乐，但做你该做的事情却能使你变得伟大。人生只有把该做的事情做好，才有资格去做你想做的事情。

人生中有很多我们想做却不能做的事情，商业上也是如此，因为要做好一件事不是单凭意愿和热情就可以的，很多时候**一件事能不能做成，取决于自己有没有优势、政策允不允许、客户需不需要。**

我们今天谈企业战略，简单来说就是要去了解**我们到底要赚谁的钱，到底应该怎么去赚钱。**

企业战略，分为**文化战略和商业战略。**

企业的战略是怎么制定出来的？我们需要回到企业文化，因为所有业务问题的背后都是管理的问题，所有管理问题的背后都是文化的问题，而文化的背后是价值观，价值观的背后是奖惩，奖惩的背后是机制，机制的背后是利益，利益的背后是经济，这就是所谓的经济基础决定上层建筑，上层建筑又反作用于经济基础。

为什么一定要先制定好企业的文化战略？因为这属于企业顶层设计。为什么企业一定要先做一个顶层设计？就像建一幢房子，盖10层和盖100层，修的地基肯定是不一样的；盖一个茅草屋和盖一座摩天大厦，修的地基也是不一样的。只有先把图纸设计出来，然后再去按图执行，从地基开始，第一层、第二层、第三层……这时候才能慢慢地往上建，直至建成理想中的样子。

所以，文化战略就相当于建房子之前的设计图，如果没有设计图就去施工，质量、安全、效益从何谈起？就像系扣子，如果第一粒是错的，那么下面粒粒都是错的。这就是所谓的“没有底层逻辑，听什么都是对的；没有顶层设计，做什么都是错的”。

1. 文化战略的三大出发点

为了让大家能够更明白企业的文化战略是怎么一回事，我用一张图（见图1–3）把文化战略制定的过程推演出来。

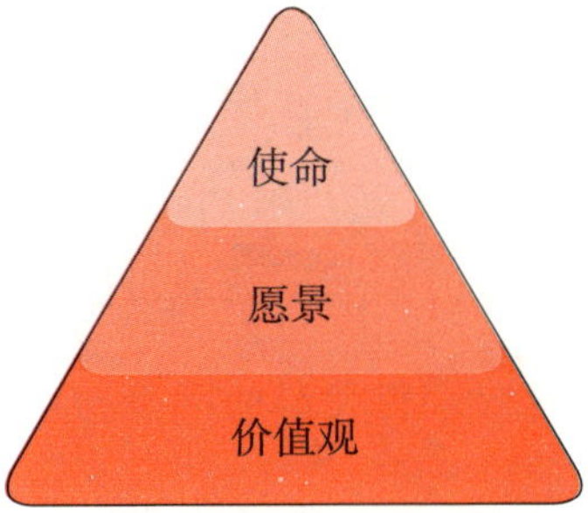

图1–3　文化战略的三大出发点

第一是使命。

企业成立的初衷是什么？企业赖以生存的业务是为谁解决什么问题？企业存在的价值是什么？这是一个企业的出发点，简单来说就是要想清楚：**企业到底要为谁服务？为谁解决什么问题？**

有句话是这样的：出发点决定终点。为什么很多企业发展到一定程度就停滞不前甚至走下坡路？最主要的原因是很多人创业的出发点只是为了脱贫致富奔小康，当他们实现了这个目标之后，就没有动力了，没有梦想了，就丧失了创业时的激情。

※ 案例 ※

有三个石匠，他们正在干活，一个路人问他们都在干什么。第一个石匠说："我在养家糊口。"第二个石匠说："我在做世界上最好的石匠活儿。"第三个石匠仰望天空，目光炯炯有神，说："我在建造一座大教堂。"

五年后，第一个石匠被辞退了，第二个石匠勉强保住了饭碗，第三个石匠则成了世界上著名的建筑师。

认知决定高度。无论个人还是企业，都要一个使命，使命就是你为一件事可以使出命来。这个出发点绝对不是为了钱，如果为了钱，人的动力是有限的，只有为了使命，才会有永远使不完的劲。

人因梦想而伟大，企业也因理想崇高而行稳致远。

第二是愿景。

希望将来发展成什么样子？希望在哪些领域取得什么样的成就和地位？企业未来的梦想是什么？

在电视剧《大秦帝国之纵横》中，秦王嬴驷有这样一段台词："于后世千秋万代，每一户人家的窗台，我大秦的明月，必朗照之。"表达的正是他的政治抱负和愿景。

第三是价值观。

价值观就是企业所有人都要共同遵守的、倡导的、反对的行为准则、底线和信条。

使命、愿景、价值观，这三大出发点的**逻辑顺序**，我们可以这样理解，见图1-4。

图1-4　文化战略三大出发点的逻辑顺序

最先有的，一定是企业家创业之初胸怀的“使命”。即，我要做某件事，去改变某种现状。

然后，因为我做了这些事，改变了这些现状，就一定可以出现什么样的“愿景”。

最后，为了出现这一“愿景”，企业上下必须遵循什么样的“价值观”。

无数公司做不好的原因，就是根本没有“使命”，没有“愿景”，更没有“价值观”。

很多老板天天追热点，哪个赚钱做哪个，哪里热闹哪里赶，还美其名曰“紧跟趋势”。今天听说口罩生意很不错，他就去做口罩，明天听说股票好赚钱，他就去炒股，后天听说房地产不错，他又去炒房地产，“打一枪换一个地方”，盲目跟风、见异思迁，企业经营变成“游击战”。

有的老板欲望膨胀，冒险突进，完全不顾自身资源与野心是否匹配，是否违背一家企业正常成长的逻辑，从而让“大赌一把”的疯狂变成了“理所当然”的败局。

有的老板没有底线思维，没有职业操守，为了赚钱不择手段，一再击穿企业的安全屏障，不仅给企业自身带来严重危机，甚至给整个行业带来灭顶之灾。

使命是方向，是路线，决定企业应该做什么事情，不应该做什么事情。

愿景是旗帜，是动力，一个企业有远大的目标和崇高的理想，才会有凝聚力，才会有人跟随。

价值观是标准，是信仰，有了价值观，员工才知道企业倡导什么、反对什么，才会达成共识、凝聚团队。

只有明确了企业的使命、愿景和价值观，才能确保企业的航船行驶在正确的方向上，并以坚定的意志冲破惊涛骇浪，抵达成功的彼岸。

※ **案例** ※

大脑营行在做企业管理培训课程的同时，为什么还要发行一系列的经营管理书籍？为什么要推出大脑营行App？

因为大脑营行的使命是：一站式解决企业经营管理难题。

推广企业经营管理培训课程，可以帮助中小企业老板用最少的钱、最少的时间解决他们的经营管理难题。如果他们不学习该培训课程而自我摸索的话，就会花更多的时间成本和财务成本。

而编写经营管理书籍的原因是：有很多人因为时间和空间的因素无法来到培训现场，这时候他们就可以通过看书解决企业经营管理难题，以突破企业发展的瓶颈。

如果很多人通过参加大脑营行培训课程实现了业绩暴涨和身心解放，或者看了大脑营行发行的经营管理书籍而解决了他们的经营管理难题，就会有很多人感谢大脑营行，当感谢大脑营行的人越多，大脑营行就能越早实现愿景——成为受人尊敬的培训公司。

大脑营行的价值观是：客户第一、团队合作、迎接变化、积极向上、感恩奉献、诚实守信、结果为王。

为了帮助客户彻底解决企业经营管理难题，大脑营行提供终生免费复训服务，也就是一次报名可以学习一辈子，只要大脑营行开课，学员就可以免费来培训现场参加复训，主要是让客户真正掌握培训课程内容。

对于没有时间来现场参加复训的学员，大脑营行又推出大脑营行App线上复习服务，让学员可以在App上学习。

很多人买了书但没有时间看，所以大脑营行又推出了随书同步的音视频课程，让所有买过书的人可以通过手机在大脑营行App上学习书籍的内容，解决他们买了书但没时间看的问题，让他们彻底掌握书籍内容，学深悟透，从而有效解决企业经营管理难题。

通过以上案例大家可以发现，无论推出培训课程、新项目，还是推出新产品或者出书，我们所做的事情，都是从我们的使命出发，在坚守公司价值观的前提下实现公司的愿景。

2. 商业战略的三大落脚点

商业战略的三大落脚点，见图1–5。

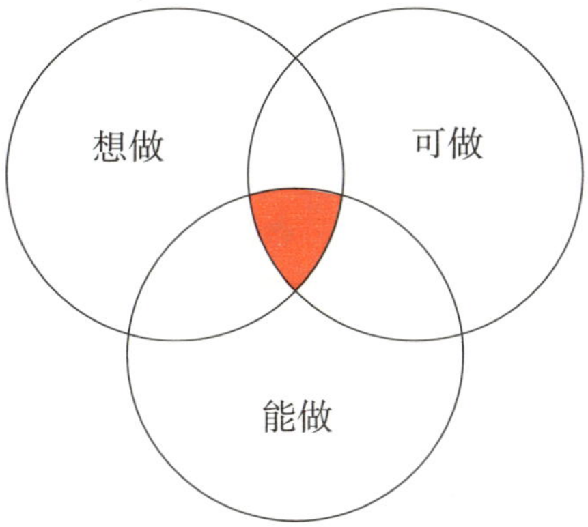

图1–5　商业战略的三大落脚点

想做什么：你的使命、愿景和价值观与客户需求结合之后的结果。想做什么主要取决于你为用户创造了什么价值，你能改变什么样的现状。

可做什么：在国家政策、竞争对手、行业前景等限制条件下，你的公司可以怎么做，怎样才能不违反规则。

能做什么：你公司的核心优势，结合决策者对人性的判断，对要用的策略做取舍。

我们“想做的”事情很多，但并不是所有“想做的”事情都可以做，因为你要看一下你所做的事情是否符合国家的政策，法律法规是否允许我们做，比如你现在想做K12教培，但国家的“双减”政策一出来，你就做不了。

有些事情是你“想做的”，国家政策也是“允许你做”的，但你也不一定做得了，因为能做的事情跟我们的能力有关，就像有些人想当演说家，可是他口齿不清，有些人想当明星，可是他没颜值没演技。

而这三件事有交集的地方，就是我们**“应该做什么”**，是我们要用一句话说清楚的战略。

接下来，我以“大脑营行”为例，为大家理清企业战略是怎么一回事。

大脑营行的使命是：一站式解决企业经营管理难题。

大脑营行的愿景是：成为受人尊敬的公司，活300年。

大脑营行的价值观是：客户第一、团队合作、迎接变化、积极向上、感恩奉献、诚实守信、结果为王。

大脑营行的战略描述是：以科技为驱动、以App为载体、以培训为形式，线上线下一体化的企业服务公司，致力于一站式解决企业经营管理难题，成为中小微企业业绩增长的助推器。

大脑营行与其他培训公司的不同之处在于，我们公司有自己的App及技术团队，所有的学员都可以通过大脑营行App及在线学习平台在线学习我们的课程，所有买过我们书籍的读者也可以进入App学习和书籍同步的音视频课程。过去学员是在酒店的会场听我们的课程，现在可以选择来培训现场学习，也可以选择在App上面在线学习。这就是以科技为驱动，以App为载体。

大脑营行怎么帮助大家解决问题呢？我们通过线上（在线学习、直播）线下（现场培训）一体化的培训方式为大家解决问题。学员可以在大脑营行App上学习网课，也可以来培训现场学习，这就是所谓的线上线下一体化的企业服务公司。

大脑营行致力于一站式解决企业经营管理难题，聚焦帮助中小微企业突破企业发展瓶颈，解决企业经营管理过程中遇到的产品打造、团队管理、客户拓展、营销渠道、商业模式、财税管理、股权激励等一系列难题，从而实现企业的业绩暴涨和老板的身心解放，让所有的中小微企业在跟大脑营行学习之后能够变得更大更强。

中国的中小微企业超过8000万家，大部分企业老板都在企业经营管理的过程中苦苦挣扎，他们需要大脑营行这样的公司为他们解决问题，而这些又在国家相关法律法规允许的“可做的”范围之内。

刚好大脑营行又有竞争优势，因为大脑营行可以把创业20多年，企业从0做到年营收突破10亿元，团队人数从8人发展到800多人的经验分享给学员，是在“讲我所做，做我所讲”，所教的方法比市面上的其他培训课程更能有效应用于实战、更便于落地，这些都是大脑营行“能做的”。

因此，用一句话描述大脑营行的战略，就是：成为中小微企业业绩增长的助推器。

这就叫作企业的战略定位。

接下来，我再给大家讲一个亚马逊的案例，让大家更好地理解企业战略。

※ 案例 ※

亚马逊的使命是：让人们可以通过简单的网络操作，获得具有教育性、资讯性和启发性的商品。

它的愿景是：成为全球最以客户为中心的公司，使得客户能够在线查找和发现任何东西。

它的价值观是：客户至上、创新、高标准雇佣、责在行动、主人翁意识、节俭。

它的战略可以用一张图（见图1-6）来描述。

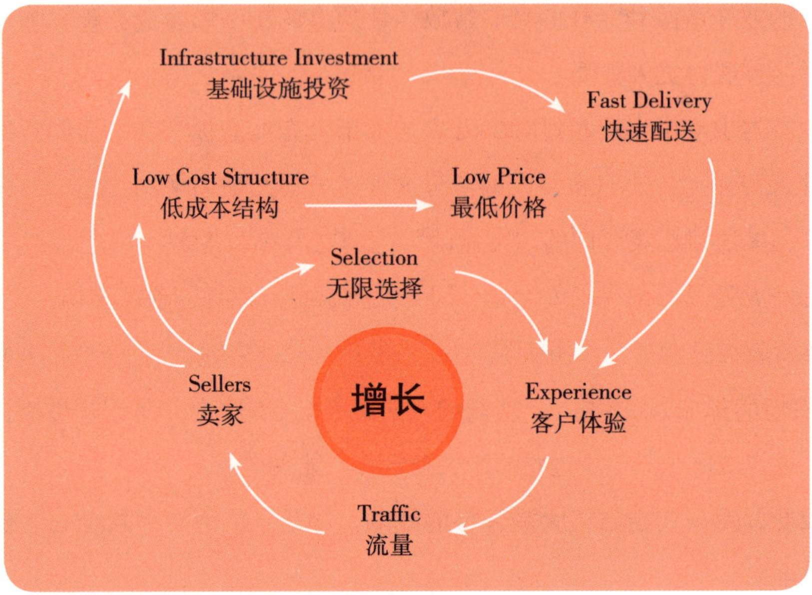

图1-6　亚马逊增长飞轮

我们来做一个详细的解读：

亚马逊的目标是增长。到底如何才能增长呢？一定要有流量。流量是什么？流量就是客户，要有很多人愿意到亚马逊来买东西。

客户怎么来？必须要有无限的商品选择。如何才能拥有无限的商品？前提就是要有卖家。当有无数的人在亚马逊上卖东西的时候，亚马逊上就会有无限的选择，这样就会吸引无数的人到亚马逊买东西，进而带来更多的流量。

举个例子，如果一个市场只有一两个商家，就不会有人愿意去，因为人们觉得可选择性太小。但如果一个市场里面的商品琳琅满目，有几十万个品种，这时候就会吸引很多人前往，因为人们会觉得这个市场的产品多，一定能够淘到自己想要的东西。所以，亚马逊用这个方法把流量撬动拉升起来了。

商家为什么愿意来这里卖东西？因为这里有很多流量（客户）。商家越多，亚马逊上的商品就会越来越多。商品越来越多，就会给客户无限的选择，进而带来更好的客户体验，从而吸引更多的流量。

来亚马逊买东西的人（流量）越来越多，来开店的卖家也就越来越多。开店的卖家越多，卖家为了更好地卖出商品，势必会打价格战，同时做好服务，这样就会为客户提供更加低价的产品和更加优质的服务，从而提升亚马逊的购物体验。

购物的体验越来越好，就会吸引更多的流量（客户）；有更多的（流量）客户，就会吸引更多的商家；更多的商家又会进一步提供更丰富的商品和更便宜的价格……亚马逊再想办法投资基础设施，把快递物流搞定，比如用无人机送货，让客户能够更快地拿到自己购买的东西，这样客户的体验感就会越来越好，进而带来更多的流量……

简单来说就是：只要客户体验足够好，就能带来更多的流量；更多的流量就会吸引更多卖家来网上销售；有了更多卖家，亚马逊就能够拥有丰富的选品、更低的价格、更便捷的服务，带来更好的客户体验；更好的客户体验就会带来更多的流量……进而推动这个飞轮高速运转，以实现企业的业绩增长！

第三节 如何做战略

How to do

战略思维是必需品，又是奢侈品，考验的是企业决策者的器度与智慧。制定企业战略不是喊口号画大饼，更不是拍脑门做决策，而是有着科学而严谨的体系。本节内容手把手教你制定战略的七大步骤，让你扣好企业经营的“第一粒扣子”，赢在起跑线。

一、企业不同的生命周期，应用不同的战略

我们把企业分成四个阶段（见图1-7）：**初创期、成长期、成熟期、衰退期。**

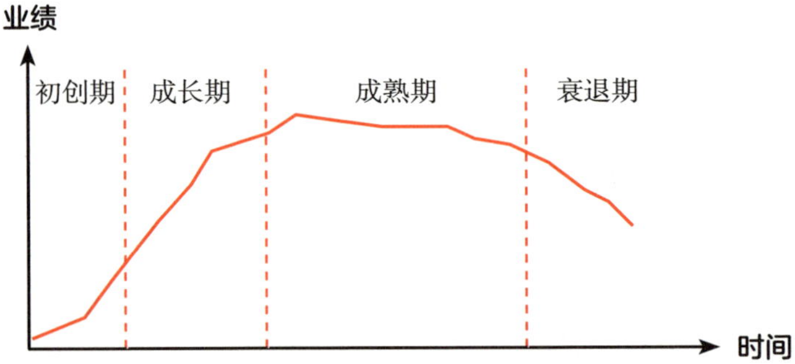

图1-7 企业的不同发展阶段

不同发展阶段的战略目标是不一样的，见表1-1。

表1-1 企业不同发展阶段的战略目标

发展阶段	战略目标
初创期	生存、盈亏平衡、快速验证商业模式
成长期	达成战略共识，快速复制商业模式
成熟期	创新业务，探讨第二曲线
衰退期	看清未来5～10年的发展趋势，确定战略新定位，分阶段构建生态系统，保持内部业务协同

对于初创期的企业，活着比什么都重要。所以战略目标是生存、盈亏平衡、快速验证商业模式。

成长期的战略目标是要考虑与团队达成战略共识，快速复制商业模式，把生意快速做大。

成熟期的战略目标是想办法创新业务，探讨第二曲线。

衰退期的战略目标是看清未来5～10年的发展趋势，确定战略新定位，分阶段构建生态系统以及保持内部业务协同。

无数人做不好企业，因为他们没有顺应规律，没有理清企业的发展阶段，盲目地制定了和当下不匹配的战略目标。如有的企业已经到了成熟期，但是还是用初创期的策略，相当于让一个成年人穿小孩的衣服，肯定不行。还有一些企业，处于初创期，却制定了适用成熟期的战略目标，相当于让一个小孩穿大人的衣服，显然也不合适。

二、做好战略的七大步骤

① 确立商业模式（想清楚赚什么钱）。

② 市场调研（知己知彼，百战不殆）。

③ 明确客户（想清楚赚谁的钱）。

④ 找准痛点（没有痛苦，就没有需求）。

⑤ 优劣势分析（掌握竞争优势）。

⑥ 找到利基点（决定公司战略定位）。

⑦ 进行价值创新（进行业务/产品布局）。

接下来一一进行分解。

1. 确立商业模式

核心就是先想清楚你到底要赚什么钱。

企业赚钱的方式大致有三种，见图1–8。

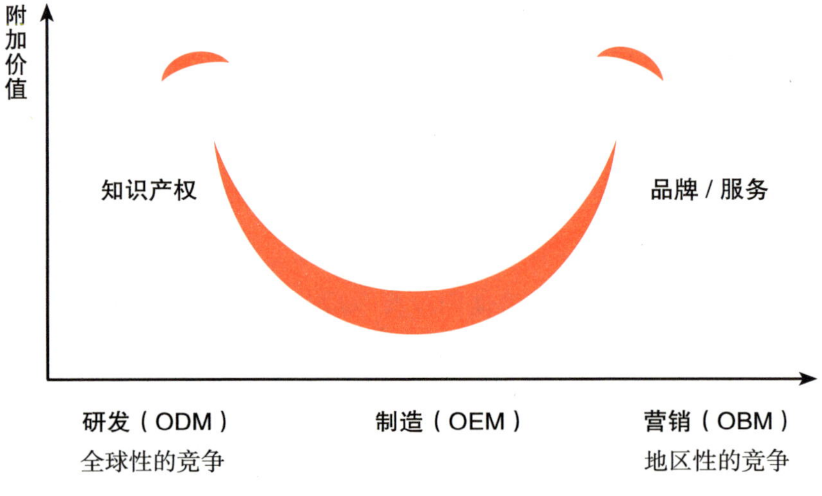

图1–8 微笑曲线理论

① OEM（Original Equipment Manufacturer），**原始设备制造商**。所谓OEM，就是给人家做代工，客户需要什么，你就做什么，生产的产品没有原创性，赚的只是加工费，是辛苦钱。

② ODM（Original Design Manufacturer），**原始设计制造商**。所谓ODM，就是做设计和加工，但是不做销售。比如我设计了一支笔，然后去

找某个公司，跟他说，你看这个笔很漂亮，是我的专利，而且只有我能够生产。现在我来加工生产，然后你贴上自己的商标去销售，赚的钱都是你的，我只收设计费和加工费。这时候别人只能找我加工，因此ODM就会比OEM稍微多赚一点点。

③ OBM（Original Brand Manufacture），**原始品牌制造商**。所谓OBM，就是自己做品牌营销。

举个例子，苹果公司自己不生产手机，只做研发和销售，而把生产外包给富士康。

阿迪达斯和耐克更简单，没有生产，全是贴牌，没有销售，都是代理招商，甚至连研发都是外包，它们只做一件事：品牌营销。

我们看这条**产业微笑曲线（见图1–9）**：OEM，做代工，只能赚到最低的利润；ODM，做设计和加工，利润相对会高一点；OBM，这是最聪明的公司，只做设计和销售，品牌掌握在自己手里，生产全部外包，这样辛苦的是别人，而他自己赚得盆满钵满。就像苹果公司，它生产一部手机可能赚几千元，但给到富士康的不足100元。

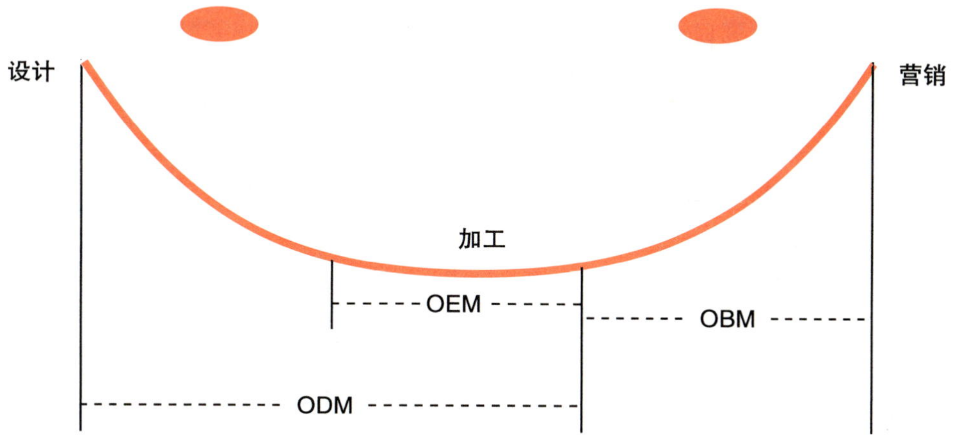

图1–9 OEM、ODM、OBM利润分析

这就是所谓商业模式不同，得到的结果不同。

所以你要好好想清楚你到底要赚什么钱，想明白了，你就知道应该怎样去制定公司战略了。

2. 市场调研

调研什么呢？政策、对手、客户、自己。

① **我们要研究政策，看政策是否允许我们做。**几乎所有的产业都会受到国家政策的影响，如果对政策环境不了解，可能会导致企业发展方向的根本性错误。你看新东方，曾经的“教培航母”，“双减”政策一出台，瞬间土崩瓦解，不得不在直播带货中寻求一线生机。所以，我们在进入某一个新的市场、新的领域前，要做的第一步就是研究政策。

② **我们要研究竞争对手。**如果对手很强大，我们的战略应该怎么定？如果对手很弱小，我们的战略又该怎么定？知己知彼，方能百战不殆。

③ **我们要研究客户。**谁会使用我的产品或服务？他们分布在哪里？数量有多少？年龄层次、收入状况、家庭状况、工作性质又是怎样的……只有广泛深入地了解客户群体，以他们的需求为导向，才能找到正确的战略方向。

④ **我们要研究自己。**要看看自己有哪些优势，有哪些劣势，对自己有一个清晰的认知和判断，知道自己能做什么、不能做什么，然后做出正确的决策，在市场缝隙中找到出路。

从这四个维度来做市场调研，叫作“四只眼睛看市场”。

3. 明确客户

我们要确定我们的客户到底是G（政府），是B（企业），还是C（个人）。

客户不是我们闭门造车“想”出来的，而是经过充分的市场调查后，分析判断出来的。

很多人都渴望嫁入豪门，但婚姻是一场双向奔赴，一厢情愿只能是个笑话，还要看看豪门是否愿意接受你伸出的手。同理，所有的公司都希望能够找到优质客户，创造更大销量和利润，但问题是，作为市场稀缺资源，这些优质客户是否也能认同你的产品和理念。只有经过调查，我们才能够知道我们到底要为谁提供服务。

记住：企业只为部分人服务，而不是为所有人服务。

萝卜青菜各有所爱，不同类型的客户，他们的需求是不一样的，我们不可能满足所有人的需求，只有找准目标消费人群，进行精准的人群定位，有的放矢，才能实现效益最大化。

明确了这一点之后，我们要对客户进行细分。

我们把客户分成三种：有效客户、无效客户和风险客户，见图1-10。

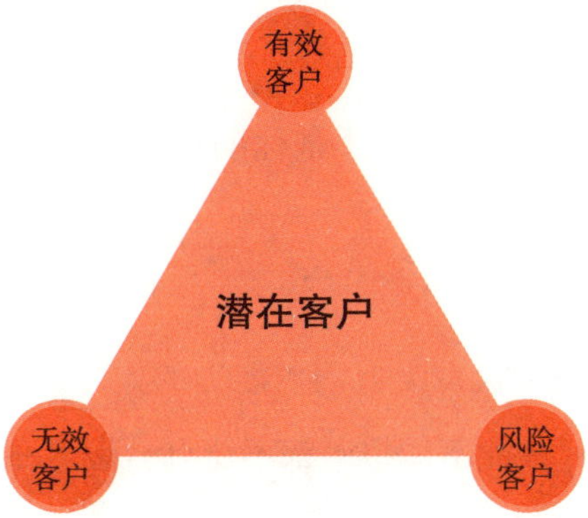

图1-10　客户类型示意图

第一种，有效客户。

所谓的有效客户，**就是精准的目标客户**。

举个例子，虽然大脑营行是为中小微企业老板提供服务，但是，什么人是最有效的客户？答案是创业两三年、团队有10来个人的企业老板是大脑营行的精准客户。为什么？因为创业两三年后，基本上开始时的雄心壮志被磨得差不多了，已经是伤痕累累，心力交瘁。团队有10来个人，那么企业老板一定体验过带队伍的无奈，体验过老板忙得要死、员工不知道干啥的痛苦。只有把所有的坑都踩过一遍之后他才会发现，自己的能力是有限的，如果想把企业做大，就需要学习，如果不学习，这个烂摊子自己无法收拾，无法改变现状。所以，这种人是最需要学习的，也是最有可能学习大脑营行课程的人。

而刚创业的老板，虽然更需要学习大脑营行的课程，但刚创业的人，或者刚刚注册公司的人，通常比较自负。为什么？因为选择创业当老板的人，大多认为自己很有能力，感觉自己一定能够在这个行业里大展拳脚，成为叱咤风云的大哥。对于这种人，你让他来学习，他会说，老师来跟他学还差不多。为什么？因为初生牛犊不怕虎，他还没有被现实吊打过。这种人只有吃了亏、撞了墙，他才会愿意接受教育。

另外还有一些破产的人，你让他来学习，他会说，他想学，可他交不起学费。

所以，你需要辨别清楚哪些才是你的精准的目标客户——有钱、有需求、有决策权。

第二种，无效客户。

没有需求、没有决策权、没有消费能力的人，都是无效客户。如果一个人没有需求，也没有钱，能不能报名都不能自己做主，你找他有何意义？

这就是我们只做老板生意的原因。因为老板有需求，老板能够自己决定报不报名，老板有消费能力。

第三种，风险客户，或者称为垃圾客户。

一种是同行。

淘宝上的商家，即使产品质量和服务都过硬，有时也会收到莫名其妙的差评，而这些差评多数来自同行。因此，如何防范同行恶意下单、恶意给差评，成为很多商家的必修课，这促使他们练就一副火眼金睛进行甄别。

一种是**违约型客户**。

我们之前出了一套光盘，叫《引爆学习力》，售价299元，承诺购买光盘后30天内不满意可以申请退款。为了防止盗版，我们对其中几张光盘进行了加密处理。结果有一个人买了我们的一套光盘之后，破了加密技术，直接拷成数据，然后把光盘退给我们，他再把拷出来的光盘放到淘宝上卖，99元/套，这种就是所谓的风险客户、垃圾客户。

还有一种是**经济伤害型客户**。

就是买完东西专门找事的。我们有一个学员是卖貂皮大衣的，他那个貂皮大衣并不完全正宗，结果有一天，就有一个人到他的店里面逛了，出手豪横，一下买走10件。同样的貂皮大衣为什么要买这么多？答案只有一个：购买并非他的主要目的，索要高额赔偿才是目的。

所以，做老板的人，一定要过滤风险客户，管理无效客户，服务好有效客户。

4. 找准痛点

没有痛苦就没有需求，没有需求就没有销售。客户购买的不是产品，而是问题的解决方案。所有的产品都是基于客户需求，如果不了解客户的痛苦、问题与困惑，我们肯定无法满足他的需求。

每个人活在这个世界上，或者每家公司活在这个世界上，都会遇到问题，要么有昨天的痛苦，要么有今天的痛苦，要么有明天的痛苦。

每个人活在这个世界上，都有很多欲望没有满足，很多问题没有解决，很多困难没有克服，很多梦想没有实现。如果你能够帮人家解决问题，解决的问题越多，收益就越大。

举个例子，在百度，只要输入关键词，不到一秒钟，与关键词相关的知识就会全部罗列出来，答案随即出现。于是，它解决了很大部分人对知识渴求的需要，也因此，它通过解决问题，赚到了大钱。

再比如美团，自己并不囤货，只是搭建消费者与商家链接的平台，解决了大家一键吃饭的需求。它为大众的生活提供了便利，于是也赚到了大钱。

所以，**发现客户痛点的能力，就是你赚钱的能力；解决客户痛点的水平，就是你赚钱的水平。**

很多人犯的最大错误就是：我想卖什么，然后再去找买的人，这样子就很辛苦，因为这叫推销。

真正的生意是：客户有什么问题，我针对他的问题给出解决方案。这时只要告诉他，我的“药”能够治你的“病”，那么根本不用辛辛苦苦四处推销，客户会拿钱主动找我，求我卖给他。

※ 案例：美图秀秀 ※

在美图秀秀出现之前，大部分图像处理软件都致力于提高处理图像的性能，但是，对大多数人来说，使用这些图像处理软件最大的痛点是什么？易用性。像Photoshop，性能已经足够好，但很多人用起来有难度。因此，抓住这一痛点，专注于提高易用性的美图秀秀就取得了成功。

※ 案例：禄鼎记 ※

在外就餐，最担心的是什么？食品安全，比如地沟油，比如一滴香。于是，以川派饮食为主的“禄鼎记”的广告语是：“油，我们只用一次——拒绝回收油”，直击痛点，消除顾虑。

※ 案例：开瑞坦 ※

浑身红肿，瘙痒不止，你还能正常工作吗？你还能愉快地出门玩耍吗？你亟须减轻痛苦。所以，药品开瑞坦的广告语是：过敏一粒就舒坦！24小时长效抗过敏，快用快舒坦。

所以，任何一个产品存在的意义就在于：它可以解决客户的需求。

所以，只有**抓住客户的痛点，你才能搞定客户。**

5. 优劣势分析

这是一个赢家通吃的时代，你一定要想办法掌握竞争优势，否则只能沦为炮灰，被无情地淘汰出局。

优势分为相对优势和绝对优势，只有掌握绝对优势，才能赢得成功。

※ 案例 ※

两个人在森林里遇到了一只老虎，A马上系鞋带。

B：“你系鞋带有什么用？你又跑不过老虎。”

A：“我不用跑过老虎，我只要跑过你就可以了。”

B：“我会爬树。”

A：……

A比B跑得快，这叫相对优势，但B会爬树，而A不会，所以爬树就是B的绝对优势。在强大的老虎面前，A跑得快不一定能虎口逃生，但老虎跑得再快却不会爬树，B会爬树就有可能活下来。

我们要问自己一个问题：**有什么是客户非常需要，而我的竞争对手不愿做、做不到或做得没我们好的？**然后我们把这个点做到极致，就是我们的绝对优势。

这里分享**几个创造竞争优势的维度**给大家，见图1-11。

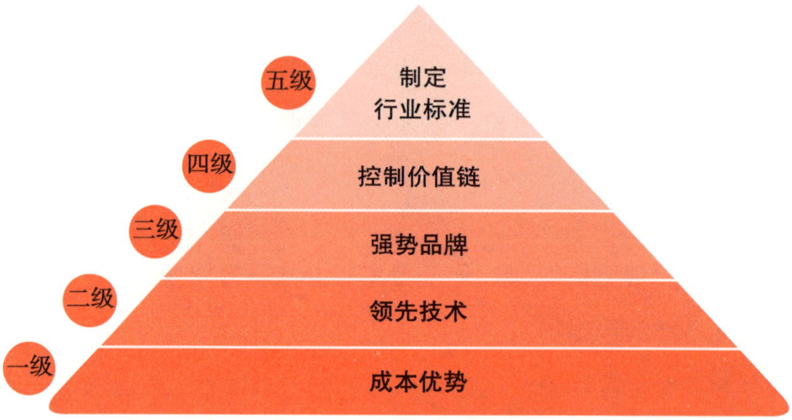

图1–11. 企业竞争力模型

第一个维度，成本优势。也就是我可以在成本上比别人便宜，别人花3元钱生产的东西，我花2元钱就能生产，这样我只要按照别人的成本价卖，别人就不是我的对手。

第二个维度，领先技术。别人做不出来，只有我能做出来，这就是我的核心竞争力。

第三个维度，强势品牌。客户都非常认可我，同样的产品摆在那里，客户只会选择我，不会选择别人，这就是强势品牌的价值。

第四个维度，控制价值链。上游掌握在我手里，下游也掌握在我手里，整个价值链都由我说了算。如果你能够掌握整个价值链，你就拥有了定价权。竞争对手如果要买原材料，你不卖给他，他基本上就失去供货能力。沃尔玛为什么那么牛？因为它控制的是整个价值链。

第五个维度，制定行业标准。得标准者得天下。比如苹果重新定义手机，特斯拉重新定义汽车，实际上就是成为行业标准的制定者，掌握了主动权、话语权，从而获得巨大的经济利益，而其他企业则只能被动跟随。大脑营行一直有个目标：重新定义培训行业。过去的书只是书，但是大脑营行所有的书，都配有同步的音视频课程，这让大脑营行在整个培训行业中抢占先机，占据行业制高点，在竞争中创造绝对优势。

我们占据的优势越大、级别越高，我们的竞争力就越强，壁垒就越高，护城河就越深，盈利能力就越强。

所以，每一个做老板的人，都要去思考自己有哪些优势，并把优势做到极致，彻底碾压竞争对手。

6. 找到利基点

当我们弄清楚我们的目标客户是谁时，就能够知道他们的痛点是什么，在了解自己的优势之后，我们就要找到利基点，见图1–12。

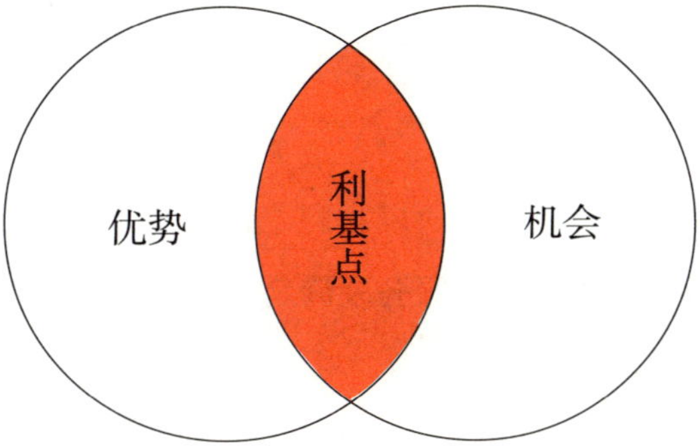

图1–12　企业利基点图示

所谓的利基点就是优势和机会的结合。

刚好市面上有机会，我们又有能力做到，而这又是别人做不到、不愿做或做得没我们好的。

※ 案例 ※

戴尔刚做电脑的时候，市场上已经有两个行业巨头，一个是IBM，一个是惠普。如果跟这两家公司正面竞争，肯定死得很难看。戴尔发现了一件事情：这两家公司都不愿意为客户提供“量身定制”服务，因为量身定制电脑对于他们这种批量生产的公司来说，是一件非常痛苦的事情。那好，戴尔就做量身定制，一对一提供服务。

戴尔就这样生存了下来，之后慢慢做强做大，把IBM跟惠普的市场慢慢地蚕食掉。这就叫作利基点。

不要正面跟对手竞争，而是要做客户非常需要，而竞争对手不愿做、做不到或做得没有我们好的，也就是要找到自己优势和机会的结合点。

7. 进行价值创新

所谓价值创新，就是基于客户的问题，推出与众不同的产品来帮助客户解决问题。简单来说，就是**用我的什么产品，解决客户的什么问题。**

一个有战略的公司能够让别人清晰地知道它是谁、它是干什么的、它能带给别人什么独特的价值。

因为客户的需求是多样的，所以我们需要做一个业务布局。

业务布局就是用几项产品和服务来满足客户的需求。

※ **案例** ※

携程网为客户提供预订机票服务，买机票的人可能顺带买意外险。同时，这些商旅人士还有住店的需求，于是它又推出预订酒店的服务。机票预订、酒店预订，以及代售意外险，都是它的产品，这几个产品连成一条线就是业务布局。

为了公司的基业长青，我们必须思考客户当下的需求和未来的需求，因为一个公司不能只考虑眼前，还要面向未来。客户现在需要某个产品，可能过段时间他就不需要了，而是需要另外的产品，所以做战略时需要思考：**今天卖什么产品？明天卖什么产品？后天卖什么产品？**只有把这个想清楚了，才能够提前做好规划，研发好能够满足客户下一阶段的产品，实现公司的持续增长。

※ 案例 ※

大脑营行是为中小企业老板提供经营管理解决方案的，所以大脑营行在做产品的时候会思考：中小企业老板在遇到经营管理问题的时候他会怎么办？大脑营行要模拟出客户寻求解决方案的路径，所以就有了大脑营行的产品和业务布局。

有些中小企业老板在遇到企业经营管理难题时，会通过看书来寻求解决方法。基于这一点，大脑营行编写了《薪与酬》《管与理》《经与营》以及这本《商业的底层逻辑》等系列书籍，以帮助喜欢看书的人解决经营管理难题。

有些中小企业老板在遇到企业经营管理难题时，会选择上网搜索、学习寻找答案，所以就做了大脑营行App在线学习系统，以帮助他们通过互联网解决问题。

有些中小企业老板喜欢通过参加现场培训来解决企业经营管理难题，所以大脑营行有一系列的线下培训课程供他们选择。

还有些老板喜欢找咨询师进入他的企业帮忙诊断，帮他量身定制企业的解决方案，所以大脑营行也成立了咨询部门，为一些企业出谋划策，进入企业帮助他们解决问题。

书籍、大脑营行App、线下培训、咨询服务就是大脑营行的业务布局，目的是实现一站式解决企业经营管理难题的使命。这样就成了一个闭环。

看图1-13就可以明白战略的底层逻辑。

使命、愿景、价值观，这是战略的出发点，使命是方向，是路线，决定企业应该做什么事情，不应该做什么事情。愿景是旗帜，是动力，一个企业有远大的目标和崇高的理想，才会有凝聚力，才会有人跟随。价值观是标准，是信仰，有了价值观，员工才知道企业倡导什么、反对什么，才会达成共识、凝聚团队。

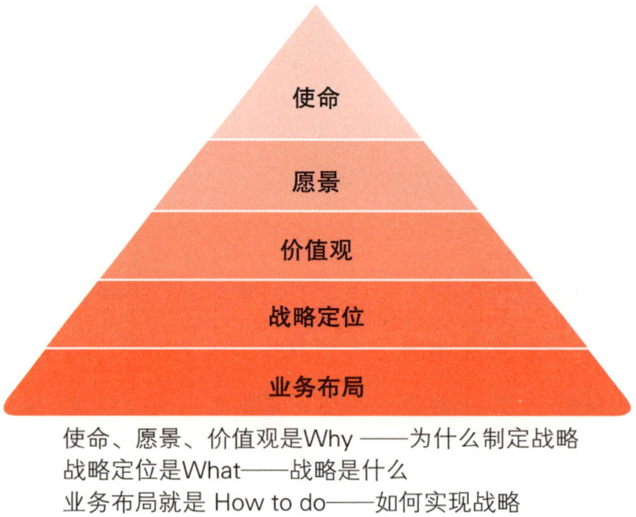

图1–13　战略的底层逻辑

只有确立了企业的使命、愿景和价值观，才能找到企业存在的价值和意义，才能确保企业的航船行驶在正确的方向上。

战略定位，就是通过发现或营造差异化，打造有别于竞争对手的卖点，形成自己的核心竞争力，并通过差异化在竞争中取胜。

业务布局则是我们实现战略目标的一系列操作方法。

第二章

利润的底层逻辑

企业管理是一门关于省钱、花钱和分钱的艺术。利润的底层逻辑，就是老板一定要巧用省钱窍门，学会把控花钱尺度的方法，掌握分钱的艺术。

第一节 为什么利润重要

Why

利润是做企业的核心目的之一，是企业持续升级发展的基石，是企业凝聚团队的弹药。没有利润，企业就是一个字：难。

一、企业的核心是利润

企业的核心是利润，因为没有利润就无法支撑我们的梦想。所有的企业都想做大做强，但是，绝大多数都死在了路上。为什么会死在路上？主要是因为企业的利润不足以支撑企业的梦想。

盈利是企业的本质属性。

如果没有利润，就无法向国家缴税，就会浪费国家的资源。

如果没有利润，企业的投资者就无法获得回报，就会对不起股东。

如果没有利润，就没有钱给员工发工资，就会对不起员工，员工拿不到工资，他的基本生活就得不到保障。

二、企业管理是一门关于省钱、花钱和分钱的艺术

做老板最重要的有两件事情：

一是必须要知道怎么赚钱，知道赚钱的方向。

二是必须要制定分钱的规则。老板一定要学会省钱，把控好花钱的尺度，掌握好分钱的艺术，这样所有的事情才会变得顺理成章。

该花的不花，就赚不到钱；不该花的乱花，就没有钱。花钱的原则不是简单的省钱，而是要学会把钱花在刀刃上。

为什么你赚不到钱？因为你不知道如何分钱。不知道如何分钱的核心原因就是**你不懂得算账**。绝大多数的中小企业老板都不是财务出身，因此他们对财务的知识比较匮乏，不懂得如何算账，不知道利润怎么来，更不知道如何才能提升利润，在企业经营决策时往往是拍脑袋决定，导致企业经营不善。

做老板的人要学会花钱做事，前提是要懂得算账。你只有懂得算账，才能知道什么事情是对的，什么事情是错的。这样才能够请别人帮你做事，才敢放手让员工做事。因此你**必须学会如何做正确的利润决策。**

三、如何做正确的利润决策

1. 选择利润的导向

很多销售出身的老板很容易把公司做大，同时也容易把公司做倒闭。为什么？因为他只看营业额，不看利润。

是营业额重要，还是利润重要？肯定是利润更重要，因为只有利润才是真正属于你的钱。所以，老板必须以结果为导向来思考问题，分清楚成本与价值的区别。

花出去的钱，叫作成本，之后还能带来更多钱的，叫作价值。因为价值有投入产出比。

2. 考虑短期利润与长期利润的平衡

关键在于从支出中找到收入的来源。

※ 案例 ※

事实上，我在网络平台上卖一本书的广告成本可能是200元，这本书的印刷成本要几十元，快递费10元，因此，卖一本书肯定是亏钱的。如果单一从财务的角度看，这个行为是成本，不赚钱，甚至赔钱。但是从经营的角度来讲，当我卖出一本书，别人知道我是做企业管理培训的之后，就会有更多的人愿意报名参加我的培训课程，这时卖书的广告费就变成了价值。

只考虑当下的成本，这个生意是亏钱的，不能做。但是，从长期战略考虑，这个生意可以做，因为前期亏的钱可以在后期赚回来。

3. 寻求变量

要找出哪些关键因素（变量）影响了利润，再通过改变这些因素来实现利润的倍增。老板不懂得找出影响利润的关键因素就可能做错决定，导致公司没有利润，甚至倒闭。

一个优秀的老板一定是半个财务专家。如果你不懂得财务，就不知道钱是怎么来的。很多老板拼命干了一整年，感觉赚钱了，可到年底一算账，却发现没有赚到钱。为什么会这样？主要是老板根本不懂算账。

接下来我们分享一个故事，让你知道账到底是怎么算的。

※ 案例 ※

据说有一家公司在全世界找到3000多名精英，同时让他们进行PK比赛，选出3个人，然后给3个人出了一道数学题，最后只有1个人答对了这道题。

我们来试一下你能不能答对这道题：一个人花8元买了一只鸡，之后以9元的价格卖掉。过几天又花10元把鸡买回来，11元又卖出去。

现在问题来了，请问这个人到底是赚了还是亏了？如果你觉得赚了，那是赚多少？如果你觉得亏了，是亏多少？

盈亏多少，体现了你的财务水平。财务思维不同的人对这道题的理解是不一样的，我们还原一下这道数学题。

A的答案：第一次9元减去8元，赚了1元；第二次11元减去10元，又赚了1元，所以一共赚2元。按财务理论来说这个答案是正确的。

B的答案：既然8元就可以买到，为什么要花10元买？如果我在8元的时候买两只鸡，9元的时候卖掉一只，赚1元；11元的时候我再卖一只，就赚3元。本来可以赚4元，但是现在只赚到2元，4元减去2元，实际上我亏了2元。

我不知道有没有人的答案和B一样，各位听好，这不是脑筋急转弯，而是一个完整的投资思维。

C的答案：既然8元的时候可以买到两只鸡，那我在8元的时候就买两只鸡，我9元的时候不要卖，等到11元的时候再卖，每只鸡可以赚3元，两只鸡一共可以赚6元。现在只赚到2元，我亏了4元。

最后这家公司录用了C，C就是国内知名的投资家沈南鹏，而这家公司就是花旗银行。

大家通过这个故事有什么启发？为什么我要跟大家谈财务思维？因为**很多老板根本不懂得如何算账，他们只会算低买高卖的价差。**

无数人算账只算价差，从不考虑投入的成本。

※ 案例 ※

我有个学员，他有一个厂房，如果厂房拿去租给别人，一年可以收到

300万元租金，但是他自己想找点事情做，于是就自己搞了一个厂，结果弄得筋疲力尽，一年到头却连50万元都赚不到。

我想问的是：你干吗这么勤劳？为何不直接把厂房租给别人，啥事都不用干，还能净赚300万元，而自己辛辛苦苦干了一年还没赚到50万元？这是一大错误。

很多人做生意从来不考虑成本，成本有直接成本、间接成本，还有机会成本。

※ **案例** ※

你用200万元去开一家餐厅，装修加所有东西全部配好，经营两年后，终于把200万元收了回来。请问一下，到底是赚了还是赔了？很多人会说赚到一家店，但是我想告诉你，如果这两年你啥事都不干，直接把200万元存在银行，有没有利息？当然是有利息的。

用200万元投资一家餐厅，虽然两年后回本，但是你损失掉了两年的利息。表面上你赚到了一家店，但是店还有店租，两年后你的店铺装修已经过时，又要重新装修。这就是很多传统企业的老板感觉自己赚了钱，但是手上却没有钱的原因。

无数传统行业的老板最大的不幸就是“有资产，没有资金”。什么意思呢？就是公司有资产，但账上没有现金，感觉公司是赚钱的，但是赚到的钱都在存货上。

所以，我们必须对利润有所了解。很多老板听了我的“系统思维”课程后，终于搞清楚没有赚到钱是因为不懂得算账，没有学好利润这堂课。所以，我要把利润这堂课给你讲明白，希望你能够彻底掌握利润的来源，知道如何获得利润、提升利润，这样才能把企业经营得更好，从而更好地实现企业的战略目标。

四、利润和企业战略的关系

接下来深入地跟大家谈一下利润到底是怎么来的。知道利润和企业战略的关系，才会明白为什么企业的背后是利润。

理解利润的来源，才能定对战略。

利润等于产品的盈利空间减去企业固有的负担，再减去管理的代价（见图2-1）。产品的盈利空间越大，企业能承担的代价就越大。

利润＝空间－负担－代价。

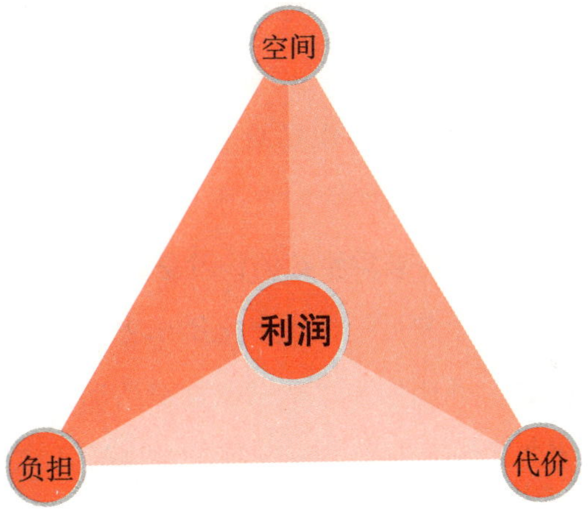

图2-1　利润来源

利润的第一个核心叫作空间。所谓的空间，就是产品的盈利空间。假设进货成本是3元，零售价是10元，那么空间就是7元。

大家觉得空间大一点好还是小一点好？空间当然是越大越好，空间越大，利润就越高。所以，我们看一个生意能不能做，首先看利润空间有多少。如果产品没有盈利空间，那就很难有利润。好比你抓到一只蚊子，在它的腿上刮油，是刮不出油的。

前面在讲战略的时候之所以要大家先明确我们的客户，就是因为你选择的客户会决定你的利润。“商业思维”课程中为什么一直强调**“要赚有钱人的钱”**？因为有钱人比较富有，他多花一点钱无所谓，没钱的人他缺乏足够的资金，做他的生意利润空间很小。

利润的第二个核心叫作负担。公司是否开门运营，都必须要花钱。因为只要开公司，就会产生成本，比如办公室租金等，这种不管公司运营与否都需要你承担的费用叫作负担。

利润的第三个核心叫作代价。代价分两个部分：一个是固定的费用，一个是变动的费用。

什么是固定费用？公司一旦开始运营，什么都不做也必须要花的钱就是固定费用。

比如你的公司就算没有业务，也要给财务人员发工资，也要给行政后勤人员发工资。这就叫作公司运营的固定费用。

什么是变动费用？办一些事需要花的钱就是变动费用。

举个例子，今天我让业务员把这本书推销出去，请问要不要给业务员提成？卖出去就要给提成。再比如我这本书做促销活动，需要采购礼品，采购礼品的费用是随业绩变动而变动的，所以叫作变动费用。

谈到这里，你们觉得企业固定费用越高越好，还是变动费用越高越好？当然是变动费用越高越好，这也是中小企业特别适合低底薪高提成的原因，因为底薪是固定的费用，但是提成属于变动的费用。

如果你公司的产品盈利空间小，那么需要负担的东西就有限，承受的代价也有限。

举个例子，我进货3元，以4元的价格卖出去，盈利空间只有1元，那么我能够承担的代价就很少，这就是不要低价卖的原因。

在“系统思维”课程里有这样一句话：**“低价无路走，出路在高端。”**为什么这样说？

你有没有发现大部分优秀的人才都在金融公司，因为金融公司赚的钱比较多，所以金融公司就可以付得起很高的工资，找最优秀的人，租得起最豪华的办公室。

你有没有发现在5A级办公大楼里没有一家中小企业，大多是金融公司、500强企业？为什么？因为这些公司的盈利空间很大，所以他们能够负担很高的成本。

如果我们的客户都没钱，溢价的空间就会很小。如果我们的客户比较有钱，溢价的空间就会比较大，因此我们就负担得起成本和费用。

这就是我们说的**战略的背后是利润**。没有利润，就无法支撑战略；**没有利润，就无法实现你的梦想。**

所以先问问你，你的产品盈利空间是大还是小？如果盈利空间大，就可以支付更高的费用，承受更大的负担，换取更多的曝光度，获得市场更多的盈利。如果盈利空间很小，那么你只能省吃俭用，勒紧皮带过日子。

不同的行业有不同的盈利空间，选择的经营方式也是不同的，第三章会谈经营的底层逻辑，到时候你就会理解为什么利润和经营有很大的关系。

第二节 什么是利润

What

很多老板觉得，利润这事儿我太懂了。还真未必。企业最高级的管理是财务管理，优秀的老板一定是半个财务专家。

一、正确认识企业利润

传统的财务思维：**收入－支出＝利润**。

收入10元，减去支出9元，利润就是1元，这是会计算的利润。

会计算的利润跟真正的利润有没有差距呢？会计算的利润都是看得见的成本，但是有一些隐形的成本是算不出来的。假如把100万元存入银行，它是有利息的，如果拿100万元去投资，赚到钱后，你不会算损失掉的利息，也就是不会扣除这100万元存入银行可以获得的利息收入。

假定：投资100万元，银行存款利息年息3%，投资时长1年，年底会计计算投资成本时，应该按照103万元计算。

因此，你所谓的利润，并不是真正的利润，而只是收益，对于你没有扣除的这100万元可能产生的利息收入，叫作代价。

老板算的账跟财务人员算的账是不一样的，财务人员算的账是根据实际的业务，只是基于企业经营过程中产生多少利润，应该给国家上缴多少税而做出来的账，他们算出来的利润叫“会计利润”。

大多数老板只知道**会计利润**，不知道**经营利润**和**现金利润**。只有明白了这三种利润的区别，老板才能去算别人算不清楚的账，再从数字的背后找到影响利润的变量，也就是影响利润的五大因素，才知道如何做正确的决策。

二、影响利润的五大因素

1. 销量

销量是经营能力决定的，经营能力决定业绩的好坏。我这书卖出1万本跟卖出1000本的差别是什么？为什么能够卖出1万本？可能是因为我的销售人员很给力。销售人员为什么很给力？可能跟我激励员工的方式有很大的关系，因为销售人员的提成比较高，所以他们愿意去销售书。**所以，销量是由什么决定的？是由企业经营能力决定的**。因此，利润的背后是经营。

如果你的公司业绩不好，一定是产品的销量不好，这时候应该去找经营的问题，如果发现不是经营的问题，那就是人才的问题，如果人才也没有问题，那就要去看一下是不是人才激励机制出了问题，如果人才激励机制没有问题，那就是分配的问题，如果分配没有问题，那就是绩效的问题，如果绩效没有问题，那一定是预算出了问题，从点到线、到面、到体进行诊断。

2. 售价

产品定价多少也是由经营决定的。如果我们生产的产品质量很差，就无法定高价。如果包装做得很差，产品就卖不出好的价格。如果品牌营销不给力，顾客不认可，产品就无法卖一个好价钱。

3. 直接成本

直接成本体现在公司日常的管理水平中。如果老板能懂得设置好公司的组织架构，就能够懂得科学分工。有了科学分工，就可以降低公司经营的成本，促进利润提升。

4. 变动费用

变动费用也能体现公司日常的管理水平。变动费用有**两个因素**：一个是由销量变动而产生的运费和包装费，另一个是因销售额增加而产生的佣金、销售费用、销售提成、业务招待、返利、广告费用、促销费用等。

什么是因销量变动而产生的变动费用？

※ 案例 ※

比如客户一次向我买10本书，我只要快递给他就可以了。如果客户一次买1万本书，我用快递就不划算，应该选择物流或派一辆车送。客户一次买10本书，只要保证书完好地到达客户手上，用普通的包装就可以。如果客户买100本书，我的包装材料就不一样了。这就是因销量的变动所产生的运费和包装费的变动。

不要小看运费和包装费，当销售业绩提升时，运费和包装费也在大大增加，但是，很多公司在销量好的时候，没有考虑销量增加会带动成本的增加，这就导致公司不赚钱。

什么是因销售额增加而产生的变动费用？

比如业务员拿下10万元的单子跟拿下100万元的单子，销售佣金是否一样？会不会因为业绩好而给的销售佣金高？很多公司业绩越好，提成比例越高。

一个跟你买500元产品的客户和一个跟你买5万元产品的客户，你的服务会一样吗？买500元产品的客户，你可能只是跟他聊一聊，请他喝一杯水。但买5万元产品的客户，你可能就要请他喝王老吉或者红牛。如果客户一次跟你买500万元的产品，那可能要请他吃一顿饭。销售额变大，你公司的这些**业务招待费**也可能大大地增加。

你的经销商如果卖10万元的产品和卖100万元的产品，你给他的返利也会不一样。你为了把产品卖得更好，可能还会投入大量的**广告费**。另外，有些时候我们为了把业绩变得更好，会推出一些促销措施，这些都属于因销量增加而产生的变动费用。

5. 固定费用

这个主要看领导者的决策水平。什么意思？比方说一个比较爱面子的老板，为了显示公司气派，他可能会选择最豪华的办公场所。豪华的办公场所跟普通的办公场所租金一样吗？当然不一样，这样固定费用就不一样。

以上这五个影响利润的因素，其实就是经营和管理的问题。为什么说**企业最高级的管理就是财务管理**？财务为什么要介入管理？因为业务到哪里，他就要管到哪里，哪怕招一个人，财务都要介入管理，因为发工资跟他相关。只要跟钱有关的事，财务就要管。绝大多数财务人员的权利仅限于算账以及做账，没有介入管理，主要是因为老板不懂，也不知道怎么进行财务管理，这就是为什么我说**优秀的老板一定是半个财务专家**。

接下来我们用一张图（见图2-2）来显示这**五大要素是如何影响公司利润的**。

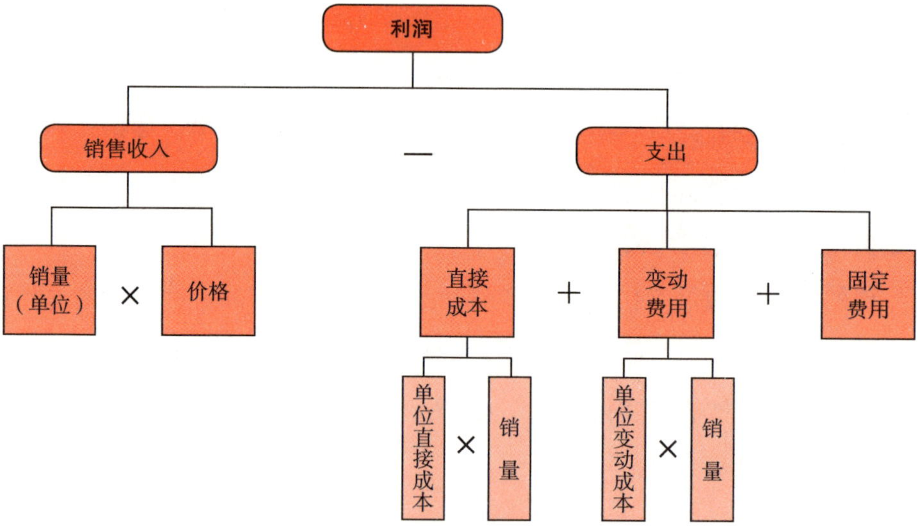

图2–2　影响利润的五大因素

三、会计利润、经营利润和现金利润

分析完以上五种影响利润的因素之后，接下来通过一个案例让你明白**会计利润、经营利润和现金利润的区别**，这样你就可以找到你很努力、公司业绩也不错，却一直没有现金的原因。

※ 案例 ※

假如我投资了10万元，买了1万双鞋子，平均每双鞋10元的成本，然后我以20元的价格对外销售。一年下来我卖出了6000双鞋，这一年来我给员工的工资、奖金和提成，以及我交的房租、水电费共花了6万元。

请问，我现在有多少钱？我到底是赚了还是亏了？如果是亏的话，亏了多少？你先动动脑筋想一想再往下看！

很多人说一个公司通常有三本账：第一本账是给税务局看的，第二本账

是给投资者看的，第三本账是给老板看的。其实，这三本账的说法就是我们所说的公司的三种利润：会计利润、经营利润和现金利润。

① 会计利润的算法：12万元的收入，减去6万元的成本，这时候表面上我只有6万元现金。但是，我还有4000双鞋子，每双鞋子还值20元。6万元现金和8万元的鞋子，总共有14万元，减去我进货的时候花掉的10万元，所以共赚了4万元。

（120000元－60000元）＋4000双×20元/双－100000元＝40000元

这种账是算给投资者看的，代表我的公司的盈利能力不错，你应该投资我的公司。但是，如果你采用这种算账的方法，就会得到一个**结果：账上有钱，可是你实际没钱**，有的只是4000双鞋子，但是，这4000双鞋子不是钱。

为什么？因为有可能这鞋子是去年流行的，今年已经没人要了。表面上，库存里面是钱，实际上，这些鞋子当垃圾清理还要交垃圾清理费。这就是很多老板最大的悲哀。

我有一个学员跟我说："苏老师，我创业那么多年，现在所有的资产都在我的仓库里面，我的仓库最早20平方米，现在2000多平方米。我的仓库里面积压了几千万元的货。"

我笑着说："请问你那是几千万元的货吗？你那些库存产品现在还能卖当年的价格吗？如果你现在以成本价来处理，都不一定能够卖得出去。"

所以，这种算账方法显然是不对的。

② 经营利润的算法：我的鞋子卖了12万元，但我花掉了6万元，所以我现在手上有6万元现金，但是，我还有4000双鞋子，每双鞋子的进货成本是10元，那就是4万元，加上我手上的6万元现金，刚好是10万元，减去我当初投资的10万元，所以一分钱不赚。

（120000元－60000元）＋4000双×10元/双－100000元＝0元

③ **现金利润的算法**：我的鞋子卖了12万元，但我花掉了6万元，所以我现在手上有6万元现金。虽然现在手里有4000双鞋子，但是这4000双鞋子现在已经不值钱了，所以我不能算它的价值。因为假设我现在要把它清理掉，一分钱都收不到。所以我现在只有6万元现金，减去我当初投的10万元，现在我是赔了4万元。

（120000元－60000元）－100000元＝－40000元

你觉得到底哪种算法是对的？

接下来我们来分析一下这三种利润：会计利润，经营利润和现金利润。

1. 会计利润

会计利润：是笼统的公司总收入减去整体的经营支出，见图2-3。

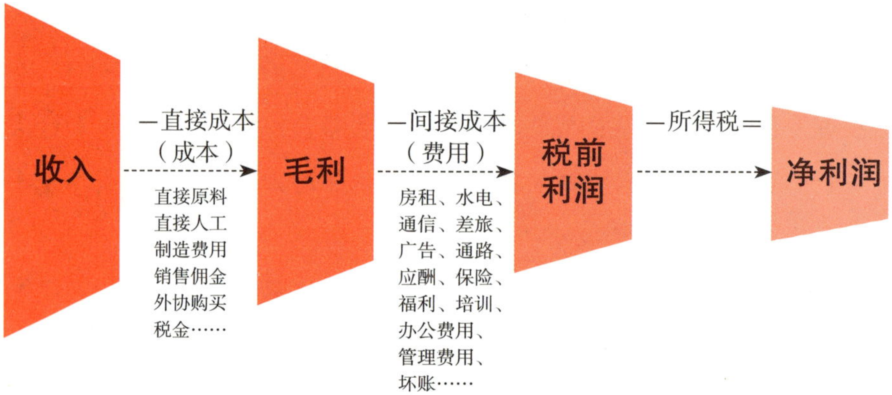

图2-3 会计利润的公式

会计利润不是按照每一个项目细分的，只是反映这一段时间的经营成果：这一个月以来公司收到多少钱？这一个月总共花掉多少钱？最后算出利润。所以，会计利润是无法显示出公司的经营水平的，只会显示经营的结果。因为你的公司可能有很多款产品，有的产品卖得好，有的产品卖得不好，你无法细分到底哪个产品卖得好，不知道哪个产品赚钱，哪个产品亏钱。有些产品不赚钱但是却卖得很好，你无法从会计利润当中算出来，这对公司经营没有任何帮助，有可能你做了很多无用功都不知道。

我们要明确利润的目的：不单要得出结果，还要透视过程，这样才能对实现利润的过程进行有效的管理，从而帮助公司获利。所以，我们需要了解经营利润。

2. 经营利润

经营利润：等于收益减去投入的成本，再减去代价。

公式如下：

销量×单价－直接成本－变动费用－固定费用＝经营利润

※ 案例 ※

假如一支笔的进货成本是3元，卖10元，卖1万支，收入就是10万元，直接成本3万元，也就是毛利润共7万元。但假设我在卖这支笔的过程中，给出了每支笔1元的提成，在不考虑其他成本的情况下，这支笔就给我的公司带来了6万元的经营贡献，再减去公司的一些固定费用、人员的工资、房租、水电费，就可以算出经营利润。

为什么要这样算？因为公司除了卖笔之外，还可能卖其他商品，我们要算出每一款产品给公司带来的经营贡献，看哪个产品给公司带来的经营贡献比较大，就多卖一点。

再举个麦当劳之所以能做成今天这个样子的例子，你们就知道为什么要算经营利润了。

※ 案例 ※

麦当劳兄弟原来开了一个路边店，生意很不错，到了年底两兄弟一算账，发现这么辛苦，居然没赚几个钱。

这么辛苦却不赚钱，不如不干，于是两兄弟做了一件事：对他们的菜单进行了分析，统计发现有些产品销量非常好，每天都忙不过来，可是对餐厅的利润贡献几乎为0，有些产品能够给餐厅带来很高的利润，但是一年下来也没卖出去几个，而像汉堡、薯条这样的东西销量虽然一般，但却是他们的主要利润来源。

于是两兄弟就做了一个大胆的决定：撕掉原有菜单，把原来卖的几十种产品，简化为只卖汉堡、薯条、可乐，其他的都不卖。当时所有的同行都在笑这两兄弟疯了，哪有开餐厅这样做的，看你怎么收场。

结果因为他们把菜单简化成集中赚钱的产品，只卖汉堡、薯条和可乐，仓储各方面的成本少了，出餐的速度加快，运营效率大大提升，客户等待的时间变短，服务的客户数量增加，反而更赚钱了。之后就有了现在的麦当劳。

经营利润对老板做经营决策非常有用。到底选择哪个项目、卖哪个产品，都不是按照会计利润来算的，而是按照经营利润来算的。接下来给你一张经营利润报表，希望你能根据这张报表做出正确的经营决策。

表2–1　经营利润公式报表

<table>
<tr><td colspan="3">项目</td><td>本年累计数</td><td rowspan="7">主营业务收入＝销量×单价</td></tr>
<tr><td colspan="3">主营业务收入</td><td></td></tr>
<tr><td>减去</td><td colspan="2">税金及附加</td><td></td></tr>
<tr><td>减去</td><td colspan="2">主营业务成本</td><td></td></tr>
<tr><td>减去</td><td colspan="2">变动营业费用</td><td></td></tr>
<tr><td></td><td>其中：</td><td>销售量引起的费用</td><td></td></tr>
<tr><td></td><td>其中：</td><td>销售额引起的费用</td><td></td></tr>
</table>

（续表）

<table>
<tr><td>减去</td><td colspan="2">固定营业费用</td><td></td><td rowspan="6">**主营业务收入＝销量×单价**</td></tr>
<tr><td></td><td>其中：</td><td>房租</td><td></td></tr>
<tr><td></td><td>其中：</td><td>管理费用</td><td></td></tr>
<tr><td></td><td>其中：</td><td>折旧费用</td><td></td></tr>
<tr><td>减去</td><td colspan="2">所得税费用</td><td></td></tr>
<tr><td>等于</td><td colspan="2">**本期净利润**</td><td></td></tr>
</table>

3. 现金利润

很多企业账面上有利润，但实际上却没有利润，你知道为什么吗？有些生意需要先给客户供货，然后过段时间再结账，结账前需要先把发票开给对方，经对方核对之后，再根据发票金额付钱给你。当你把发票开出来了，虽然钱没有收到，但是税务局已经默认为这是你的收入，你就要按照国家的规定去缴税，这时候就会导致账面上有利润，实际公司账上没钱。这就是为什么很多公司账面上有钱，实际却没钱。

记住一个核心原则：**现金利润是以收回现金才算利润，没有收到现金都不能当作利润。**

第三节 如何提升利润

How to do

收入高，成本低，利润就高。要么开源，要么节流。在存量市场成为主流的时代，要想提升利润，需把目光更多地放在节约上，因为营收是部分的利润，而节约是100%的利润。

那么，我们如何提升利润呢？

首先，利润等于收入减去成本，收入等于销量乘以售价。

比如产品售价10元，销量1个，成本9元。利润等于销量乘以单价再减去成本，10元×1个－9元＝1元。接下来我们用这个公式通过变量来提升利润。以下是三种方法：

第一种方法：增加销量。

销量的提升一定会带来销售收入的提升，减去成本，利润就会提升。

售价10元，销量从1个变成2个，成本9元，在售价和成本不变的情况下，我们的利润可以提升1倍。

2个×10元－2个×9元＝2元

第二种方法：提高售价。

当我们把销售单价变高的时候，在销量和成本不变的情况下，我们的利润也可以提升。

售价从10元变成11元，销量是1个，成本是9元。

1个×（11元−9元）=2元

第三种方法：降低成本。

在售价和销量不变的情况下，我们只要把成本降低，一样可以提升利润。

售价10元，销量是1个，成本从9元变成8元。

1个×（10元−8元）=2元

这就是提升利润的三种方法：增加销量、提高售价、降低成本。增加销量和提高售价属于经营的范畴，放到经营的底层逻辑章节讲，本章我们重点讲**如何降低成本**，因为这是财务的范畴。

节约是100%的净利润，营收只是20%的净利润。

也就是说，如果你做100万元营业额，减去一些费用之后，你可能只剩下20%的净利润，所以说“营收只是20%的净利润”。

而“节约是100%的净利润”是说，就算我没赚钱，我现在少花20万元就获得了20万元的净利润，相当于我做了100万元营收。

任何企业提升利润的方法都是一样的，**要么开源——增加收入，要么节流——降低成本**。为什么最近大公司都在裁员？大公司裁员的目的就是降低成本，因为省下来的都是净利润。

接下来我们给大家讲一讲六种降低成本的方法，我相信当你看完后，就算今年你的营业额不提升，你的利润也会提升，所以我希望你能认真学习。

一、从战略上控制成本

1. 产业配套

就是上下游产业链价值配套。什么叫上下游产业链价值配套？就是选择在产业链附近建厂。产业链价值配套的好处是降低附加的物流成本、节省时间。

举个例子，有人生产果汁，如果把厂建在大城市，成本就会很高，如果将厂建在水果种植基地，就可以低价采购农民的水果，降低果汁的成本，这就叫作产业链价值配套。

温州一带很多人都很富有，因为他们左邻右舍就是产业链价值配套。他们生产的东西可能是右边那个人的原材料，而右边那个人的原材料可能是从他的另外一个邻居那里买来的，所以大家都在一个地方买来买去，成本很低，这就叫产业链价值配套。

产业链价值配套——控制产业链。对于产品无差异化的企业，尤其要这么做，**要么控制下游，要么控制上游**，只有这样才能真正地做到降低成本。

※ 案例 ※

我们都听说过一个运动品牌叫作安踏。安踏现在为什么这么值钱？原因在于很多生产运动品牌的厂商，只是找了很多经销商帮他把衣服或者鞋子卖掉。安踏的方式是：看一下全国的经销商当中，谁做得特别好，安踏就直接入股谁。假设你是我的经销商，我直接入股你，请问一下，我是不是你的一部分？我既然是股东了，自然会给你更好的货源、更好的政策。这时候我也可以监督你，你也不会背叛我，因为我们已经绑在一起了，你就不会去做我竞争对手的生意，这样子我的公司的产品销量就会更稳定。

不仅如此，更主要的因素在于我自己生产东西，我可以赚到生产的利润。我现在入股销售公司，当我把东西卖掉之后，请问是不是又有销售的利润？

※ 案例 ※

假设我生产的产品成本是3元，5元卖给经销商，经销商再以10元的价格卖给消费者。当我把产品卖给经销商的时候，我有2元的利润空间，但是，我现在又入股了我的经销商50%的股份，他5元进货卖给消费者10元，有5元的利润，因为我有50%的股份，这时我又可以分到一半，多赚2.5元。

这叫控制下游，增加利润来源，等于变相降低成本。另一种叫控制上游。

※ 案例 ※

沃尔玛超市销售的产品号称是全世界最便宜的，但它的利润却不是最低的。因为它有一个庞大的数据库，利用全世界的沃尔玛销售网点收集数据，然后再对数据进行分析，发现哪个产品卖得特别好，它就跟生产厂商谈：“我想投资你的公司，入股，你是否愿意？”

如果你是沃尔玛的供应商，你发现沃尔玛每年从你这里采购几亿元的产品，现在它要投资入股你的公司，你愿意不愿意？你会说：“哇，沃尔玛如果愿意投资我的话，我以后就不担心沃尔玛不卖我的东西了。”

这时候你就会心甘情愿地让沃尔玛入股你的公司，然后你投入3元生产产品，5元卖给沃尔玛，沃尔玛从你那以5元的价格进货，然后6元卖给消费者。表面上沃尔玛只赚了1元，但因为你的公司沃尔玛有股份，在你2元的利润中沃尔玛又能够分到一部分钱，这样子沃尔玛就相当于增加了利润，降低了成本，这就是所谓的控制上游。

2. 关联贸易

就是你的公司又开了一个与产业链关联的公司，然后为原公司供货。比如房地产公司，卖房子可以赚钱，自己去盖房子又能赚钱，盖房子的时候需要钢筋、水泥、沙子、石头，于是又投资了钢材贸易公司、沙土公司、水泥公司，这就是关联贸易，整个产业链所有的利润都跟他相关，利润都自己赚，自己给自己供货，就等于降低了成本。

※ 案例 ※

大家都听说过一个上市房地产公司叫碧桂园，碧桂园老总的女儿当过中国女首富。但事实上他们最赚钱的并不是碧桂园，他们成立了一家建筑开发公司。碧桂园所有的楼盘都是由这家公司建设的，请问一下：盖房子有没有利润？当然有利润，只要碧桂园不断地开发楼盘，他们的建筑开发公司就永远赚钱。

3. 规模经济

开1个店和开100个店，采购成本并不会降低多少，但是管理成本却可以降低很多，消费者增加能大大降低成本。比如我开1个店，我要1个仓库，是不是这个仓库只能给1个店服务？如果我有10个店，还是1个仓库，每个店的仓库成本就变成了1/10，成本就降低了。

我的培训课程也是一样，一次对着300人讲和对着3000人讲，我都是讲一次，时间成本是一样的，但如果听课的人越多，我的成本就越低，利润就越高。

二、降低采购成本

在采购上降低成本，我们分为两个维度，一个是狭义的采购利润，一个是广义的采购利润。

狭义的采购利润是指当期比上期的采购成本降低了。比如，过去我找人印刷这本书要花50元，经过谈判，现在他愿意以40元的价格帮我印，这样我每印一本书就可以节省10元。

广义的采购利润的第一个前提是配套周期缩短。什么意思呢？比如说我过去印书，要先把钱付给印刷厂，1个月后印刷厂印好把书交到我手里，周期是1个月。现在付完款，10天后就能够把书给我。这两者的区别在于原来要30天才能拿到书，现在10天就能拿到书进行销售，资金周转的速度是不一样的。资金周转的时间越短，公司的投资回报率就越高，所以这叫配套周期缩短。

广义的采购利润的第二个前提是质量要求更高。比如我过去花10元采购来的产品质量比较差，现在也是花10元，但我采购来的产品品质却高很多；过去花10元采购的产品我只能卖15元，现在花10元采购的产品质量非常好，我能卖20元。这也是因为降低采购成本而增加的利润。

广义的采购利润的方式是：搭建好采购平台、优化产品工艺、再造采购流程、让采购的效率变得更高。

※ 案例 ※

宜家的铁艺凳子卖得很便宜，买的人很多，同样是在国内找人代工的，为什么客户喜欢在宜家购买呢？同样一家代工厂做出来的产品有什么差距吗？答案是差距非常大。为什么会这样呢？研究后才发现，宜家在下订单的时候，会把凳子的详细数据写清楚，它不只给你一张图纸，而是给你三张图纸，在整个制造的过程中，都有专人指点，确保每一张凳子都是非常完美的。

但是，其他公司找同样的代工厂代工，只会给一张图纸，整个过程也没有人监督，所以代工厂自然就不用心，做出来的产品的质量就没有宜家的好。所以，用同样的代工厂，生产同样的产品，差距很大的原因是采购水平差距大。

广义的采购利润的表现为：采购费用节省、采购成本降低、库存沉淀消失、财务费用减少。

什么叫库存沉淀消失？

就是减少库存。举个例子你就知道如何让库存沉淀消失了。

※ **案例** ※

几年前我和一群学生去德国奔驰公司考察时发现，奔驰公司很厉害，50秒就可以在流水线上生产出一辆奔驰车。奔驰公司只有组装工厂，没有车辆存储仓库，也没有原材料仓库，生产出的产品直接通过和工厂相连的铁路运输出去。

而普通的公司在库存沉淀方面浪费了很多成本。以我的公司来说，我去印书，我要先把钱付给印刷厂，印刷厂把书印出来后，用物流运给我，然后我再把书放入我的仓库，当有人下单买书后，公司仓库的人包装好书再快递出去。

书从印刷厂运过来，我把它放到仓库里面，要不要搬运成本？仓库要不要租金？到时候再快递出去要不要成本？整个过程都是成本，中间还要考虑库存所占用资金的财务费用。

奔驰在精益生产理念下，对于供应商的选择是十分严苛的，成为奔驰的供应商不仅仅需要硬件实力以及对品质的把控，奔驰还会考察后期供应链管理能力，即采购能力。

在生产流水线组装原材料不足时，“2个小时”已经成为奔驰以及供应商共同执行的理念。比如车架、发动机、轮胎、座椅的供应商，2个小时内必须把这些原材料送达指定的组装工厂。

记住是2个小时。为什么？因为如果供应商的原材料送来太早，工厂就会停很多供应商的车子，导致厂区拥堵。如果来得太晚了，就有可能导致生产线因为缺少某个原材料而暂停生产。生产线因原材料停线是以分钟甚至秒钟来计算损失的，而且金额巨大。这就是为什么奔驰要对供应商进行严格考核。

你可以想象一下，它的原材料根本不用入库，生产出的车辆也不用出库，整个过程不需要仓储，没有一定的供应链管理能力是做不到的。这也是奔驰是世界500强企业之一的原因。它的采购管理机制非常完善，这能让它的库存沉淀消失，所以降低了成本。

什么叫财务费用减少？

也就是我用更少的钱去赚钱。比如我在采购时占用了大量资金，如果我拿这个钱去银行买理财产品，是否会有很高的利息收入？如何灵活安排资金运作，合理分配现有资金？这都属于财务费用的问题。

※ 案例 ※

我们在买东西时，买100斤，1斤1.1元，总共要花110元，这时供应商就会说："要是你一次买150斤，我就给你1元的价格。"看起来似乎是挺划算的，于是我们就花了150元，买了150斤。

你有没有发现一个问题：原来买100斤，只需要110元，现在买150斤用了150元，多采购50斤，虽然每斤省了1角，但是多花了40元。如果多花的40元存在银行的利息大于省下来的10元，那我们就亏了。反之，如果将40元存到银行的利息小于节省的10元，就赚了。

所有生意人都是希望你多采购，但你需要算一下财务成本。你会发现街边卖苹果的人都是如此，苹果1斤3.5元，3斤10元，很多人会选择3斤10元，自以为赚了1.5元，可实际上是卖苹果的人多卖了6.5元。

懂财务的人就会懂得用财务方式去提升营业额，不懂财务的人，钱被人赚走都不知道。

三、降低生产成本

第一种方法：降低原材料的库存。

最好的方式就是前面提到的奔驰的做法——零库存。因为库存要占用仓库的成本、占用库存产品的财务利息，还要承担出入库时的搬运成本，所有做得好的公司都是零库存。因此，要想办法降低原材料的库存，同时提升管理能力。

第二种方法：做精益生产，提高效率。

※ 案例 ※

假设市面上一个东西卖30元，别人的生产成本都是3元，你开始的时候生产成本也是3元，你们都有27元的利润。但大家为了把自己的产品卖得更好，就有可能打价格战。当一个人卖28元，就会有人卖26元，接着有人卖25元，另一个人卖24元，最后慢慢地可能卖到10元、5元、4元，见图2-4。

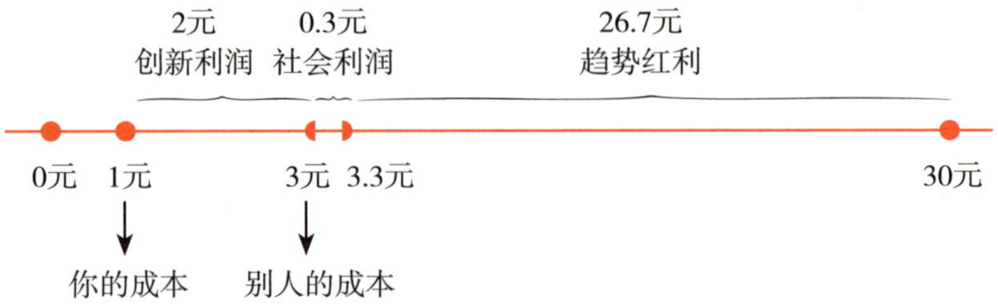

图2-4　精益生产带来的利润

竞争白热化，利润越来越低。低到什么程度？政治经济学说，当竞争到一定的程度时，利润会趋向于10%。10%是什么概念？3元生产的产品卖3.3元，赚的10%不是利润，而是社会给我们发的工资。

那么，真正的利润来自哪里？来自我们精益生产的创新。而原来的利润只能叫作趋势红利。

靠运气赚到的钱，迟早会靠实力亏掉。商场如战场，能走到最后的，还是靠实力。如果我把成本从3元降到1元，省下来的成本就是我们的创新利润。我卖3元赚到2元，别人的生产成本都要3元，他根本无法和我竞争。这就是我们的绝对优势。

格兰仕微波炉的销量为什么那么高？因为它采用的就是精益生产，它生产的微波炉成本比别人低很多，结果所有的微波炉厂商都选择找它代工，它赚的就是精益生产的创新利润。

我们要想在市场上有绝对的竞争优势，就必须想办法提高效率，降低成本。只有这条路才能让我们在这个世界立足。靠市场的不透明赚钱只能碰运气，你不可能一辈子靠运气生活。

四、降低销售成本

第一种方法：进行客户筛选。

在销售中，无论是服务大客户，还是小客户，服务的流程和时间都是相对固定的。也就是说，成交一个1万元的小客户，和成交一个10万元的大客户，所投入的成本几乎一样。所以，要想降低销售成本，最直接的方法就是提升大客户的成交占比。

有的客户需要用成本才能成交，招待、请客、送礼……，有的客户不需要招待，直接跟你购买。所以，算一算在每个客户身上的投入产出比。这个客户虽然带来了不错的营业额，但是变动费用很高（佣金、礼物等），最后算完，发现服务这个客户根本不赚钱，那么宁愿不跟他做生意。这样就可以降低成本，提高利润。

第二种方法：渠道建设和销售网点布局。

京东作为一个平台企业，已经拥有了成熟的销售网络，与这样规模的企业合作，成本投入小。如果选择不成熟的企业进行合作，在渠道建设和销售布局时，反而需要大量的成本投入。

第三种方法：控制费用，开源节流。

很多公司是没有费用控制的，它们采用的方式可能是请客户吃饭的费用可以报销。结果业务员请客吃饭花了300元，但业务员开了500元的发票回来报销。有一些公司让业务员出差，住酒店可以报销，结果业务员可能是住朋友家里，但他开了300元的发票回来报销。

大公司如何控制销售费用？很多公司不知道如何进行销售费用的管理，接下来分享大公司是如何管理的：华为公司员工出差的机票由公司特定部门负责，机场到酒店或某处的车费由公司安排，住宿所产生的费用，公司会统一和酒店进行结算。大公司很少出现员工贪污的状况，但是很多小公司根本做不到这一点。

小公司如何控制销售费用？不要搞实报实销，最好的方法是让花钱的人去省钱。拿出销售额比例的1%或3%作为招待费和差旅费。报销金额由他自己的业绩决定。

※ 案例 ※

本月业务员销售回款100万元，按照3%的比例，招待费和差旅费共3万元。如果你为了成交这笔单子，请客吃饭花掉5万元，也只给你3万元。当然，业务员肯定不干这样的事情，因为那样子他就亏了，所以他会想办法节省成本。

如果业务员不花差旅费和招待费也能回款100万元，那么3万元就是他的额外收入。不这样控制，就可能出现100万元业绩，招待费、差旅费花掉10万元甚至20万元的状况，最终导致公司没有利润。

销售方面节约费用的方法就是**让花钱的人去省钱**。变动费用管理的关键就在于，让花钱的人去关注最后的利润。因为有些费用我们是看不见的。在管理上，我们有一句话：**看不见的管理比看得见的管理更难**。我们要把失控变成主控，这样就可以很好地降低销售成本。

为什么销售经理很少考虑成本问题？因为公司考核销售经理的核心指标就是业绩。

※ 案例 ※

以大脑营行销售团队为例，假如一个销售团队有5名业务员，每人每月平均销售4万元，共计20万元/月。但是，公司给出的业绩指标为30万元/月，如果你是销售经理，你会怎么做？一定是增加业务员的数量。因为团队人员越多，销售额越大，所以销售经理最喜欢做的事情就是疯狂地招人，希望公司给他一层楼来扩充他的团队。

这时很多老板看到不断增长的销售额特别开心，觉得赚了不少钱，可一算账，却发现入不敷出。为什么？因为销售业绩的提升，是靠着不断增加的成本（人员工资、办公费用、社保、五险一金）来实现的。

那么，如何有效地控制成本呢？最直接的方法就是**独立核算**。当所有成本都需要销售经理独自承担的时候，他自然会考虑成本和利润的关系。如果最终的利润为零，销售经理一分钱都拿不到，他肯定就会想方设法提高人均销量，降本增效。

我们有一个开美容店的学员开了好几家店，其中一家店业绩特别好，他认为这家店的店长能力强，于是给这个店长奖励了一辆车。虽然这家店的业绩最好，但算账下来发现成本及费用也是最高的。这就是老板不懂算账，被人卖了还帮人家数钱。

如果你能够把账算清楚，每个销售团队都跟利润挂钩，那么我相信他们就会想办法降低费用成本，提升公司的利润，这时候你就能够使公司的利润翻倍。

五、降低人力成本

人力成本主要产生于招人、选人、育人、用人和留人五大环节中。如果老板了解人力资源的业务流程，就可以大大降低人力成本。

第一种方法：降低招聘成本。

可以通过公司官网、公众号、转介绍等自有方式完成招聘，减少外部渠道招聘产生的佣金费及广告费，省下来的钱，就是公司的净利润。

我在“商业思维”课程中教过一个方法——伯乐机制。也就是一个员工如果介绍新员工加入公司，新员工只要被公司录用，介绍的人就可以拿到推荐奖金，而且随着这个新员工在公司的晋升，介绍人可以拿到对应的奖励。当然，如果介绍的新员工不被录用，就没有奖金。这样子公司就不用花钱去招聘新员工，因为员工想要赚钱，就会想办法帮你介绍更多优秀的人加入公司，这样公司的招聘成本就降低了。

第二种方法：降低留住人才的成本。

现在，留住人才的成本越来越高。国家法律规定，员工上班要缴纳社保、五险一金，如果企业不缴纳，可能会被员工告上法庭。解决这个问题最好的方法就是找人力资源外包公司，这样可以大大降低成本。还可以通过人文关怀获得员工的“心”，从而抓住员工的“身”，从而使员工负责任地为公司创造价值。**激励篇详细介绍了激励员工的14个维度。**

第三种方法：培训员工，提升能力和效率。

有一话叫“培训员工会花很多钱，但不培训员工会花更多钱，一个公司最大的成本就是没有经过培训的员工，因为他们天天浪费公司资源，损失营业额”。因此，公司可以通过培训提升员工的工作能力以及工作效率。

第四种方法：设计科学的薪酬机制，激发员工动力。

没有能力不行的员工，只有不会激励的老板。

※ 案例 ※

某生产发电厂，核心产品是线圈。早期该厂不合理的薪酬制度导致员工工作懈怠，工作量完全不饱和，每人每小时最高产量为10个线圈。当工厂接到加急订单时，只能通过增加员工数量提高产量。原本利润很高的订单，做完后发现反而比普通订单的利润还要低。

通过学习“商业思维”课程，有个工厂导入了PK机制，举办了一场技能竞赛，冠军奖励1万元现金。让老板震惊的是，冠军员工每小时的产量竟然高达35个，参赛员工的平均产量也达到了每小时20个。所以，科学的薪酬机制可以大大降低人力成本，提升人均产值和企业利润。

第五种方法：优化公司的组织架构，知人善用。

每家公司在年底都需要做一个人力资源的复盘，淘汰掉那些与岗位不匹配的人，否则会给公司带来极大的风险。

六、降低财务成本

第一种方法：资金管理。

如果公司账面上有很多闲置资金，可以选择低风险的理财产品，实现资产的增值，增值部分可以用于支付人员的工资。财务部原来是成本部门，通过合理的资金规划，帮助公司创造了现金收益，就变成了盈利部门，降低了财务成本。

很多公司之所以会倒闭，主要是因为财务没有做好预算，不知道公司每个月要花多少钱，什么时候要花多少钱，没有提前准备好钱，结果导致资金链断裂。

比如某公司制作一款产品投入100万元，售价150万元，利润有50万元。但有个问题，产品售出3个月后才能收回货款，目前公司账上的钱已经不足以支付房租、员工工资等费用，如果等货款收回，公司可能早已经倒闭了。

没有现金流比没有利润更可怕，现金流相当于空气，利润相当于面包。一个人不吃面包可能三天饿不死，但如果没有了空气，可能三分钟都活不了。如何防止资金链断裂呢?

第一步，规划好现金流，做好科学预算。这部分内容在第八章预算篇中有详细讲解。

第二步，控制现金流的占用。关键就是做好往来账款的控制。

什么叫往来账款?

我们去别人那里进货，过段时间再把钱还给人家，这部分款项就是应付账款。

我们把东西卖给别人，过段时间才能够把钱收回来，这部分款项就是应收账款。

应付账款是我们欠人家的钱，在正常商业信用下，当然是能欠越多越好。应收账款是别人欠我们的钱，当然是被欠越少越好。

比如公司账上有1000万元可买投资理财产品，按年化利率3.5%计算，每年可以产生35万元的现金利润。如果别人欠我们1000万元，一年就少赚了35万元。我们必须加强应收账款的管理，快速把应收账款收回来，不出现坏账、死账和呆账，提高资金的运营效率。最好现金交货，如果实在要赊账，就要看客户的信用程度。信用级别低，只能欠一点；信用级别高，就可以欠多一点。什么级别的客户10天内就要催款，什么级别的客户可以20天催款，需要控制好风险，否则就会吃大亏。

第三步，要想办法扩大销售额，提高产品的利润率。保证公司的现金流，我们才能活下去。

第四步，不要盲目投资，要防范风险。不要表面上的赚钱，不要考虑万一我做成功了，能赚多少钱，你要想的是万一我失败了，我能承担多大的风险。

第二种方法：低成本融资。

有债权融资和股权融资两种方式。债权融资通俗来讲就是向别人借钱，定期支付利息，到期归还本金。股权融资通俗来讲就是入股企业，不产生利息，并且盈亏风险由股东个人承担。

假设某公司资金链断裂，1个月后资金链才能恢复正常，为了撑过这1个月，需要1000万元的周转资金。如果选择债权融资，就需要支付5%的利息，也就是最终归还的金额为1050万元。如果选择股权融资，投资人1000万元购买30%的股份。如果公司当年利润为2000万元，则投资人分走600万元；如果公司当年亏损，则股权分红为零。

如果老板对公司有信心，一般会选择债权融资，相反则选择股权融资。短期融资采用债权融资，长期融资采用股权融资。

第三种方法：合法节税。

偷税漏税是违法的，但可以通过税收政策合理合法地节税，具体的操作方法有十几种，这里我就不一一阐述了，大家可以在“财税思维”课程中学习到（见图2-5）。财税专家会从法务、税务、账务的角度帮大家构筑好企业的财务防火墙，保障财产安全，规避风险。

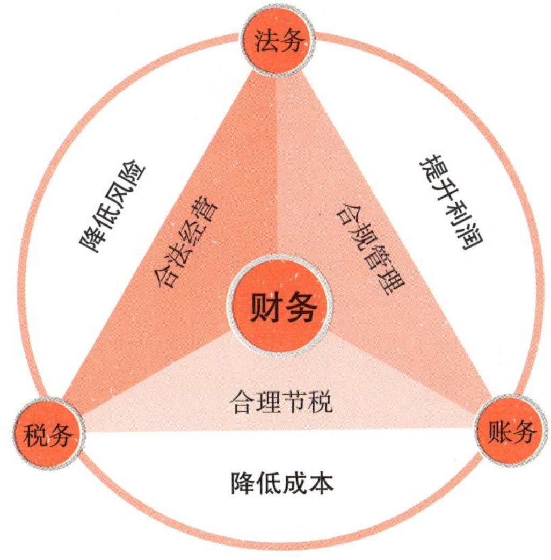

图2-5　“财税思维”课程

扫码学习
“财税思维”课程

第三章

经营的底层逻辑

底层逻辑行为指南中，人的一切行为都是来自对底层逻辑的理解。懂得底层逻辑，能一眼洞穿本质，能比他人取得更大的成就，也能比他人更容易取得成功。

第一节 为什么要经营

Why

经营是做正确的事，也就是做好的选择和判断。现实中，有很多非常好的一些企业，由于经营不到位，做了错误决策，从而导致失败。就像诺基亚总裁所说的："其实我们什么都没做错，但是我们倒闭了。"企业能否实现高效经营，关键就在于对经营策略的选择，如果经营策略选择失误，那么企业的整个经营活动必然会满盘皆输。你的企业目前处在什么时期，适用怎样的经营策略？你的产品定位是什么？你的目标客户在哪里？你的企业是否存在严重影响企业利润的黑洞？企业自身的人力、物力、财力是否得到了最优化的使用？

一、利润的核心是经营

不会经营，就没有办法获得客户；没有客户，就没有办法卖出产品；没有办法卖出产品，就没有收入；没有收入，就没有利润。

因此，做老板的人必须学会经营。

经营有两个目的：创造客户和保留客户。

创造客户的目的是赚钱，让自己活着。

保留客户的目的是发展，持续赚钱。

只有不断地提高客户对企业产品的忠诚度和黏性，确保企业长期稳定地盈利和发展，企业才能基业长青。

企业如果想把业绩做得更好，可以通过四个维度来实现。

图3-1是一个经营的矩阵图，你可以根据这四个维度来选择自己的经营策略。

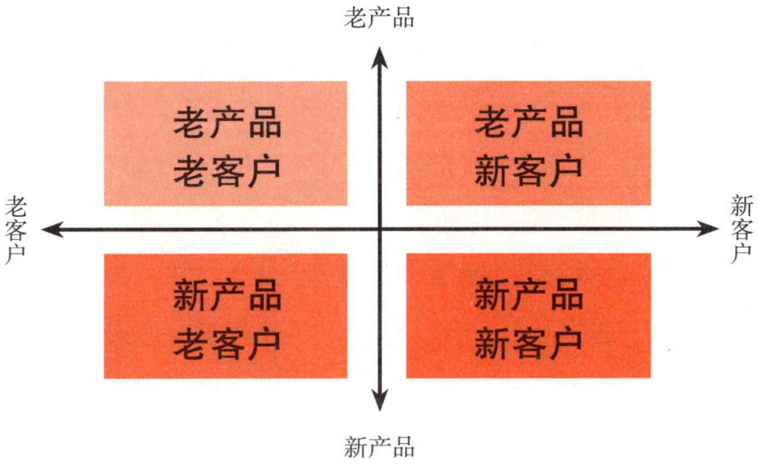

图3-1　经营策略矩阵

第一个维度：把老产品卖给老客户。

复购率决定产品生命力，要想办法让客户持续不断地重复消费。这是将企业做大最轻松的方式，因为老客户已经对产品建立了信任度和安全感，服务老客户的成本最低，但利润最高。像可口可乐、茅台都是采用这种方法，既使产品卖向全世界，又让老客户重复购买。如果你拥有这种吸引客户持续复购的产品，就一定能获得更多的利润。

第二个维度：把老产品卖给新客户。

做大最好的方式是不断开发新客户，这个模式很容易形成全方位复制，也更容易让企业获得高增长。

比如，大脑营行的“商业思维”课程是一次报名、终身免费复训的，也就是说，客户只要报名一次，什么时候来复习都是免费的。所以，如果大脑营行要实现业绩增长，就必须想办法把“商业思维”课程卖给更多的新客户。

第三个维度：把新产品卖给老客户。

根据客户需求，推出新产品卖给老客户。老客户有品牌忠诚度，一旦认可你的一种产品，也会连带认可你的其他产品。

比如买过我的《薪与酬》的人还有管理上的需求，于是我又写了一本《管与理》卖给他，老客户购买新产品，从而提升公司的业绩。

第四个维度：把新产品卖给新客户。

一直以来，大脑营行都是做线下培训的，每个月都会在苏州、珠海、重庆、北京四大城市举办培训，每次都有几千人来现场参加我们的培训。疫情期间不允许举办大型会议，于是我们化整为零，推出了“利润突围”课程，然后进入二三线城市，让本地的学员就近上课，解决学员疫情期间无法外出的难题。

一个公司要想实现业绩增长，基本上离不开根据以上四个维度制定的策略。

所以，你要想清楚到底哪个策略适合你，这样你才能取得更好的经营成果。

二、企业不同阶段的经营策略

当然，企业在不同的发展阶段，其经营策略也是不一样的，老板要根据企业所处的阶段选择合适的经营方式，具体见表3-1。

表3-1　企业不同阶段的经营目标

	初创期	成长期	成熟期	衰退期
经营策略	聚集目标客户痛点研发产品	想办法把一个产品卖给更多人	为老客户提供更多产品	为新客户研发新产品

初创期：企业规模一般较小，商业模式仍然有待验证。企业最适合的方式是聚焦目标客户的痛点，针对这部分客户研发产品。

记住，不要全线开花做太多产品，把一款做精做透就好了。

※ 案例 ※

有人问任正非华为成功的秘诀是什么，任正非曾说过这么一段话：华为只有几十人的时候就对着一个“城墙口”进攻，几百人、几万人的时候也是对着这个“城墙口”进攻，现在十几万人还是对着这个“城墙口”冲锋。密集炮火，饱和攻击。华为以每年1000多亿元的“弹药量”炮轰这个“城墙口”，研发近600亿元，市场服务500亿～600亿元，最终在大数据传送上华为领先了很多企业。

一根针捅破天。企业经营最忌急功近利、见异思迁。

聚焦、专注，把一个产品做到极致，是初创期企业最好的策略。

成长期：企业的产品和商业模式趋于成熟，需要投入大量的资金，扩大生产或放大模式，快速占领市场。最适合的方式是把老产品卖给新客户，想办法扩大市场占有率，把一个产品卖给更多的人。

成熟期：原有业务发展成熟，企业资产具有较大规模，经营现金流稳定，但是伴随的隐忧就是组织增长乏力，企业必须找到新的增长点，这时要想办法推出新产品卖给老客户，或者让老客户重复消费老产品。

※ 案例 ※

海尔基本就是遵循这样一条发展路径：

初创期：靠冰箱起家，只做一款产品，把质量做到极致。

成长期：跑马圈地，扩大市场占有率，除了把冰箱卖到全中国，还把冰箱卖到了海外。

成熟期：多元化生产，陆续为客户推出洗衣机、空调等更多的电器产品。

衰退期：企业销售量或销售收入快速下降，且产品或技术也进入行业的衰退阶段，组织臃肿且缺乏活力。这个时期企业必须及时调整方向，投入到新业务中，以实现新一轮的发展。最适合的策略就是想办法为新客户研发新产品，即重新定位目标客户，根据他们的需求研发新产品。

疫情期间，线下培训无法开展，导致原来的业务停滞。我们发现，疫情期间大家都在刷抖音，于是我们就结合短视频的特点，在抖音平台推出知识付费课程，创造了新的利润增长点，给公司带来了不少的营收。

如果你的经营策略和你的企业发展阶段不匹配，将给企业发展带来严重后果。比如在初创期，如果你不是集中兵力精准打击，而是谁的钱都想挣，针对很多个目标客户群研发多个产品，像撒芝麻一样把有限的资源用在无限的产品上，则每一个产品都可能沦为“棒槌”，没有一个可以成为助你刺破天的那根“针”。如果在成长期，你千辛万苦找到切入点，在市场上得到了立锥之地，但你没有趁热打铁扩大地盘，把产品卖给更多人（将老产品卖给新客户），占领更多的市场份额，那么你可能错过最好的发展时机，因为在这个逆水行舟不进则退的时代，小富即安只想做守成之主的人，最后都会被野心更大的雄主鲸吞蚕食，连仅有的一块蛋糕都会被抢走。所以，做老板的人必须知道在什么阶段采用什么样的经营策略，这样才能取得更好的经营成果。

三、企业盈利的三大要素

企业经营的好坏决定企业的利润，任何一个企业要想持续发展，必须研究如何盈利。而企业能否盈利，则取决于以下三大要素，见图3–2。

第一个：客户。

很显然，客户是企业的利润源泉，是衣食父母，是经济命脉，管好了客户就等于管好了“钱袋子”。

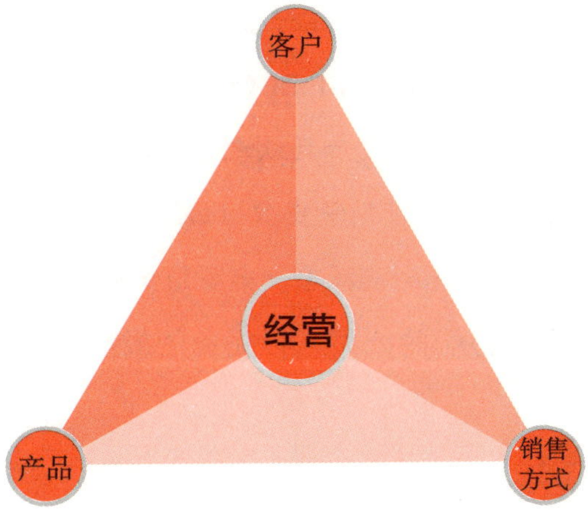

图3-2 企业盈利的三大要素

沃尔玛的创始人山姆·沃尔顿说："实际上只有一个真正的老板，那就是客户。他只要把钱花在别处，就能将公司的董事长和所有雇员全部都'炒鱿鱼'。"

因此，从根本上来说，要判断一个企业的竞争力，不仅要看其技术、品牌、资金、管理，更要看它到底拥有多少忠诚的客户，特别是拥有多少忠诚的优质客户。

第二个：产品。

产品是企业的根基，是核心竞争力。没有好的产品，企业就是无源之水、无本之木。

※ 案例 ※

很多人可能从未听说过"北汽幻速"这个品牌，但它确实存在，当年曾以低廉的价格和豪华的配置占领了一部分市场份额。然而，价格的低廉意味着工艺的粗糙，因此，其质量频频被消费者投诉，导致销量锐减，最终走向破产的命运。

同为国产品牌，五菱宏光坚持"人民需要什么，五菱就造什么"，洞察用户真实需求，强调产品对用户的利益点，生产的汽车以高性价比被称为“国民神车”。其新能源汽车五菱宏光MINIEV表现更是亮眼，自2020年7月上市以来，以“好开、好停、好省”广受市场欢迎，掀起了一股“MINIEV热”。截至2023年1月29日，MINIEV累计销量突破111万辆，连续28个月蝉联中国品牌纯电汽车冠军，七度登顶全球新能源单一车型销量冠军。

事实证明，没有叫得响的产品，再完备的战略、架构、营销都是空中楼阁。

第三个：销售方式。

销售方式分**直接销售**和**间接销售**。

直接销售是指企业招募直销员，由直销员直接向终端消费者推销产品的经销方式。它的优点和缺点见表3–2。

表3–2　直接销售的优点和缺点

优点	缺点
1. **没有分销商或者渠道合作伙伴分享收入**。销售收入都在公司账面上，只要给业务员一部分提成就可以 2. **可以主导销售流程**。你想怎么卖就怎么卖 3. **有完全的控制权**。客户资源都在你的手里，也方便统一市场价格。如果你找代理商卖，产品卖给谁你都不知道，他还可能会降价销售 4. **可以获得直接的客户反馈**。客户对产品、价格、服务的任何反馈你都能第一时间了解到，这对于你的产品改进有非常大的帮助	1. **成本高**。直销需要自己组建销售团队，所以必须承担销售所需的全部人力、物力和财力，特别是在市场相对分散的情况下，将使企业背上沉重的负担 2. **难扩张**。如想开疆拓土，销售团队的复制和扩张都要经过招聘、培训等多个环节，难度较大 3. **进入新市场的壁垒高**。如果要开发一个新的市场，意味着要去建立新的分公司、租赁新的办公室，以及满足其他各种条件。这与当地市场的合作伙伴及分销商建立关系相比，付出的成本相对更高

采用这种销售方式的重点在于**销售团队的组织和管理**。

如果你准备采用直接销售的方式，应该先问自己几个问题。这几个问题非常重要，决定你到底该不该采用直接销售的方式。

① 产品或服务是否涉及为每位客户提供定制化服务或者功能强化服务？

如果客户经常要求更多服务，你可能确实需要寻找一个渠道伙伴，以便在当地提供这些服务。

② 采用直接销售方式的预估销售成本是多少？这和利用渠道并给予渠道好处后的销售成本相比，哪种方式所需要的成本更少？

如果自己组建销售团队的成本高于渠道销售的成本，那就应该采用间接销售。如果发现直接销售的成本更低，赚的钱更多，就采用直接销售。

③ 是否有足够的资源在所有的目标市场中都建立起现场销售团队并进行管理？

如果公司规模小，你可能没有足够的资源去组织和管理一个现场销售团队，尤其在面对多个市场的时候。

④ 在销售方面是否有直接的客户反馈渠道？

这一需求可能需要通过客户支持、客户会谈或其他方式来满足，毕竟如果只采用客户调查的方式，是无法很好地感知客户需求的。举例：华为当初在销售方面实行“买一送一”。什么叫“买一送一”？买一个设备，随设备派一个技术人员到你那里盯着，确保你的设备运转正常。这么做的目的就是直接获取反馈。

间接销售是指通过分销商、批发商、增值合作伙伴等第三方，将产品或服务销售给终端客户，简单来说就是找代理商帮忙销售。它的优点和缺点见表3-3。

表3–3　间接销售的优点和缺点

优点	缺点
1. 销售、营销和分销成本低。你只要给一个出厂价，他怎么卖是他的事，你不用支付工资，也不用支付多余的成本 **2. 高效扩张**。渠道伙伴可以为你带来广泛的客户群，如果你在全国每个地方都能找到渠道伙伴，就可以很快开拓市场。管理多个渠道伙伴只需一个经理即可，但带来的营收可抵一个完整的现场销售团队 **3. 发展新市场所需成本低**。你只需要找到一个有能力、有客户资源的人成为你的代理商，就能快速地占领市场，还可以省去组织和管理新公司、在当地市场做广告、招聘新员工等工作	**1. 对销售流程的控制会更少**。通过合作伙伴去做销售，意味着你和客户之间有了中间人，他怎么卖出去，或者他有没有降价卖，你都管不了，你的公司可能甚至都不会进入销售流程，导致公司几乎无法获取销售之后的真正销售结果 **2. 营收变得更难预测**。你不了解合作伙伴的销售渠道，你也没有对销售流程进行掌控，要想预测营收会很难。销售伙伴数量如果一直增加，总体销售渠道也不断扩大，到了一定阶段之后，公司营收可能就完全无法预测了 **3. 合作伙伴获利问题**。代理商是靠利益驱动的，谁给的利益大，他就帮谁卖。根据合作伙伴类型的不同以及他们提供的不同价值，公司可能需要将20%～50%的营收分给真正在做销售的他们

在准备采用间接销售方式时，也要先问自己几个问题。

① 如何帮你的合作伙伴赚钱?

对这个问题必须要有直接明确的答案，因为这是建立良好合作关系的基础。你必须能帮助代理商赚钱，如果他们不赚钱，肯定无法长期合作。或者，你有代理商的赋能系统，如，用你的系统能够给他的客户带来更好的服务，给他加分；他也可以借助将你的产品推销给他的老客户，提升老客户的黏性，进而提升他的业绩，增加他的业务多样性；如果你的品牌有知名度，到时候你的代理商就可以借助你的品牌效应——“我跟某某公司是合作伙伴”，增加他的信任背书，使他更有面子，这就是所谓的获利之外的其他价值。

② 合作伙伴如何帮你赚钱?

这需要对建立和维护该合作关系所付出的成本以及营收结果进行评估。

如果合作伙伴的关系维护成本很高，但可用价值很低，也就是花很多钱在他身上，但是回报率很低，那倒不如采用直接销售方式，或者停止这类合作。

③ 合作伙伴到底能带来什么好处?

你要看他是否有很大的忠实客户群，他是否是你目标市场中的专业本地合作商。不同合作伙伴能提供的利益点不同，你要能够将公司看重的利益点列举出来，并确认他是否真正符合公司的利益。比方说要成为我的合作伙伴的人，必须具备诚实守信的特点，否则会影响我的品牌形象；必须要有实力，你要准确判断他的企业规模、盈利能力、用工数量、业务布局等。你选择与什么样的人合作，决定你将成为什么样的人。

④ 如何和客户建立直接联系?

很多合作伙伴都会对自己的客户有所保留，不会让你公司的销售代表或者提供支持服务的工程师和末端客户有直接的交流，害怕客户不经过他而和你直接进行交易。所以你需要建立起与客户直接联系的渠道，因为它既能帮你提升服务质量，还能确保你的合作伙伴持续输出有价值的服务。

※ 案例 ※

大脑营行采用的策略是：建立一套客户关系管理系统，所有的客户信息都在这套系统里，代理商可以看到他所有的客户信息。公司有专人服务客户，如果客户再度购买，代理商依然可以获得后续销售的佣金。大脑营行和代理商建立利益共同体，用系统帮助代理商服务客户，帮助他赚钱，这样他就愿意把客户贡献出来。

客户、产品、销售方式是企业盈利的三大核心要素，关键是要做好三个要素之间的组合和设计。对于一个企业而言，到底选择为什么样的客户服务，推出什么产品解决客户什么问题，采用什么样的销售方式，将决定企业的经营成败。

四、企业营销的四大误区

我总结了很多企业经营不善而倒闭原因，归纳起来有四个：

经营不善的第一个原因：倾听不足。

很多公司在生产产品之前，没有认真去做市场调研，导致产品生产出来之后成了库存，无法销售出去。因为他从来都没有想过客户真正想要的是什么，所以生产出来的东西只是他自己喜欢的东西，而不是客户想要的东西。所以，做老板的人最大的不幸就是爱上自己的产品，而不是爱上客户的需求。

※ 案例 ※

锤子手机创始人罗永浩曾说，“不做市场调研，让大部分用户去死，我们是给精英人群做的”，表达了其对大多数用户的不屑。然而，不管罗永浩怎么辉煌，怎么理想主义，怎么具有情怀，锤子科技最终都是做产品的公司，而做产品的公司拒绝洞察和了解用户需求，就意味着产品始终会与用户脱节，用户自然也会以“用脚投票”来回应，最终导致锤子手机黯然退场，湮没在市场的浪潮之中。

与锤子手机正相反，小米的雷军多次在公开场合宣称：踏踏实实用真材实料做品质过硬、价格厚道的产品，和粉丝做朋友，用心倾听用户需求。这种“以用户为关注焦点”的原则，让小米在今天拥有了千万粉丝。

所以，我们在做产品之前，必须深入研究客户有哪些痛点，他们到底有哪些需求，然后根据他们的需求来做产品。

经营不善的第二个原因：提供折扣。

价格是品牌的见证。消费者往往认为，厂家打折就是在降低产品的档次和质量，因此会降低品牌在消费者心中的地位和价值。如果消费者习惯了打折后的价格，品牌在消费者心中也就是这个折价后的档次和形象了，而且以后也很难再提高。就像花花公子，打折太厉害，造成品牌形象已经大不如前。

折扣策略利用不当，不仅会损害产品自身价值，还会伤害优质客户，降低渠道忠诚度，最终导致企业利润越来越薄，带来无法估量的损失。

任何一种产品能存活下来，都是有自身道理的，但绝对不仅仅是因为价格，更不是因为折扣，而是因为品质、品牌、价值和被需要！

经营不善的第三个原因：向熟人销售。

卖给陌生人才能发现客户真实的需求是什么，熟人销售是一种虚假的肯定，它将迷惑你的双眼。

所谓生意，就是让陌生人满意。只有卖给陌生人，才能发现客户真实的需求。如果陌生人都愿意接受，代表你的产品真的是客户想要的产品。

很多时候熟人购买，是冲着你的面子买的，最多只会支持你一次，不会支持你很久。他可能并不需要你的产品，买了之后也不会用，这样就会造成虚假的繁荣，以为自己的产品很受欢迎，而实际上却并非如此。

经营不善的第四个原因：没有找到好客户。

只有好客户才能给企业带来价值。

很多时候客户之所以不满意，是因为客户和产品不匹配。比如，品质一般的产品就算白菜价卖给有钱人，有钱人也会不屑一顾。反过来，你要是想把高质高价的产品卖给一个没钱的人，同样也会碰钉子。并不是你的产品不好，而是因为他们不是你要找的客户。销售就是用对的方式找到对的人，而不是眉毛胡子一把抓，大小都想通吃。

※ 案例 ※

我们再来看五菱宏光MINIEV。一款来自中国的汽车成为全球销量冠军，这在汽车工业百年历史上并不多见。那么问题来了，为什么会是五菱宏光MINIEV？

作为一款普通的代步车，五菱宏光MINIEV洞察市场需求，精准定位自己的客户群体，即“30/50公里内的市区出行人群”，因此，宏光MINIEV有着灵活轻便的车型、好停好开的特点和极为接地气的价格，日常生活场景下总是能让车主驾轻就熟，在城市出行中轻松自在。“人民需要什么，五菱就造什么”，还是这句话最能总结五菱宏光MINIEV的灵魂优点，因为这款车太贴合目标客户群体想要的样子了。

找客户其实和找爱人差不多：遇到对的人，连空气都是甜的；遇到错的人，连呼吸都是错的。

业界有这么一句话说得很好：销售80%是找对客户，20%才是搞定客户。

什么是对的客户？用一句话来概括，那就是有需求，并且有预算的群体。

第二节 什么是经营

What

所有企业老板都在考虑如何在经营过程中最大限度地提高收入，实现利润最大化，然而，很多人往往思路混乱，找不准发力点。企业经营正确的业务流程应该是怎样的？企业收入增长到底靠什么？应该从哪几个维度下硬功夫？

一、经营的业务流

什么叫作经营？

经营是围绕企业设定的目标进行“产、供、销、服、人、财、物、数”这一系列经济活动的总称，是从投入到产出的一系列过程，最终目标就是争取更多的顾客，实现高额盈利。

企业要想赚钱，必须先研究经营的闭环，我们称之为经营的业务流。

业务流看的是商业逻辑和商业模式的合理性，明确企业是以什么样的方式来赚钱，也就是这个企业赚钱的思路是什么。当企业把这个业务流程走通时，就能实现持续盈利，见图3–3。

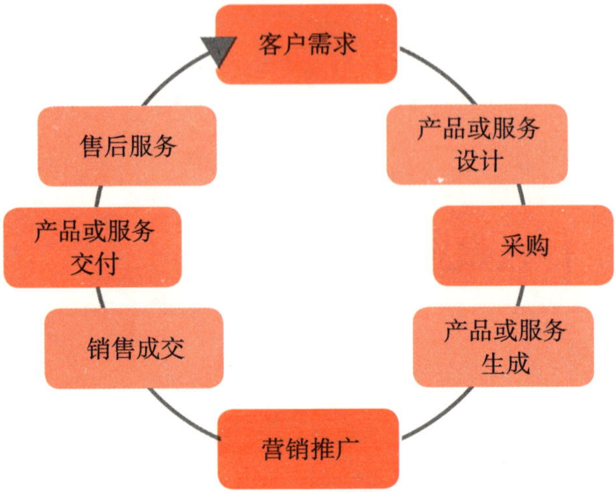

图3-3　企业经营业务流程图

无论是消费市场、创业市场还是资本市场，经营的底层逻辑都是一样的：首先要知道客户是谁，他们有什么需求；当明确了客户需求之后，我们就要去设计产品或服务来满足客户需求；产品或服务设计好了之后，需要去采购原材料；有了原材料，就可以把产品或服务生成出来；产品或服务生成出来后，并不能马上变成钱，需要卖给客户才能变现，这时候需要先营销推广，让客户知道产品对他们的好处；然后通过销售渠道或销售人员把产品卖出去，实现成交；客户付钱之后我们将产品交付到客户手里，或者为客户提供服务；当客户体验过产品或服务后，就会对我们的产品或服务有一个反馈，这样我们又能收集到客户需求，形成一个正向的循环。

消费市场的目标客户是消费者，卖的是产品和服务，核心任务是品牌定位和传播裂变。

创业市场的目标客户是创业者，卖的是品牌和系统，核心任务是渠道构建和招商融资。

资本市场的目标客户是投资人，卖的是股权和模式，核心任务是股权设

计和增长模型。

三种市场的经营方式有什么区别呢？接下来我以“客户肚子饿”为例，为你讲述一下这三个市场的经营方式。

※ 案例 ※

1. 消费市场

目标客户：消费者。

需求：肚子饿了，想填饱肚子。

他们考虑问题的关键是：这个东西到底好不好吃？

产品或服务设计：这可以有很多解决方案，因为客户肚子饿了，他可以去吃西餐或者中餐，也可以去吃面包或者包子。你会发现，基于客户需求，不同的人设计的解决方案是不一样的，每个企业提出的解决方案都是基于“客户肚子饿”这个需求，再结合自己的优势。

比如：某人只会做包子，所以他基于“客户肚子饿”这个需求，就会选择卖包子。另一个人会做面包，所以他基于“客户肚子饿”这个需求，就会选择卖面包。

然后再去采购对应的原材料，当然，做包子的人和做面包的人要采购的原材料是不一样的，做面包的人采购的可能是面粉和烤箱，而做包子的人采购的可能是面粉和蒸笼。

当他们把面包或包子做出来之后，他们需要通过宣传或免费试吃等方式让客户体验他们的产品，这叫营销推广。

客户体验过他们的产品后，如果觉得好就会付钱购买，这叫销售成交。

这时他们只要根据客户购买的数量，将包子或面包通过快递或当面交付给客户就可以了，这叫产品及服务交付。

客户收到他们的产品后，吃完觉得好吃或不好吃都会形成一个反馈，这时候生产面包或包子的人就可以根据客户反馈，重新开始新一轮的业务循环，以确保更多客户愿意购买他们的面包或包子。

2. 创业市场

目标客户：想创业赚钱的人。

需求：想创业，但不知道怎么创业；想赚钱，但不知道如何赚钱。

他们考虑问题的关键是：这个东西到底能不能赚钱？

产品或服务设计是这样的：推出一个卖包子或卖面包的加盟项目，告诉这些想创业的人，现在包子或面包卖得很火，很多人都喜欢吃，只要开一个包子店或面包店，一定很赚钱。而且有现成的品牌可以加盟，也不用自己学习如何做面包或包子，因为品牌加盟方有生产包子或面包的系统，他们只要交加盟费，就可以当老板赚钱。

采购是这样的：花钱找到做包子或面包最好吃的技师，投重金去买自动化生成包子或面包的机器，找到面粉和原材料的供应商签订合作协议，找到负责品牌宣传的营销人员，找到优秀的职业经理人、法务人员、负责招商的市场开拓人员。

产品或服务生成是这样的：他会选择开一个样板店，然后宣传造势把样板店的生意做好，每天的经营数据非常好看，然后生成统一的企业文化、加盟手册、品牌VI形象、运营手册等。

营销推广是这样的：告诉所有想创业的人，现在这个品牌的包子或面包非常火，产品供不应求，客户十分喜欢，每天排队购买的人不计其数，每天的营业额很可观……总之这个店很赚钱，而且加盟这个品牌的人都赚到了钱……

销售成交是这样的：邀请客户来现场考察他们的包子店或面包店，然后参观公司，展示公司实力，展示加盟商赚钱的案例，然后签订合作协议，交纳加盟费后，品牌方授权品牌使用权给加盟方。

产品或服务交付是这样的：品牌授权方培训加盟商的员工，或者让加盟商派人到总部参加培训，并派市场指导人员协助加盟商将包子店或面包店开出来，这个过程会执行公司统一的装修风格、统一的运营方式，然后等店铺开出来或运营走上正轨，算交付完毕。

品牌授权方会在第一时间获取加盟商在经营过程中的经营数据，同时，加盟商也会将对总部满意或不满意的信息反馈给品牌授权方，品牌授权方将根据收集到的反馈开始新一轮的业务循环，确保能够招到更多的加盟商，收到更多的加盟费。

3. 资本市场

目标客户：股民/投资者。

需求：想让资产增值。

他们考虑问题的关键是：这个赛道是否为趋势性行业？这个市场空间到底有多大？这个企业的盈利是否可持续？这个企业的股票有多少增值的空间？

产品或服务设计是这样的：做出非常漂亮的财务报表，讲述一个非常有吸引力的故事，让投资者觉得这家公司从事的是未来最大的趋势行业，未来有无限的市场空间，这家公司的商业模式非常好，盈利能力非常强，创始人和管理团队都非常优秀，供应链管理和终端的加盟店管理都非常好，业务十分稳定，是行业的独角兽。

采购是这样的：找最优秀的职业经理人包装出一个强大的团队，找最优秀的财务总监或会计师事务所做出一份非常漂亮的财务报表。

产品或服务生成是这样的：目标是成为主板的上市公司。

营销推广是这样的：告诉所有想投资的人，现在这个公司是一家盈利能力非常强的公司，未来有广阔的市场空间（因为全中国的人都有饿的时候，他的包子或面包是客户最喜欢的选择，而且每个人都可能吃一辈子），如果能够成为这家公司的股东或买到这家公司的股票，未来至少有涨十倍、百倍的可能……

销售成交是这样的：通过股票交易所进行股权交易，或引进新的投资者进行新的股权分配。

产品或服务交付是这样的：投资者获得公司的股权，自己选择将股票在多轮融资中卖出，或等公司上市时再成功套现，或者长期持有。

投资者会对公司董事会提出如何增加公司市场的建议，董事会根据市场情况及股东的反馈调整经营策略，以确保公司的股票能持续不断地上涨。

从上面的分析可以看出，无论是消费市场、创业市场还是资本市场，经营的底层逻辑都离不开这个业务闭环。经营得好的企业的业务流程很顺畅，每一个环节都做到极致，从而能取得良好的经营成果，而这个成果就是利润。

二、增加经营收入的三大方法

根据财务的底层逻辑，我们知道：**利润＝收入－支出。**

在这个业务闭环中，每一个节点都要投入大量的金钱，所以我们需要优化每一个环节，使效率变得更高、损耗变得更小，这样才能减少支出。

而如何提升收入，就是经营的重点。

根据利润的底层逻辑，我们知道：**收入＝销量×售价。**

根据这个公式，我们就可以得出经营的重点，也就是增加企业收入的方法，然后所有的工作都围绕这个展开。

增加经营收入的方法有三个，见图3-4。

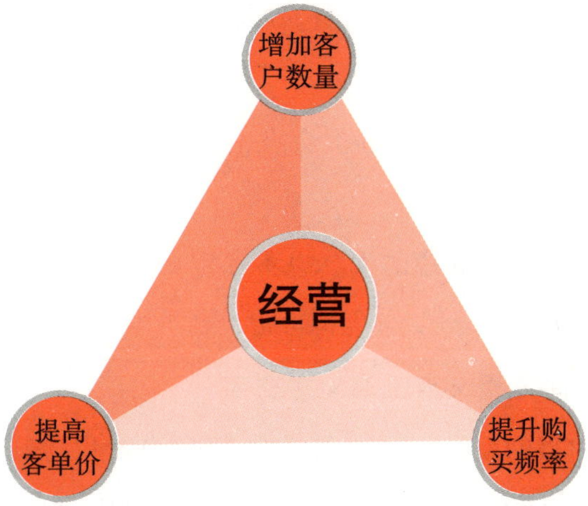

图3-4 增加经营收入的三大方法

第一个方法：增加客户数量。

为什么要增加客户数量?

收入=销量×售价

销量=客户数量×成交率

所以，要想提升收入，就必须增加客户数量。

在企业实际的经营过程中又分为两种模式：**一种是实体店，一种是电商。**

实体店开在一条大街上，有多少客户进到店里来，取决于这条街有多少人在逛街，我们称之为客流量。

在你的店门口逛来逛去的人，有没有100%走进你的店里面？当然不会。所以，走进你店里的人有个概率，我们称之为进店率。

客流量×进店率=客户的数量

10个人进你的店，不可能10个人都会买，所以这有个概率，叫作成交率。

实体店销量就是由这三个方面所影响的：

实体店销量=客流量×进店率×成交率

做电商的就要想办法增加曝光量。所谓的曝光量，就是有多少人看到你的广告。

看你广告的人，不可能100%都会点击你的广告，这有个概率，叫作点击率。

点击你的广告看产品介绍的人，也不一定100%会购买，这有个概率，叫作成交率。

电商的销量=曝光量×点击率×成交率

所以，经营的目的就是找到这些影响业绩的变量，知道将经营的着力点放在哪里，然后想办法提升这些变量（客流量、进店率、曝光量、点击率、成交率）。

第二个方法：提高客单价（涨价）。

如何涨价？今天我在这里跟大家简单聊聊3种涨价方法。你可以先用，如果想进一步了解，可以报名学习我的“系统思维”课程，该课程会系统地教大家如何把产品的价格变得更高且更好卖。

第一种：直接涨价。比如原来卖10元，现在卖11元。

第二种：变相涨价。比如一个人卖方便面，原来方便面包装里的面团是250克装，但是250克面团的成本比较高，于是他把250克面团变成150克，这样就省出了100克面团，这时候成本就降低了，但此时方便面的价格还是跟原来一样。这就是变相涨价，150克面团卖出了250克面团的价格。

第三种：细分市场。比如我有个学员是开餐厅的，餐厅里面有各种各样的菜，如果直接把所有的菜品涨价，就可能会使客户难以接受。比如原来青菜一盘是10元，现在突然变成11元了，客户可能就很抵触。如果把菜品的量变少，原来一大盘，现在变成一小盘，也会让客户的体验感不好，会说现在的菜量怎么越来越少，偷工减料，也会导致客户不满意。所以，他采用的就是细分市场涨价的方法。餐厅里面有几十种菜品，并不是所有的菜品天天都有人点，有的菜品客户经常点，所以大家对这部分菜品的价格就相对比较敏感；有的菜品很少有人点，也就意味着大家可能并不知道这个菜品的价格。所以他的做法就是客户经常点的菜品不涨价，让客户感觉一切都没变；客户不常点的、偏门的菜品涨价，这样大部分客户基本是无感的。这是一个非常好的涨价策略。

第三个方法：提升购买频率。

开发新客户的成本比较高，而维护老客户的成本比较低，因此，最好的生意就是让老客户持续购买。而如何才能让老客户持续购买呢？分享一个案例。

※ 案例 ※

国外一家牙膏公司为了提升牙膏的销量，可谓大费苦心，花了大量的广告费教育客户每天早上起床要刷牙，晚上睡前要刷牙，中午饭后也要刷牙。但无论怎么努力，销量一直没有太大的提升。于是他们就征求点子，如果谁能想出一个方法增加牙膏的销量，就奖励他100万美元。

消息发布后，公司收到了无数营销大师的点子，但老总看了都不太满意。正当他一筹莫展的时候，他收到公司的清洁工人写给他的一张纸条，老总看完后惊呼：这个点子太妙了！结果这位清洁工人就赚到了100万美元。

这个点子就是：把牙膏的开口加大1毫米。

消费者每天早晨习惯挤出同样长度的牙膏，如果开口增大，那么牙膏的用量也必将大幅增加。

第二年，这家公司的营业额增加了32%。

第三节 如何经营

How to do

成功的企业一定有一套正确的经营理念，不成功的企业一定在经营上毫无章法甚至本末倒置。你的客户在哪里？你的产品是否能满足他们的需求？如何让他们心甘情愿为你的产品或服务买单？

完整的经营思维总共分为六大步骤：

① **客户是谁？——目标。**

② **客户在哪里？——鱼塘。**

③ **如何吸引客户？——鱼饵。**

④ **客户为何选我？——产品。**

⑤ **客户为何不买我的产品？——主张。**

⑥ **如何成交？——收钱。**

这六个维度就是整个经营的核心。

接下来我们详细解读一下。

一、客户是谁

客户就是付钱给我们的人，但在谈客户是谁之前，我们先要明确三个概念：用户、交易商、消费者。

所谓的用户，就是使用产品的人。他是产品的直接使用者，不强调是否产生消费，有可能不是他自己买的，只是他在用。如果你希望你的产品能产生良好的口碑并实现转介绍，一定要关注用户。因为他是产品或服务的使用者，因为他的使用而产生使用体验、口碑相传和产品反馈。产品或服务好不好，只有用户才有发言权，因为他知道我们的产品到底怎么样。

所谓的交易商，就是帮助销售产品的人（经销商）。交易商关注的是利益。他以赚钱为目的，谁的产品能赚钱，他就卖谁的产品，如果产品不赚钱，他就不卖。如果你的产品质量有保障，客户喜欢买，最主要的是能帮他赚钱，他会二话不说直接成为你的代理商。

所谓的消费者，就是付钱购买的人。他侧重的是购买。他是以消费为目的，有偿获得某一种产品或服务的人。很多时候产品的购买者并不是产品的直接使用者，有些产品是买的人不用，用的人不买。

1. 经营者经常会犯的三种错误

很多人之所以赚不到钱，主要原因是他不知道他的客户到底是谁，因此在经营过程中常犯三种错误。

第一种错误：把交易客户当成终端客户。

有些产品采用的是间接销售的方式，产品的代理商就是交易客户，付钱购买产品的人是终端客户。

很多人认为产品的经销商或者代理商是他的客户，这是最大的错误。因为代理商之所以愿意代理你的产品，看重的是你的产品能给他带来利润，而终端客户购买你的产品，是因为他真的需要或喜欢你的产品，两者的诉求是不一样的。

代理商不可能主观上随意增加产品的采购量，代理商采购量的多少取决于终端客户购买量的多少，也就是说，只有终端客户愿意买，代理商才会进货。如果企业不了解终端客户，就可能无法生产出终端客户想要的产品，最后导致代理商也不采购。

※ 案例 ※

我有一个卖汽车润滑油的学员，他的业务模式是找人代加工润滑油，然后再组建销售团队去汽车修理厂销售。在这过程中遇到的最大问题是同行对手给汽修厂的价格更低，导致他要和竞争对手打价格战。打到最后没利润了怎么办？他只能在生产的时候偷工减料，以至于产品质量不好。产品质量不好，车主就不买账，车主不买账，汽修厂也不再进货，造成恶性循环。

之所以出现这样的结果，主要原因就在于：他把汽修厂当成了终端客户。

后来他学习了我的“系统思维”课程，有一句话点醒了他，让他明白汽修厂只是他的交易客户，并不是终端客户，从而使他的业绩从每月170万元上升到每月430万元。

这句话就是：**交易客户在意的是产品好不好卖，关注的是有没有利润；终端客户在意的是产品的品质、价格等，关注的是产品好不好用。**

他过去所犯的最大错误就是：把所有的注意力都放在交易客户身上，没有考虑终端客户，所以只能被汽修厂牵着鼻子走，陷入价格战的泥潭无法自拔。

有这样一个逻辑：**一个产品卖得好不好，取决于有没有人卖。**如果卖的人足够多，买的人就会比较多。而要足够多的人来卖，就要考虑交易客户（代理商）的需求——他们要的是高利润。

而取得高利润有两种策略：**一是单个产品的毛利润很高——差价大；二是产品周转的速度比较快——好卖。**

很显然这个学员采取的是第一种策略：选择给汽修厂更低的价格，希望汽修厂愿意卖。这导致他只能降低产品的品质以降低成本，但这样做的结果是伤害了终端客户。终端客户如果不买账，你给汽修厂再低的价格也卖不出去。

既然给不了交易客户（代理商）更大的差价，我们只能换一种策略——想办法让我们的产品更好卖，从而带给交易客户（代理商）更高的利润。

这里我们要谈另一个重要的逻辑，只有你明白了这个逻辑你才能掌握市场的主动权，否则你就会沦为交易客户（代理商）的提线木偶，永远无法突破这个瓶颈。这个逻辑是：**一个产品有没有人卖，取决于有没有人买。**

如果想要交易客户（代理商）愿意卖我们的产品，必须想办法让终端客户（消费者）愿意买，只有终端客户（消费者）源源不断地指名购买，才会有更多交易客户（代理商）愿意帮我们卖。

比如烟草或茅台酒的利润率都不是很高，但为什么那么多人愿意去做他们的经销商？因为他们的产品卖得很快，虽然单品的利润率不高，但资金周转的速度比较快，因此赚的钱不少。很多人为了能申请到烟草的经营许可证或成为茅台的经销商而挤破了脑袋，这就是所谓的有人愿意买，就会有人卖。

所以，我们要改变经营策略，把目标客户从交易客户（汽修厂）身上转移到终端客户（车主）身上，洞察并满足终端客户（车主）的需求，练好内功，提升质量，打造品牌，让车主指名使用你的润滑油，倒逼汽车修理厂经销你的产品。这样的话，即使你给到汽修厂的差价相对较小，单品毛利润较低，但你的润滑油卖得好，汽修厂同样可以赚到很多的钱。如果这个汽修厂没有你这个品牌的润滑油卖，车主可能不愿意把车放在他这里修，因为他觉得这个汽修厂不专业。这个逻辑和卖烟草是一样的，如果消费者到了你的烟草店，问你有没有中华烟卖，你说没有，他可能就会转身离开。所以，哪怕你卖中华烟的利润再少，你也必须进货。同理，卖酒的人绝不能说茅台的利润太低，他没有进货，让客户到别家去看看。所以，哪怕赚得再少，他也要备货充足。

这就是通过终端客户（消费者）拉动交易客户（代理商）去帮我们卖货。只要你能够掌握这个原则，基本上可以把货卖得很好，代理商也会越来越多。

第二种错误：只对客户进行简单的区分。

比如对客户的需求分析只分解到不同行业，也就是用行业的需求来代替终端客户的需求。所以，我们要对客户进行细分，分得越细越好。这样的好处是：可以帮助企业挖掘客户没有表达出来的隐性需求，然后去创新并满足客户需求，提升企业的产品创新力，最终帮助企业形成独有的竞争力。

※ 案例 ※

最早的时候奶粉是不分年龄段的，所有的奶粉都一样，只要是小孩都可以喝，导致竞争非常激烈。雀巢首先做了市场细分，结果在竞争中脱颖而出。雀巢把奶粉分成0～6个月（1段）、6～12个月（2段）、12～36个月（3段）、36个月以上（4段）等多个系列，结果引领了奶粉行业的潮流，现在几乎所有的奶粉都在学它进行年龄的分段。

这样做有什么好处？假设你是一个0～6个月孩子的妈妈，现在你想给孩子买奶粉，一种奶粉是专门针对0～6个月婴儿的，另一种是5岁以下的小孩都可以喝的，你选哪一种？他只要教育你一下：0～6个月是小孩最重要的阶段，这个阶段需要的营养跟其他阶段需要的营养是不一样的，所以你一定要买专门为0～6个月婴儿开发的含特殊配方的奶粉，这样可以促进你家小孩大脑的发育。我相信在条件允许的情况下，即使分段奶粉的价格明显高于普通奶粉，你也会毫不犹豫地选择前者，因为你觉得他够专业。这就是细分客户的好处。这也是为什么很多人看病都喜欢去专业医院找专科医生。如果你能对客户做进一步的细分，自然能够将生意做得更好。

第三种错误：不能区分重要客户。

大家永远记住，这个社会永远存在二八定律——20%的客户为企业贡献了80%的业绩。所以，要把更多的时间花在重点客户身上，只有这样企业才能实现更好更快的增长。

2. 不同客户端的运营方式

对于不同的客户，企业的经营策略是不一样的。接下来我给大家一张完整的表格（见表3–4），告诉你对于不同的客户，我们应该采用什么样的经营策略。

表3–4　不同客户端的运营方式

运营	C端	B端	G端
营销	务虚	务实	严谨
获客	线上	线下	关系
产品	标准	定制	探索
场景	简单	复杂	折中
重点	用户	产品	政绩
用户	易来易去	难来难走	稳如泰山
决策	快	慢	极慢
促销	解药	毒药	不是药
底层逻辑	人性	效益	体制

C端是指终端消费者，B端是指企业客户，G端是指政府部门单位。对于不同的客户端，我们采用的运营方式是不一样的，如果你将适用C端的方法用到B端或G端上，肯定是死路一条。

二、客户在哪里

当我们明确了我们的客户是谁之后，就要去思考：这样的客户究竟在哪里？这个世界上有钱人出没的地方跟没钱人出没的地方是不一样的，高端客户出没的地方和低端客户出没的地方也是不一样的，聚集的地方不一样，消费的场所也不一样，只有知道他们在哪里，我们才能更好地把产品卖给他们。

接下来和你分享几个目标客户聚集的地方：

第一个，同行对手。

如果你的产品比竞争对手的便宜，或者你的产品质量比竞争对手的更好，你就可以把同行对手的客户挖掘过来，成为你的客户。

第二个，关联商家。

不同行业却拥有相同目标客户的商家，我们称之为关联商家。举个例子：假如你是卖锁的，那么卖门的人就是你的关联商家，因为买门的人都需要装一把门锁，如果你找到卖门的人，让他把客户介绍给你，你就不用自己去找客户了。同理，儿童英语点读机的关联商家是幼儿园，墙面高端涂料的关联商家是装修公司，瑜伽馆的关联商家是高端女装店、女包店、理发店、美容店、高端会所等，跟这些商家合作是吸引客流非常高效的方式。

所以你要思考一个问题：**谁的客户是我的客户？**你要想办法跟他合作，把他的客户变成你的客户，这样子你的客户就会越来越多。

记住，你要找的所有客户其实都是别人的客户，你所有的新客户都是别人的老客户。如果你能够知道谁手上有大量你想要的客户，然后把他变成你的合作伙伴，就可以快速地把他的客户变成你的客户。

第三个，老客户。

所谓物以类聚，人以群分。客户会买你的产品，代表他对这个产品有需求，也代表他所属的“圈层”可能有类似的需求，所以我们可以让老客户帮忙转介绍。客户转介绍是开拓优质客户最主要的方法，既简单又好用。如果你能把你的老客户变成编外的销售人员，让老客户源源不断地介绍他身边的朋友给你，那么我们的客户就会越来越多。

三、如何吸引客户

当你知道了你的客户在哪里之后，**你需要问自己第一个问题：别人为什么愿意把他的客户介绍给我？**

就像我们刚才所讲的那样，卖门的人为什么愿意把客户介绍给卖锁的人呢？可能背后有一些利益关系，比如我把客户介绍到你那里买锁之后，你要分一点钱给我。如果你能够和关联商家达成这样的合作，肯定会有很多人愿意把客户介绍给你。

※ 案例 ※

有个火锅店是这样做的：

他跟旁边的奶茶店老板说：“只要你愿意按我的方法做，我可以让你的生意变得更好、更赚钱。具体的方法是：只要有客户在你的奶茶店买过两杯以上的奶茶，你就送给他一张我火锅店的券，客户拿着这个券可以到我的火锅店获得一个免费的锅底，价值68元。如果客户在我的火锅店消费金额超过200元，他就可以到你的奶茶店免费领取一杯奶茶，这杯奶茶的钱我付给你。”奶茶店的老板一想，这种合作方式对他来说有百利而无一害，二话不说就答应了。

他用同样的方法与火锅店方圆2公里内的所有店铺达成了合作，结果他的火锅店立马爆棚，生意好得不得了。

第二个问题：我要用什么样的“鱼饵产品”来吸引客户？

所谓的“鱼饵产品”，就是让客户感觉占了大便宜的东西，就像我们前面说的火锅店的“免费锅底”。你需要设计一些能吸引客户的“鱼饵产品”，让客户为了“占便宜”而来。很多超市推出1元买2斤鸡蛋，电商平台推出9.9元包邮产品，这都是“鱼饵”，目的就是吸引客户。

四、客户为何选我

你需要问自己一个问题：**我的产品让客户非买不可的理由是什么？我的产品和竞争对手的产品相比，有什么独特优势？**

找到产品的卖点，用卖点去征服消费者的心，成功就是水到渠成的事。比如，乐百氏纯净水就曾经凭借着“27层净化”的卖点，在一两年内成为数一数二的品牌；金龙鱼食用油也曾推出“脂肪酸比例符合1∶1∶1健康标准”的主张，带动销售额飞涨。这些所谓的卖点在同行业的竞争对手看来，也许不算什么秘密，可对引导消费者却有很好的效果。所以，我们要把产品的卖点提炼出来，告诉客户为什么一定要买你的产品，而不要买竞争对手的产品。

五、客户为何不买我的产品

当你告诉客户你的产品卖点之后，并不代表客户一定会购买你的产品。顾客不买你的产品有很多因素，但常见的原因只有三个：

客户不买的第一个原因：价值感不够。

当价值感不够时，客户会觉得产品比较贵，所以你需要塑造产品的价值，让客户觉得你的产品物超所值，花多少钱都是值得的。

※ **案例** ※

我在销售《管与理》的时候是这样说的：

你们为什么要去买这本《管与理》呢？因为管理不分工，到头一场空；分工分到位，事半又功倍。人才没选对，努力全白费；管理不到位，老板两行泪。为什么经常是做老板的人非常忙，员工却很闲？是因为员工不知道自己要做什么。员工为什么不知道做什么？是因为他没有岗位职责。

所以，做老板的人，就要把公司里面各部门、各层级的岗位职责写清楚。总监、经理、业务员，每个层级、不同岗位的人应该承担什么样的责任，要尽什么样的义务，享受什么样的权利，工作要做到什么程度，能拿到多少工资……只有把这些东西都弄清楚了、讲明白了，分工明确了，才能让公司的每一个人有位有为，尽职尽责，用心把自己的事情干好；只有员工自动自发了，企业才能够高速运转。

这本书最大的特点是有工具，就是把企业里各岗位的岗位说明书都写得很清楚，可以拿来就用。董事长要干什么，总经理要干什么，营销总监要干什么，产品总监要干什么，财务总监要干什么，经理要干什么……哪怕前台人员、保安有哪些职责，都写得一清二楚。同时附有161份企业管理资料，这是我从事企业管理培训12年来，为上万家企业提供咨询服务所总结出来的一套方法论。如果你要找人把这样的经验全盘教给你，不花上百万元是不会有人帮你的。如果你要找我咨询，没有几十万元我也是不会去的。但你今天只要投资198元，这些经验就是你的了。

当你买了这本书之后，就可以扫描书中的二维码，把所有相关的管理资料打印出来，贴在墙上变成你公司的管理系统，让公司的每一个员工人尽其才、物尽其用，从而把企业管理得更好，实现企业的业绩暴涨和老板的身心解放。

当我这样讲完之后，你想不想买一本《管与理》来看一下？这个就叫作价值塑造。如果你能够把产品的价值塑造好，让客户觉得买到等于赚到，就能快速促进成交。

价格高低实际上是商品成本和消费者心理价位之间的博弈，在消费时，我们并不真的是在为商品本身付费，而是为商品的价值感付费。

蜜饯本来是个小得可怜的品类，但叶茂中把“溜溜梅”策划成“没事就吃溜溜梅”之后，原来的小零食成了打发时间的消遣品，之后“溜溜梅”才开始慢慢有了上10亿元的市场规模。

香飘飘的广告语是“小饿小困，喝点香飘飘”，这个时候它的价值定位变成能够缓解疲劳、增加饱腹感的功能饮料。

塑造产品价值就是给产品赋能，是吸引用户的重要因素。

客户不买的第二个原因：信任度不够。

信任是这个时代所稀缺的，也是最珍贵的资源。当客户不相信你的时候，你说得再好，客户也不会买。所以，你要想办法建立信任。而如何去建立信任呢？你可以拿出一大堆的客户见证，通过第三方的现身说法让客户觉得你的产品是值得购买的。建立真实可信的第三方背书，会快速提升客户信任度。同时，我们要想办法把公司打造成品牌，因为品牌本身就象征着某种承诺。很多时候，能够从根本上影响消费者决策的，其实就是对品牌的信任感和安全感。当客户相信了你的品牌之后，就会毫不犹豫地购买。

客户不买的第三个原因：成交主张不明确。

什么叫成交主张？所谓的成交主张，就是你要给客户一个承诺，让他知道付钱给你是没有任何风险的。记住：客户不买你的产品，并不是他不需要，也不是他花不起钱，而是因为他害怕被骗。所以我们必须想办法降低客户的风险，让他愉快地做这个决定。

※ 案例 ※

有三个卖狗的人。

第一个卖狗人说："我家的小狗卖出概不退换，一只只要50元。"如果是你的话，你买不买？答案是买的人很少。

第二个卖狗人是这样说的："我的小狗100元一只，买回去后如果不满意，可以退回来，把钱还给你。"你猜会不会比第一个卖狗人好一点？答案是一定的，因为他虽然贵，但客户觉得不满意可以退回，风险比较小。

第三个卖狗人是这样说的："我家的小狗你可以拿回去养3个月，狗粮由我来出，3个月内如果不满意，你可以把小狗退回，到时候我负责上门把你家的狗窝清扫干净。如果3个月后你觉得我的小狗不错，跟你家里人也相处得挺好，那你只需付1000元就可以把小狗留下来。"

你猜这个人的狗会不会卖得很好？因为很多人都会想："小狗拿回家养，狗粮都是别人的，如果不满意，我不想养了，到时候我再把狗还给他，我一点损失都没有。"于是客户就愿意把狗拿回去养。

但是你可以想象一下，一只狗在家里面养了3个月，会不会跟家里人产生很好的感情？如果小狗又很乖，家里人会不会很喜欢小狗？等3个月之后，卖狗的人到你家里去，他说他要把小狗带走了，你会怎么样？

现在已经不是带走一只狗的事情了，有很多养狗的人都把狗当成儿子或者女儿，3个月后那只狗已经不是狗了，已经是家庭成员之一了。一个家庭成员那是1000元的事吗？那是无价的。所以很多人二话不说就付了1000元。

请问这三个卖狗人，谁的狗卖得最贵最好？当然是第三个卖狗人。为什么他卖得好？因为他让客户没有风险。因此，你要给客户承诺，让客户觉得他没有损失，增加他的安全感，这时候他才肯打开他的钱包。

六、如何成交

成交是所有经营活动的终极目的，只有成交才能体现产品价值，才能为公司创造利润，才能让企业正常运转。经营最核心的任务，就是把产品卖出去，把钱收回来，如果没有把钱收回来，一切都是白忙，就像球场上的临门一脚，如果失败了，所有的努力都将前功尽弃。

所以，如何成交收钱非常重要，这里跟大家分享三个方法：

收钱的第一个方法：预售。

什么叫作预售？就是产品还没有出来之前，就已经开始卖了。

比如我就经常这样做：从我决定写书开始，我就开始预售，告诉大家我要写一本关于什么样的书，可以给大家带来什么好处，什么时候出版，现在订购有什么好处。这样就会有很多人提前预订，我的书还没有印出来就收到了很多钱，然后我再用收到的钱去印书，等书印出来之后再交付给客户。

目前产品预售是很多商家常用的一种营销手段。预售的好处很多，可以以销定产，减少无效库存，降低经营风险，可以通过推出预售产品来预热，还可以利用预售打探市场，更重要的是，可以实现资金提前回笼，盘活企业现金流，让资金利用率最大化。

收钱的第二个方法：发售。

简单来说，发售就是搞一个新品发布会。

你有没有发现，所有的高科技公司的大部分时间都在做产品研发，但其每年都会搞一次新品发布会，不论苹果也好，小米也好，华为也好，都是这样做的。他们会选一个时间，找到很多新闻媒体和粉丝，向大家展示即将面世的新品，汇报这个新品有什么与众不同之处，亮点是什么，将给客户带来哪些好处，价格是多少，以及上市时间等，然后通过媒体的宣传和粉丝的口碑传播，让更多的人提前知道他们的新品，进而产生期待。当新品真正面世时，因为预热的功效，往往很快就会狂销热卖，一抢而空。

一场独具特色的新品发布会，可以向参会者展示新产品，还能展现公司实力，但最核心的功能是勾起消费者对产品的好奇心。只有好奇才会去了解，只有主动去了解，商家才会有机会。所以，当你有新品要上市的时候，不妨组织一场精彩的新品发布会，吸引消费者的眼球，刺激他们的购买欲，让你的产品还未面世即已万众瞩目。

收钱的第三个方法：追售。

所谓的追售，是指成交后继续追加的销售，也就是让客户一次购买更多，或多次购买，或一次购买多个产品，或多次购买多个产品，等等。

我们都知道现在获客成本越来越高，营销中有一条黄金法则：开发10个新客户，不如维护1个老客户。老客户更容易信任你，更容易给你带来效益，同时，老客户的口碑传播，往往会带来连锁反应与利润倍增。所以，企业要想实现稳定的经营，老客户是最重要的一部分，必须做回头客生意，而不是一锤子买卖。当别人都在为获取新客户而争得头破血流的时候，你一定要高度重视获客成本低、转化率高的老客户群体，深入了解他们的需求，延伸产品线，开发出更多的新产品，千方百计促使老客户重复或多次购买。

※ 案例 ※

在大部分实体书店都经营不下去的今天，苏州的诚品书店却经营得风生水起，成为苏州的文化地标，其中一个重要原因就是诚品书店的追售模式。

诚品书店是怎么做的呢？

诚品书店表面上是书店，但它的盈利点不是卖书所产生的收入，而是以书为媒介，先用品牌奠定成功基础，再带动书店、商场与零售的“复合式经营”，使书店不是只卖书，而是成为包罗书店、画廊、花店、餐饮的复合组织。

比如，我在旅游品类的书架边看了几本旅游类的书之后，产生了去旅游的想法，结果当我要离开的时候，发现旁边就有一个旅行社的咨询台。我去咨询一下相关的旅游线路，很有可能就成为这个旅行社的客户。

再比如，我在一个关于美食和烹饪的书架前看了大半天的书，产生了想自己动手烹饪美食的想法，结果一转身，发现边上厨房用品应有尽有……

在诚品书店，你不只可以买到书，还可以买到许许多多其他商品，包括音像、家具、珠宝、瓷器、鲜花、字画、工艺品、时装等。通过跟踪消费者的行为，诚品书店设计推出满足消费者需要的商品和服务项目的组合，延伸了卖场的空间，成功追加了销售，从而从传统书店的困局中成功突围，成长为独特的文化品牌。

再看下当当网，不知道你们有没有在当当网买书的习惯，当你下单买某一本书，准备支付的时候，在支付按钮的边上就会立刻显示一行字——“买过此书的人还买过”，然后下面给你推荐一系列的相关书籍。有时候甚至还给你推荐一个购买方案：如果把另外一本书一起买，还可以享受优惠。这样你可能会不知不觉多买了好几本书，当当网自然也增加了营收。

追售的方法共有13种，今天就跟大家分享以上2种。如果你要学习完整的追售方法，以及快速提升业绩的方法，可以学习我的“经营思维”课程，学习如何优化商业模式和打造自动化的营销流程，零成本实现利润倍增。

好，总结一下：

完整的经营思维总共分为六大步骤：**①客户是谁？②客户在哪里？③如何吸引客户？④客户为何选我？⑤客户为何不买我的产品？⑥如何成交？**

这六个维度就是整个经营的核心。如果我们能按照这六大步骤，有条不紊地把每一步都走稳，把每一个节点都做到极致，相信你的企业一定会航行在正确的方向上，实现健康发展。

第四章

人才的底层逻辑

无论是经营还是管理，最终的目的是持续不断地达成目标。我们过去可能成功了一次，肯定也想在未来能够持续不断地获得成功。那么，只有掌握了底层逻辑，才能知其然，知其所以然，才有可能不断地复制成功。

第一节 为什么需要人才

Why

人才是企业达成目标过程中最重要的资源，因此对人才进行管理的能力，才是企业的核心竞争力。老板和企业高管，必须强化人才管理能力。只有学会如何管理人才，才能更好地使用人才。

对企业而言，必须把人才开发放在最重要的位置上，这是企业生存并持续发展的基础。

很多人认为，**人才是企业达成目标过程中最重要的资源，也是企业的核心竞争力**。因为任何一件事都需要由人来完成，如采购、生产、销售、客服、物流等。但我更认同任正非的一句话：人才并不是华为的核心竞争力，**对人才进行管理的能力，才是华为的核心竞争力**。作为一个老板或者企业高管，必须强化人才管理能力。只有学会如何管理人才，才能更好地使用人才。

第二节 什么是人才

What

21世纪的竞争无疑就是科技与知识的竞争，而这些竞争的来源归根到底就是人才，一旦企业掌握了人才，那么在竞争中就有了立足之地，反之就会一败涂地。

关于人才，从广义上讲，只要拥有一技之长的人都可称为人才。可是从企业角度出发，只有那些**能够帮助企业达成目标的人才是人才**。毕竟，完成不了目标就创造不了价值，创造不了价值，即便能力再强，对于企业来说也是无关紧要的人。

为什么疫情期间，世界500强公司陆续发布裁员公告？就是因为这些员工在当下无法为企业创造价值，或者与企业未来的战略发展目标不匹配。所以，只有能够匹配公司战略、满足组织架构和岗位职责，并且能够达成企业目标的人，才是企业真正需要的人才。

第三节 如何对人才进行选育用留

How to do

优秀的人才是实现企业战略目标的基础，是企业持续发展的动力。公司必须以科学的人才培养方法、有效的激励机制、公平的竞争平台、广阔的事业发展空间广纳良才，在人力资源选、育、用、留方面加大力度，不断提升人员素质。

人才问题是很多企业的痛点。我时常听老板抱怨无人可用，看着长长的员工名单，却找不出适合的人才配合公司战略开展新业务。企业内部选不出人，老板就把希望放在外部招聘上，只要缺人就花高价找猎头。可是，对于中小微企业而言，很难挖到那些真正有能力的人，即便砸钱把人请来了，最终能留下来的也是寥寥无几。更可怕的是，人走了，公司资源也随之被挖走了，真可谓人财两空。

我给很多企业做过咨询，不得不说，**90%的中小微企业表面上缺少人才，但本质上是组织架构出现了问题。**正常情况下，企业应该基于商业模式确定业务流程，基于业务流程确定组织架构。但是，清楚业务逻辑是一回事，把业务逻辑反映在组织架构上又是另外一回事。

由于没有明确的组织架构，各个部门的定位很模糊，管理职级之间缺乏对位关系。分工混乱，职责重叠，越位、补位、错位、缺位的问题层出不穷。说白了就是该做的事情没人做，不该做的事情抢着做。如此混乱的企业，怎么可能留得住人才。

所以，组织架构不明确，会形成若干“不良基因”，企业成长的上限已然被“锁死”，下限则持续被“打穿”。这不是老板们找猎头就可以解决的问题，即使请到了高手，组织上的千疮百孔也会耗掉这些努力。所以，**明确组织架构、职权分工和从属关系，才能真正实现人尽其才！**

一、设置组织架构的四大常见问题

问题一：没有组织架构

某汽车用品销售公司，销售额连续3年停留在1800万元，始终无法突破。老板清楚地知道，要想提升公司业绩，必须扩大人才队伍。可是3年过去了，依旧是铁打的营盘流水的兵。通过分析发现，该公司没有搭建组织架构，虽然老板知道缺人，但什么部门缺人，缺什么能力的人，缺多少人，真的是一概不知，这导致公司招不到人，也留不住人。

通过深入了解该公司的业务流程和商业模式，我们为该公司梳理出了相对适合的组织架构图，见图4–1。

该公司的组织架构由战略中心、销售中心和生产中心组成。要想突破1800万元的年销售额，我们就要清楚地知道销售业绩出自哪个部门。通过分析发现，该公司80%的业绩出自销售部下设的网络营销部和全国招商部。因此，我们需要进一步细化部门架构。

网络营销部在改革前称为淘宝店，由3名员工共同运营，没有明确分工、组织架构，见图4–2。

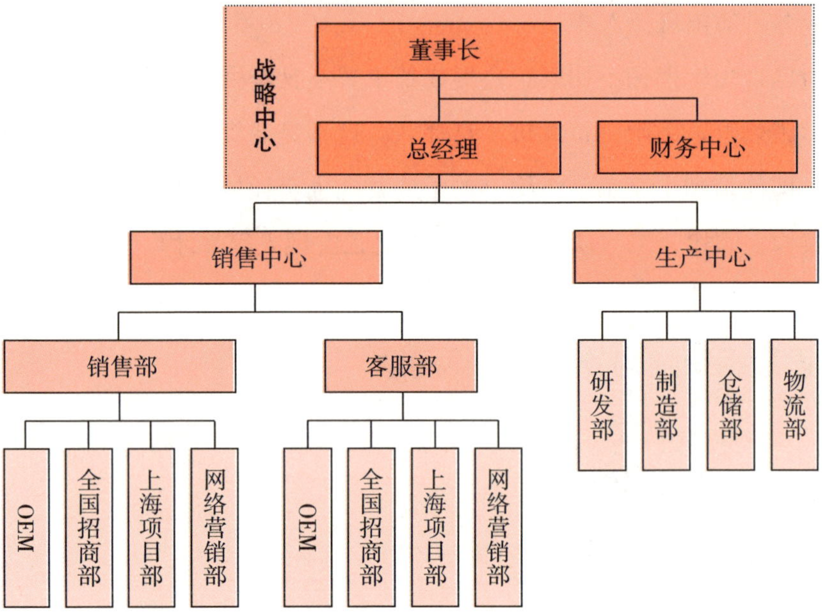

图4-1　某汽车用品销售公司组织架构

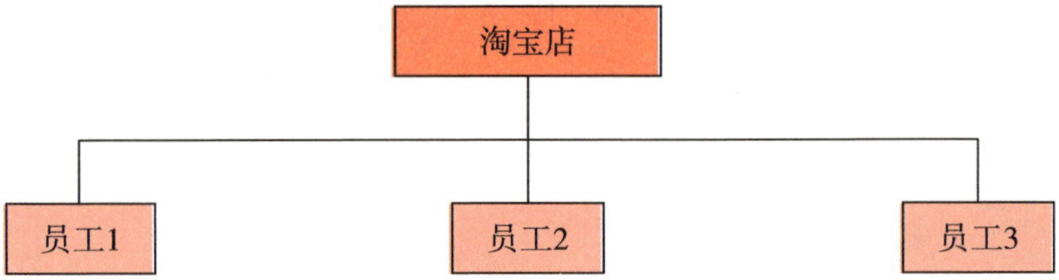

图4-2　某汽车用品销售公司原网络营销部组织架构

除了分工不明确以外，薪资也只是简单地按资排辈，连绩效提成都没有。3人的工资分别为8000元/月、6000元/月和4000元/月。固定工资的弊端：一是缺乏激励作用，无法调动员工的积极性；二是薄待绩优者、厚待绩差者，有失公正。若长此以往，优秀员工的流失率会不断提升，而最终留下来的都是工作能力较差的员工。

通过梳理网络营销部的业务板块，发现有三条业务线（见图4-3）。第一块业务是淘宝自营店，员工通过SEO（网络营销）引导客户下单购买。第二块业务是代发货，说白了就是代理其他商家的产品，进行转卖。第三块业务是B2C的零售业务。

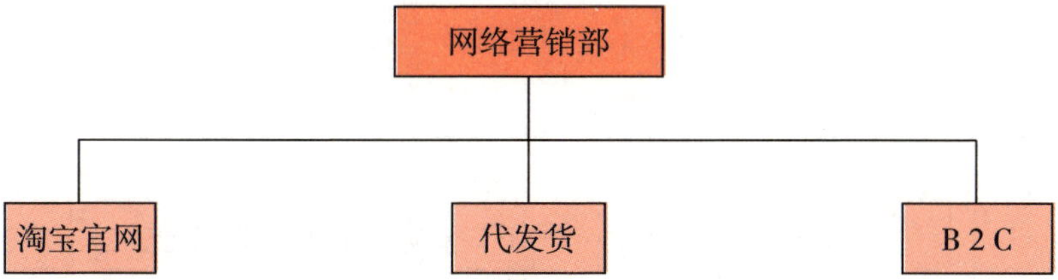

图4-3 调整后的某汽车用品销售公司网络营销部组织架构

3个业务板块，3名员工，刚好一对一进行匹配，各自负责一项业务，避免因职责不清引起工作混乱。明确的分工需要匹配合理的薪酬，这样员工才有动力铆足精神干。

薪酬调整为“底薪+提成”的模式，业务员的底薪为2000元/月，高级业务员的底薪为2500元/月，储备经理的底薪为3000元/月。很多老板都会问，底薪降了这么多，员工能接受吗？其实，员工接不接受不取决于底薪有多少，而在于最终拿到手的钱有多少。

因此，提成需要根据实际情况进行测算，而不是随便拍脑袋给出来的。根据该公司不同的业务线，测算出来的数值分别为：淘宝自营店提成8元/单、代发货3元/单、B2C零售业务8元/单，上不封顶。

薪酬机制在运行后的第一个月，原本拿8000元的员工，实际拿到了9000元；原本拿6000元的员工，实际拿到了7000元；原本拿4000元的员工，实际拿到了4500元。

通过改革，不仅公司的整体业绩提升了一大截，员工的精神面貌也焕然一新。所以，只有梳理清楚组织架构，定好薪酬机制，才能够人尽其才、物尽其用，通力合作达成目标。

除了网络营销部以外，全国招商部也是该汽车用品销售公司主要的销售渠道，可以按照常规的区域分布搭建组织架构，层级关系为大区、省份、地市，见图4-4、见图4-5、见图4-6。

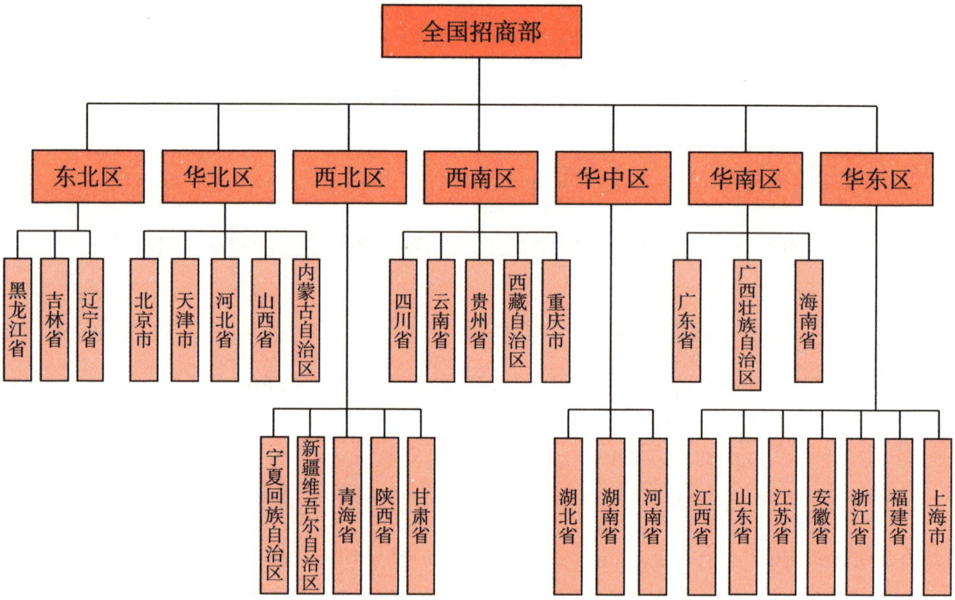

图4-4　调整后的某汽车用品销售公司全国招商部组织架构

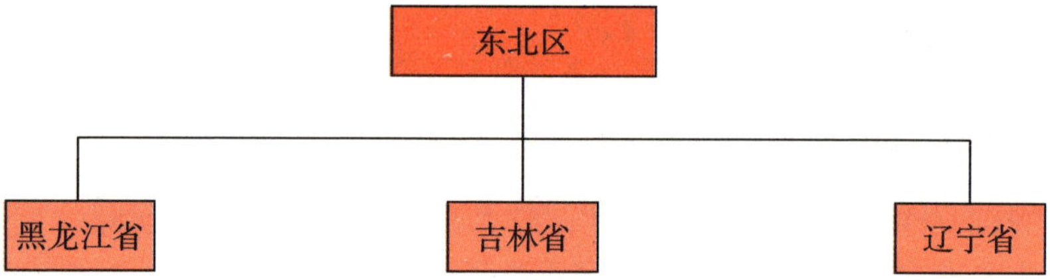

图4-5　调整后的某汽车用品销售公司东北区组织架构

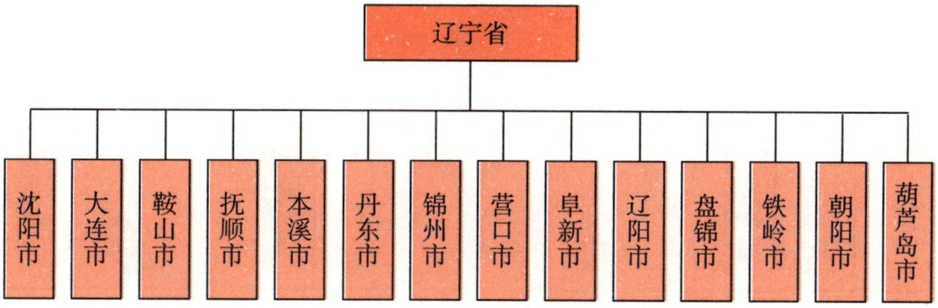

图4-6 调整后的某汽车用品销售公司辽宁省组织架构

当公司在做战略布局时，请从以下三个层面思考问题：

① 看行业：在整个行业中，哪些地区的市场相对容易开发。

② 看竞争对手：竞争对手选定的地区一定是有市场需求的。

③ 看资源：根据现有资源梳理相应的地区，相较于陌生市场，还是有优势的。

开公司绝不能碰运气。只有选对了策略方向，明确了组织架构和岗位分工，再搭配薪酬绩效和晋升机制，才能够把市场做好。

某汽车用品销售公司通过组织架构的搭建和细化，一年内，业绩就从1800万元提升到了3000万元，有了质的飞跃。

问题二：横向分工问题

横向分工是指企业资源的分配，公司所有的资源都在这条线上进行专业化分配，并保障业务部门能够获得支持。横向分工不清会导致有些事没人做，有些事重复做，内耗严重。

例如某广告公司，根据业务流程设计了9个部门，分别为销售部、计价部、设计部、生产部、客服部、仓储部、财务部、行政部和采购部。该公司的业务线较长，为了保障各部门间沟通顺畅，4个关键部门分别下设了跟单部，见图4-7。

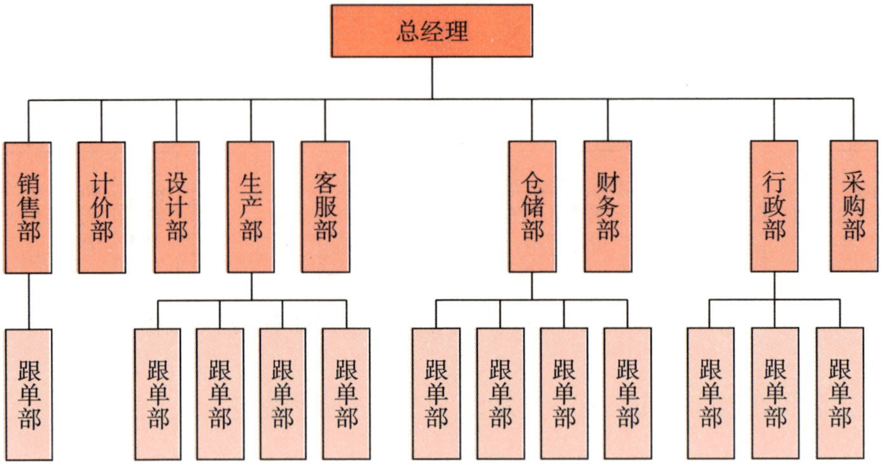

图4-7　某广告公司原组织架构

该组织架构图存在的问题：

问题一：总经理直管9个部门，有违专业化分工的原则，没有工作重心，很难面面俱到。

问题二：横向部门过多，往往不能很好地配合，导致效率降低，互相推诿。

试想一下，该广告公司的业务员在接到订单后，首先要和计价部核算费用，接下来要和设计部沟通设计样板，样板通过后业务员需要和生产部沟通客户要求和生产标准，下一步需要和客服部报备客户的服务进度，再到仓储部确认入库时间和发货时间。这还不包括和行政部反复修改合同，和财务部确认款项，以及处理业务流程中可能出现的各种问题。因此，我们对该广告公司的组织架构进行了优化，见图4-8。

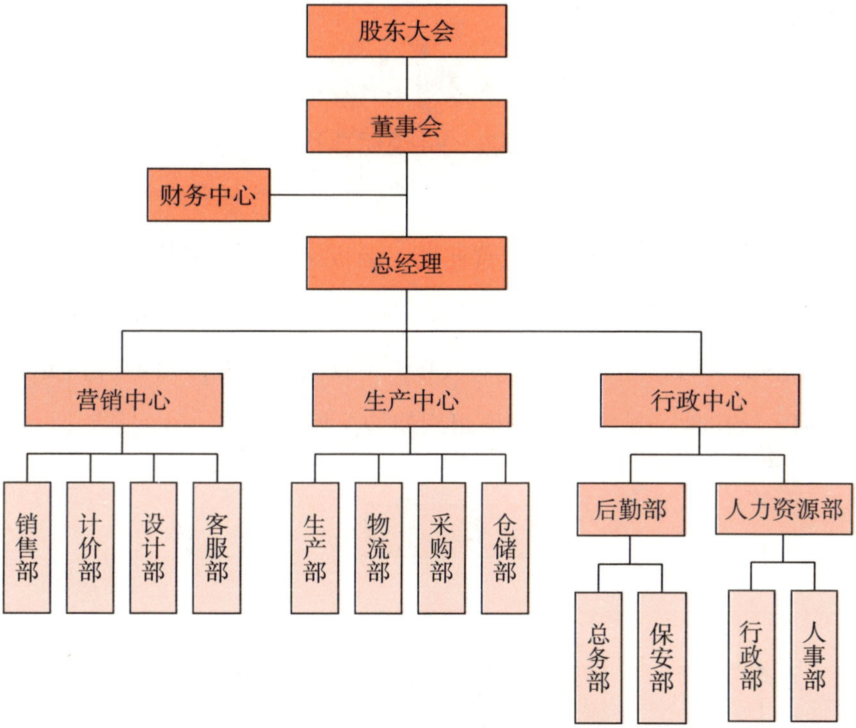

图4-8 调整后的某广告公司组织架构

该广告公司新的组织架构包含3个板块，分别为营销中心、生产中心和行政中心。总经理的直管部门由9个变为了3个，只需要管理营销总监、生产总监和行政总监即可，不会再被鸡毛蒜皮的小事儿打扰，有足够的时间思考公司的战略布局和业务规划，做更有价值的事情。

营销中心的建立，对于提升公司整体业绩有着至关重要的作用。因为业务员在接单后不再有跑不完的部门和沟通不完的事情，只需要持续开发新的订单，做自己擅长的事情即可。而营销总监会根据销售部的订单量，统一调配，合理安排计价部、设计部和客服部的工作，避免资源浪费。

问题三：纵向分工问题

纵向分工是指企业高层管理人员为了有效地贯彻执行企业的战略，选择适当的管理层次和正确的控制幅度，并说明连接企业各层管理人员、工作以及各项职能的关系。

例如某房地产销售公司，经营初期，老板一个人带着几名业务员开拓市场，齐心协力，做得风生水起。但是，随着公司业务量的逐步提升，当业务员人数到达20人时，老板开始力不从心，不仅公司业绩停滞不前，员工也是怨声载道。该房地产销售公司的原组织架构，见图4–9。

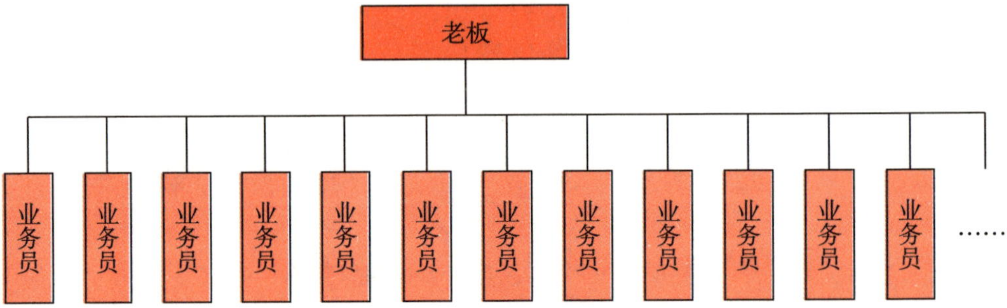

图4–9　某房地产销售公司原组织架构

这位老板也意识到了问题，觉得既然自己一个人管不了，那就设立总监和经理的岗位，总监底薪加3000元，经理底薪加1000元。岗位有了，动员会也开了好几次，可就是没人愿意干。是不是很多老板都觉得这是员工的问题？如认为员工没能力，缺少上进心，不知道知恩图报……

其实员工又不傻，之所以有钱不赚是因为责权利不匹配。干的活多，拿的钱少，责任还大，这样算下来，还不如就当个业务员，多成交几单，每月提成也能有两三万元。

所以，企业做不大，不是因为业务的天花板太低了，而是因为管理幅度的天花板太低了。根据这位老板的需求，我们对其公司的组织架构进行了调整，见图4-10。

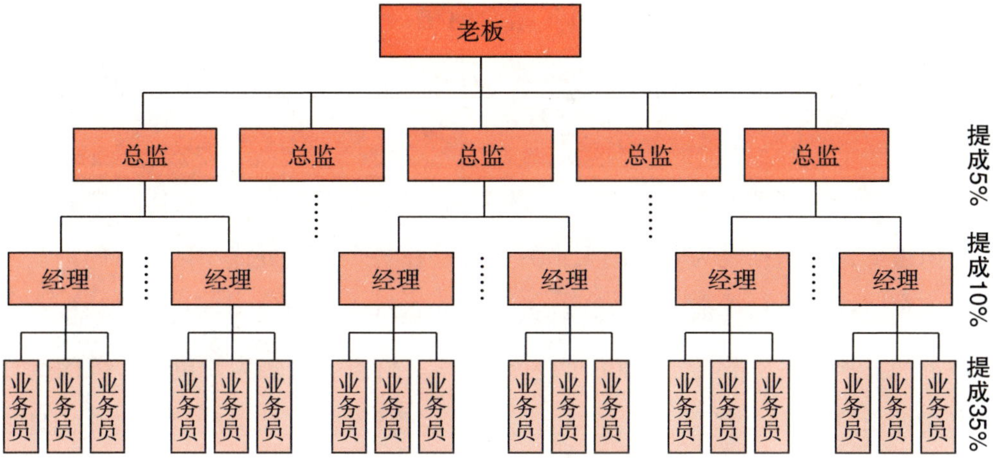

图4-10 调整后的某房地产销售公司组织架构

该组织架构中，业务员负责开单；经理负责制定业务策略、汇总成交方法，带领团队提升业绩；总监负责梳理业务流程、制定激励机制、建设团队氛围，带领团队拿到结果；老板负责制定战略布局和经营策略，决定卖什么、不卖什么。

解决了组织架构的问题后，对于该房地产销售公司来说，还要匹配合理的薪酬标准，即成交一单，业务员提成35%，经理提成10%，总监提成5%。业务员拿到的是个人提成，而经理和总监拿到的是团队提成，总监的比例看似最低，但是基数最大。

简单算笔账。假设1位总监管理5名经理，每名经理手下有3名业务员。该团队的每位业务员都完成了1万元的销售额，则每位业务员的提成为10000元×35%=3500元，经理的提成为10000元×3人×10%=3000元；总监的提成为10000元×3人×5人×5%=7500元。所以，经理和总监要想拿到高提成，必须提升团队的整体销售能力。这就是通过改变组织架构和薪酬体系，解决人才缺失问题的经典案例。

问题四：横向分工和纵向分工结合问题

横向部门之间，纵向层级之间，如何明确分工，避免层级混乱、管理模糊？

某橱柜生产销售公司销售部有两类销售人员：一类是在实体店中卖货的销售员，我们称之为守店的人；另一类是在各个售楼处或小区卖货的销售员，我们称之为扫楼的人。守店的人资历老贡献大，但因为都是被动等待客户上门，所以底薪设定为3000元，提成2%。扫楼的人多为新员工，但因为每天外出寻找陌生客户，难度较大，所以底薪设定为1500元，提成7%，见图4-11。

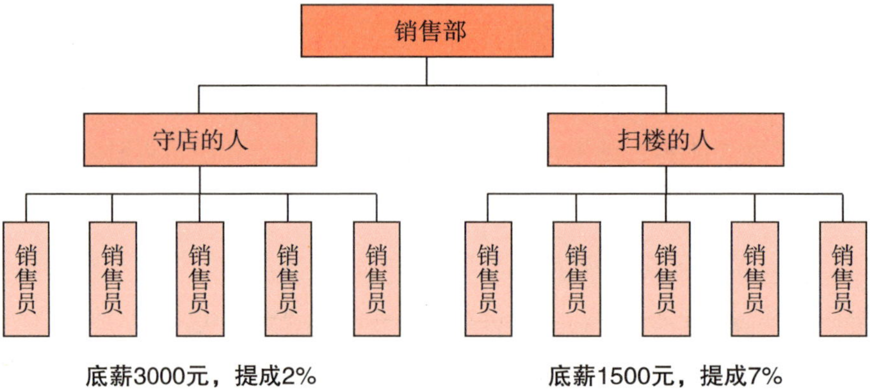

图4-11　某橱柜生产销售公司销售部原组织架构

在这样的组织架构和薪酬机制下，会出现什么问题？

客户归属难以界定。扫楼的销售员通常会拿着传单四处分发，虽然传单上印有该业务员的联系方式，但很多客户会直接拿着传单到店试用，从而购买，这种情况下的销售提成就直接给到了守店的人，而扫楼的人相当于白干。

长此以往，造成的结果就是尽管提成比例高，但是没有业务员愿意去扫楼，都趴在店里坐等客户上门，门店销售额不增反减。这与公司希望通过主动营销的方式拓展新客，从而提升店面销售额的目标背道而驰。

那是不是解决了客户的归属问题，店面的销售额就一定会变好呢？答案是不一定。试想一下，如果进店的客户全都归属于扫楼的人，那么负责守店的人一定没有动力去服务客户，因为即使成交了，自己也拿不到一分钱。这就是店面的客流量变大了，但成交率却变低的根本原因。所以，公司必须打通业务链条，通过分工合作，把守店的人和扫楼的人串联起来，从而实现业务目标。

那么，是不是明确了客户归属和职责分工后，店面的销售额就一定会变好呢？答案依然是不一定。因为还有一个重要的因素会影响成交率，那就是团队配合的默契度。如果扫楼的销售员和守店的销售员没有形成固定的团队合作，而是随机搭配，就会产生大量的隐形成本，例如沟通成本、信用成本、试错成本等，极不利于成交。

因此，基于以上三点，我们重新设定了该橱柜生产销售公司销售部的组织架构，见图4-12。

新的组织架构改变了原有的从属关系，守店的人和扫楼的人不再是平级合作，而是成为上下级。之所以让守店的人担任经理，是因为他们资历老，业务能力强，对产品和客户需求都有着深入的了解，足以承担起经理的岗位职责。而扫楼的业务员作为新员工，优势在于有拼劲，苦点、累点都不是问题。

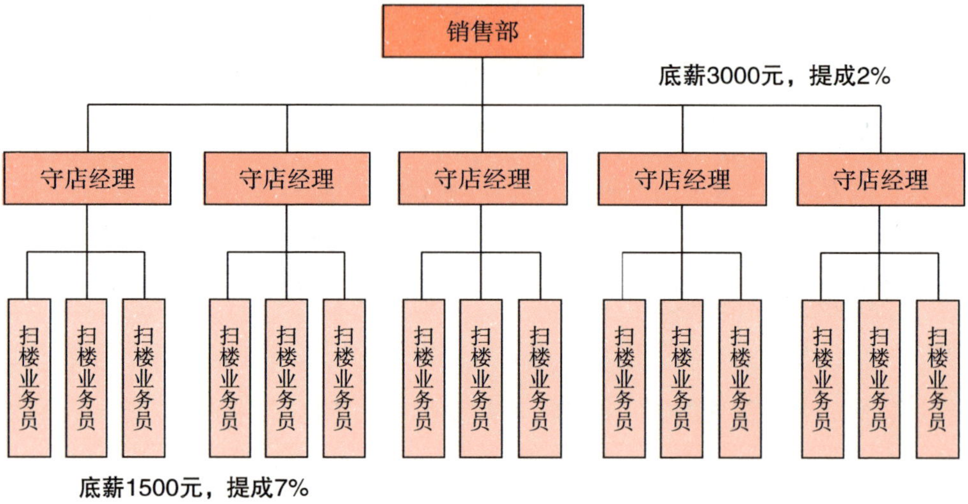

图4-12　调整后的某橱柜生产销售公司销售部组织架构

随着组织架构的变动，薪酬机制也做了相应的调整。守店经理的底薪依然为3000元，提成2%，但此处的提成不再是个人提成，而是变为团队提成，即团队中每个扫楼业务员销售额的2%。这样设置的好处是把守店经理的薪资与扫楼业务员的能力进行了深入绑定，让老员工自动自发地完成对新员工的传帮带，提升了销售团队的整体业务能力，如此销售额自然水涨船高，这就是组织架构的价值所在。

二、设置组织架构的注意事项

管理幅度与层级。一个人的管理幅度不要过多，因为多了一定管不好。一般情况下，管理者直管3～5个部门是相对合理的。管理层级方面，最多不超过4级，除了直管的下属外，其他层级只需要协助管理即可，注意一定不要越位管理。

因事设岗，因岗配人。公司有了战略需求、业务板块、经营策略之后，才能给出相关的岗位，一定不要因人设岗。

只有紧贴当下，才能够适应未来。千万不要看到其他公司的组织架构好，就直接拿过来用，要学会一抄二改三优化，根据公司当下的业务链条，设置能够适应未来发展的组织架构，真正创造出价值。

三、设置组织架构的三大思路

思路一：确定组织架构类型

常见的组织架构形式包括直线型、职能型、直线职能型、事业部以及矩阵式等。

直线型组织架构，是一种自上而下层层管控的组织协作模式。约90%以上的企业，尤其是中小型企业和初创企业都在使用。该类型的组织架构管控效率高，层级分明，分工明确，比较适合规模不大和人数不多的企业。直线型组织架构具有明确的层级制和集权式的特点，一级管一次，下级对上级绝对服从。例如门店中店长加店员就是一种典型的直线型组织架构。

职能型组织架构，按职能分工实行专业化的管理办法来代替直线型的全能管理者；各职能机构在自己业务范围内可以向下级下达命令和指示，直接指挥下属。优点是管理分工细，减轻了上层管理者的负担，使他们可以集中注意力履行自己的职责。缺点是管理者多，容易造成管理混乱，不容易明确职责划分。

直线职能型组织架构，是直线型和职能型组织架构的发展和延伸。其特点是在高层管理者的下方设立了辅助决策部门，帮助高层管理者完成决策、监督和反馈的职能。这些辅助决策部门大多是战略规划部、法务部、财务部等。

事业部组织架构，是集中政策、独立经营、单独核算的模式。每一个事业部都是一个独立的业务单元，是集团公司的下属部门。事业部最大的特点是“五脏俱全”，可以有自己的研发部、技术部、生产部、销售部和其他职能部门，俨然就是一个独立的公司，但是没有独立法人。如海尔集团的冰箱事业部、洗衣机事业部、彩电事业部等。

矩阵式组织架构，应用面较窄，一般在房地产企业或者项目制企业比较常见。例如一家房地产开发公司，本身设有财务部、企划部、设计部、销售部等部门，但该公司在海南、昆明、成都和大连均设有项目部，开发楼盘。因此，各项目部在实际运作的过程中，需要从公司原有的部门中分别抽调人员组成新的项目团队。当楼盘项目结案后，项目部即可解散。

思路二：梳理业务价值链及核心部门，合并或拆分

在确定了组织架构的类型后，需要详细地梳理公司的业务价值链。价值链的本质就是企业内部业务运作的链条，是为企业创造商业价值、保证业务流转的关键环节。

不同的商业主体业务价值链分布也有所不同，但一定有筹备部门、支持部门和价值创造部门，而价值创造部门就是为企业贡献最大价值的核心部门。

通常，业务价值链中的环节包括战略规划（根据客户需求决定做什么和不做什么）、产品设计、采购、研发及生产、市场营销、销售、售后服务和其他配套的辅助环节，如人事、行政、财务等。如果某一环节在业务链条中的价值非常大，则需要拆分细化，确保万无一失；如果某一环节在业务链条中的价值非常小，则需要合并到其他环节。

例如某装饰公司，在改革前业务部中只有业务经理和业务员，通过梳理业务价值链我们发现，要想成交有四个重要的环节。第一，需要收集客户信息；第二，根据客户信息完成沟通跟进；第三，根据客户需求完成技术对接，出设计方案；第四，进行商务谈判。

业务员要想完成订单，必须从头跟到尾，任何一个环节出了问题，都没有办法成交。如此长的业务链条，不仅业务难度大，时间周期也拉得特别长，所以无论老板如何激励，销售额都上不去。

既然知道了影响成交量的关键环节，就需要重新构建业务部的组织架构，见图4–13。

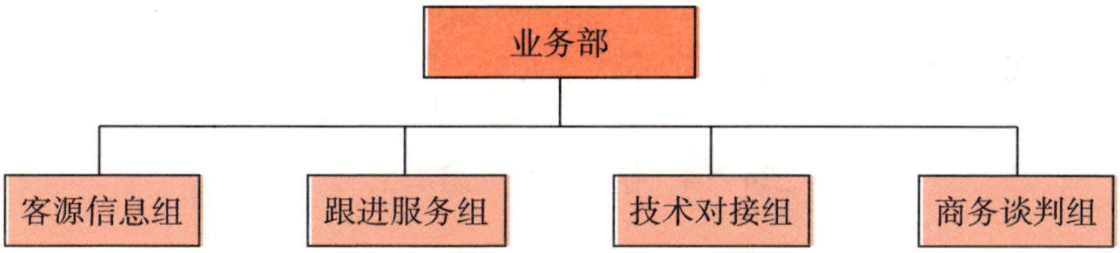

图4–13 调整后的某装饰公司业务部的组织架构

在新的业务部组织架构中，按照业务环节，业务员被分成了4个组别，即客源信息组、跟进服务组、技术对接组和商务谈判组。客源信息组负责收集客户信息，跟进服务组负责跟进沟通，技术对接组负责出设计方案，商务谈判组负责议价、签合同、收款。

原来，一个业务员要掌握所有的销售技能才能出单，既辛苦，又挣不到钱，所以该装饰公司招人难，留人更难。当业务链条被切割细分，专业的人干专业的事，不仅人好招了，工作效率也会大大提升，能够在最短的时间为公司创造价值。

当然，业务链的有效拆分，也会从侧面保护公司的资源，降低风险。毕竟，业务员掌握了业务链条中的全部技能，就有可能跳槽或自己开公司，不管是哪一种情况，都会成为最熟悉的竞争对手，让公司损失惨重。

通过组织架构的改革，彻底解决了这家装饰公司招人难、培育难、留人难的根本问题，营业额也从原来的8000万元/年，增长至2.1亿元/年。

思路三：随着企业规模和业务变化，不断优化组织架构

组织架构不是一成不变的，而是随着企业规模和业务变化而不断调整的。

初创期企业组织架构，见图4-14。

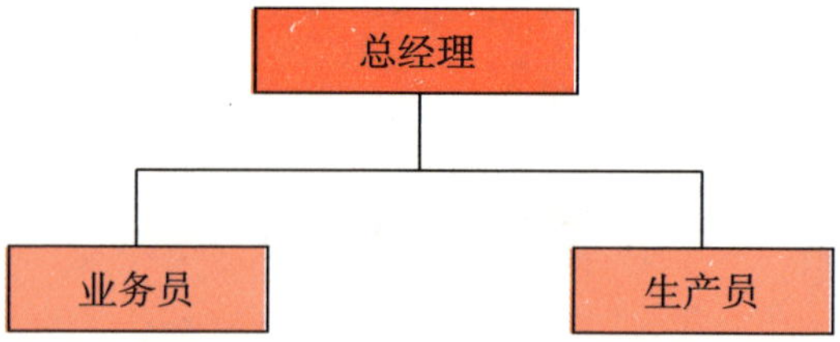

图4-14　初创期企业组织架构

企业在初创期最重要的事情就是老板带着三五个员工跑市场，做业务，打通商业模式。因此，只需要搭建最简单的直线型组织架构即可。

成长期企业组织架构，见图4-15。

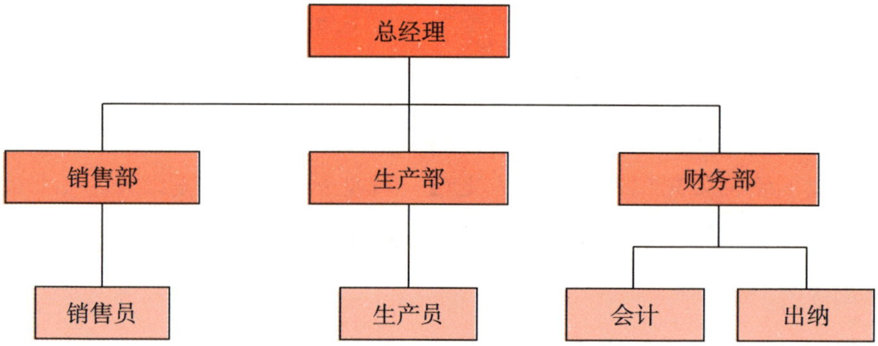

图4-15　成长期企业组织架构

企业到了成长期，业务快速复制裂变，随着业务的发展，员工数量也急剧增加，分工合作开始出现混乱。这时企业最需要的是建设运营系统，进行流程化管理，组织架构多为职能型，将职权和责任分配给不同的一级部门负责人。

扩张期企业组织架构，见图4-16。

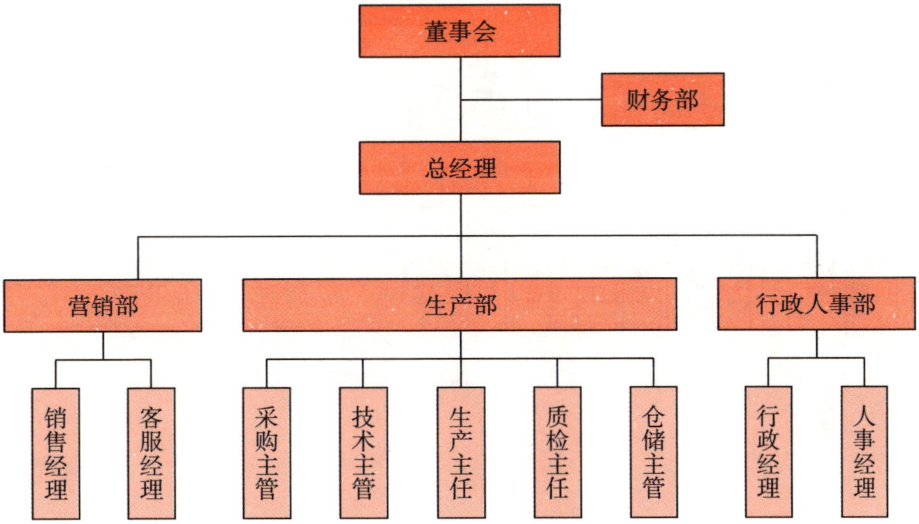

图4-16 扩张期企业组织架构

企业进入扩张期，业务规模呈现爆发式增长，团队规模急速扩张。这时跨部门冲突增加，工作效率开始降低，总觉得人不够用。此时企业最需要的是建立管控系统，通过绩效管理提升人效，做好人才的优胜劣汰。组织结构多为直线职能型。

成熟期企业组织架构，见图4-17。

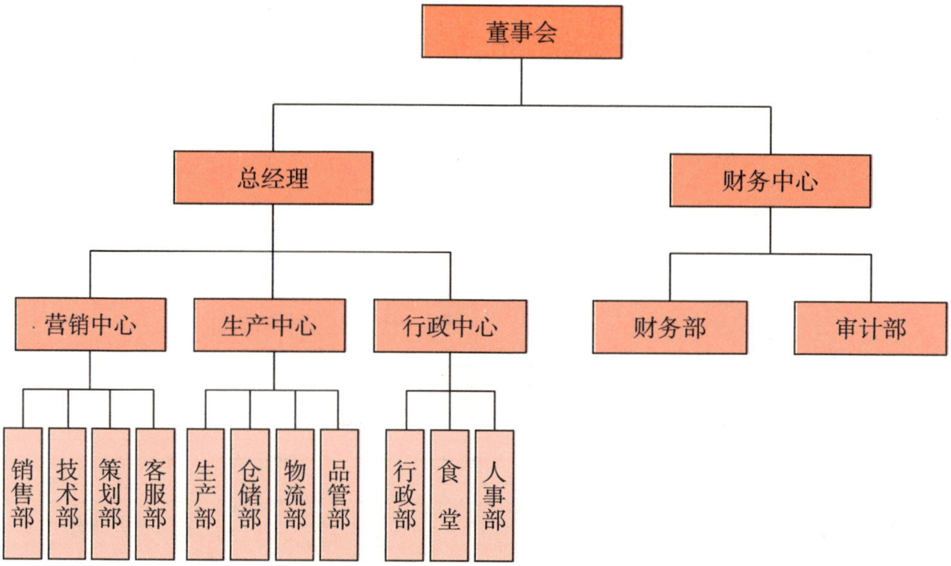

图4-17 成熟期企业组织架构

处于成熟期的企业，业务发展日趋饱和，部分企业会有多元化的发展。在组织结构方面不会出现太大的变化，仍然是以直线职能型组织架构为主，但会更加强化管理层的布局。因为中层干部增加，上下级沟通容易出现断层，员工缺乏身份认同，此时企业需要加强文化建设。

集团公司组织架构，见图4-18。

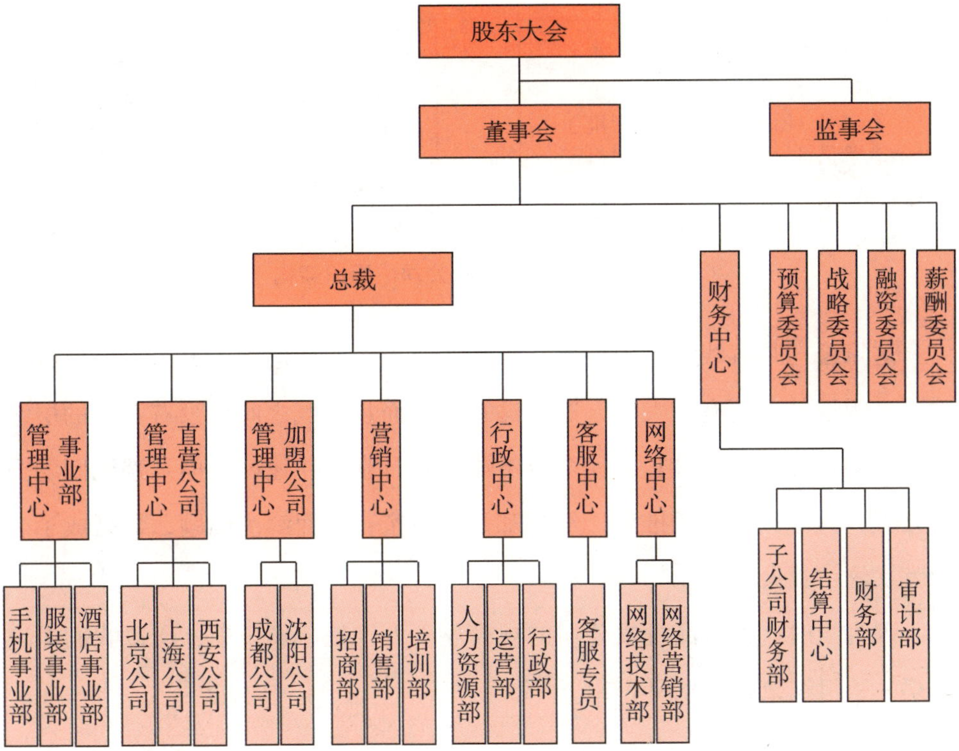

图4-18　集团公司组织架构

当企业逐步发展，需要跨地区经营时，协调管理的难度增加。企业会根据实际情况进行业务部门化、地区部门化、产品部门化和流程部门化。因此，多数企业会选择事业部组织架构，权力下放，独立核算，在各区域和产业上做深做强。

我们以某食品批发公司为例。该公司自称是家族企业，因为内部90%的员工都沾亲带故。可是经过深入了解我们发现，这家公司管理混乱，毫无章法，顶多算是家庭作坊。我们来看看最初这家公司的组织架构，见图4-19。

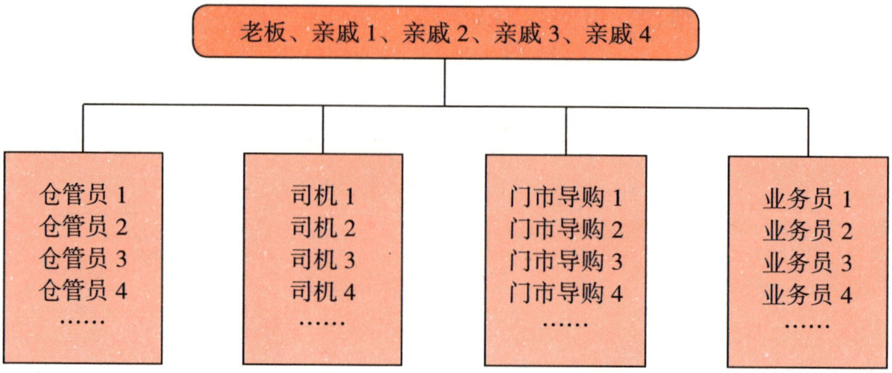

图4-19　某食品批发公司原组织架构

这家公司是直线型组织架构，虽然按照工作职能进行了分工，但问题是除了老板以外，还有一大堆亲戚管这管那。而且亲戚之间也没有明确的层级划分，谁管谁，谁被谁管，完全搞不清楚。日常工作还好，但凡遇到问题需要处理，大家只会互相推诿，每次都是老板亲自出面解决问题，老板成了名副其实的“救火队长”。

因为当时这家食品批发公司的规模还不大，处于成长期，所以我们设定了第一版组织架构，见图4-20。

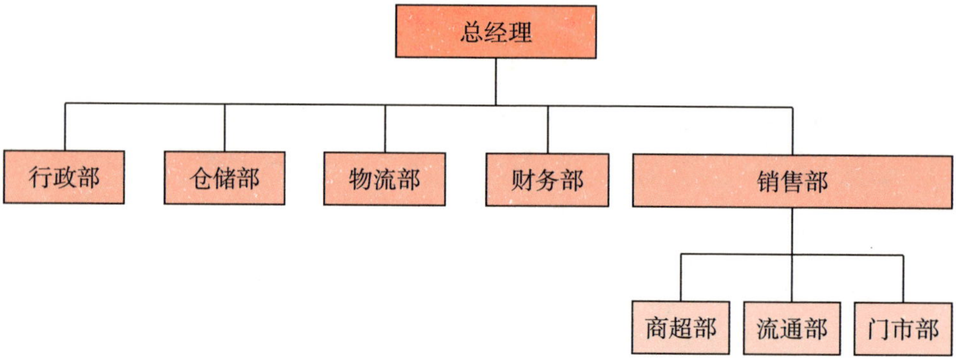

图4-20　调整后的某食品批发公司的第一版组织架构

在众多的亲戚之中，选择一位能力相对全面的人担任总经理。再根据业务价值链对部门进行重组，行政部、仓储部、物流部、财务部和销售部分别由5名亲戚各自担任经理，工作内容完全拆分，互不干涉，责任到人。改革后，这家食品批发公司的管理流程和业务模式开始步入正轨，大家各司其职，齐心协力。随着公司的业务发展和规模扩张，初创期的组织架构已经不再适用，需要升级为成熟期的组织架构，见图4–21。

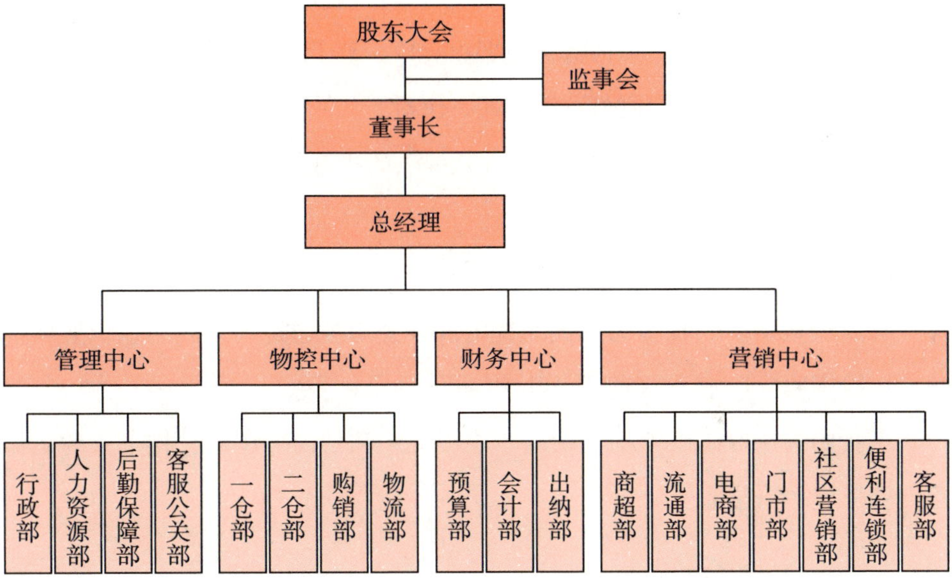

图4–21 调整后的某食品批发公司的第二版组织架构

相较于初创期的组织架构而言，成熟期的组织架构在总经理的基础上增加了董事长、股东大会和监事会。这样做的目的是完善公司的治理结构和制度体系，使公司的权力机构、决策机构、执行机构和监督机构各司其职、各负其责，且相互制衡，保证公司顺利运行。总经理直管的部门升级为中心。中心一般由多个相关部门组成，业务性质相似，关联较强，沟通频繁。组建中心可以统一调配资源，提高工作效率。

一般来说，财务中心应该由董事长直管，与总经理处于同一层级上。但因为该食品批发公司为家族企业，财务中心里都是自己人，所以由总经理管理也没有问题。

另外，我要特别说一下客服部。设立客服部的目的是避免价格战，通过给客户提供更深入、更细致的服务，增加客户的黏性，让客户离不开你。即便你的产品价格高于竞争对手，客户依然会坚定地选择你。

比如说这家食品批发公司是做批发零售的，其客户多是便利店和商超，主要诉求是拿到货品以后，如何快速地把货卖掉。基于此项需求，公司成立了客服部，目的就是帮助客户制订营销方案，包括产品的陈列、广告牌的设计、销售话术的编写、销售人员的培训等，并且提供的所有服务都是免费的。

一款饮料，该公司的售价是1.1元，竞争对手的售价是0.9元，但客户在全盘考虑后，依然选择了售价较高的供应商。所以，不是客户没有钱，而是你没有创造让客户心甘情愿付钱的理由。该公司也通过一系列的组织架构优化，使销售额从1.3亿元飞速增长至3亿元。

当我们构建好组织架构，明确了层级关系和部门分工后，接下来的工作重点就是梳理岗位职责。

四、如何设定岗位职责

岗位职责是指一个岗位所需要完成的工作内容以及应当承担的责任范围。

很多时候员工没有执行力，不是因为天生懒惰，也不是因为能力不行，而是根本不知道具体的工作内容和执行标准。这种情况下，即便把有识之士招进了公司，也很难发挥其价值。

岗位职责有四大作用：

① 最大限度地实现员工的科学配置，提高工作效率和工作质量。

② 有效防止因职务重叠而发生的工作扯皮现象，责任到人。

③ 提升内部竞争活力，更好地发现人才并使用人才。

④ 为人员晋升、薪酬改革、绩效考核提供重要依据。

我们可以通过三个步骤完成对岗位职责的设定。

第一，明确部门职能。

在设定具体的岗位职责前，一定要先明确部门职能，也就是部门的业务职责和管理权限。如果连部门职能都是错误的，那么肯定设定不出正确的岗位职责。通常情况下，我们会用部门职能表来呈现，以销售部（见表4–1）和生产部为例（见表4–2）。

表4–1 销售部部门职能表

部门权限	1	销售目标制定参与权
	2	部门内部员工的考核权
	3	部门内部员工的任免建议权
	4	部门内部工作开展的自主权
	5	要求相关部门配合权
部门职责	1	接受并完成销售指标、客户开发目标、市场占有目标
	2	销售目标分解及销售计划安排
	3	部门费用预算、成本管控工作
	4	拟订销售工作计划及时间进度，以期达成或超额达成销售目标
	5	负责新市场、新客户的开发，以及原有客户的精细化管理和维护工作
	6	负责收集渠道内潜在客户信息，完成潜在客户筛选和开发准备工作
	7	负责应收账款的安全回收工作
	8	提供客户服务建议
	9	负责销售团队打造

表4–2　生产部部门职能表

部门权限	1	对生产目标实现的建议权
	2	对下设各岗位的管理权
	3	部门内人员编制、人事任免权与各岗位考核的奖惩建议权
部门职责	1	依据生产计划全面负责生产目标的完成工作
	2	合理组织人员及物料的调度安排，按时完成公司下达的各项生产任务
	3	各类生产报表的汇总分析，为技术部、销售部提供建议
	4	对生产部所有设备的管理，车间设备的购置申请、设备验收及日常维护与保养等
	5	对生产部团队的打造、培养与管理
	6	负责生产现场6S达标工作
	7	做好生产现场的安全生产工作

第二，罗列工作内容。

岗位职责是对岗位权限和责任的具体化描述，是根据岗位的工作性质和工作范围制定的。所以，罗列出岗位在部门中所承担的工作任务以及考核标准，才能设定正确的岗位职责。

岗位的工作内容必须基于实际的业务流程，绝不能想当然。在罗列工作内容时一定要全面且详细，以免后期工作失误。同时，员工每晋升一级，能力或指标要增加3～5项，保证人才的优中选优。

我要特别强调一点，岗位职责的制定不是由老板一个人来完成的，而是要与岗位上实际工作的员工一同梳理，不然岗位职责说明书很可能成为一张废纸，毫无用处，见表4–3。

表4-3　总经理岗位职责说明书

从事岗位	总经理	
上级岗位	投资人、董事长	
下级岗位	各品牌的销售总监、财务总监、企划总监、客服总监、行政总监、售后服务站长	
任职要求	学历	市场营销、工商管理、财务或汽车相关专业优先，本科及以上学历
	工作经历	5年以上汽车行业经验，其中至少3年经营管理经验
管理范围	贯彻各品牌政策，落实国家与行业的法律、法规，执行业务运营管理与执行监控	
岗位职责	1. 全面主持公司经营管理工作 2. 根据各经营品牌和投资人等多方需求，制订公司的经营计划和年度目标 3. 根据经营计划和年度目标按年度、季度、月度分解至各部门，并监控、督促各指标达成 4. 负责完善公司组织架构，并主导公司团队建设与绩效管理工作 5. 负责完善公司各项规章制度，并监控制度落地执行 6. 打造企业文化，维护社会公共关系，树立良好的社会形象 7. 主持公司日常管理层会议及其他重大例会，并负责协调部门关系和资源总调度 8. 维护政府机构、行业协会、供应商及重要客户的良好关系，创建良好的经营环境 9. 撰写公司月度绩效总结报告、季度述职报告并上报投资人及董事长 10. 负责员工满意度管理	
管控指标	一级KPI	销售总量、销售毛利、销售满意度（SSI）、售后满意度（CSI）、售后相关指标
	二级KPI	增值业务收入、店销总集客、网络累计搜索量、岗位配置率、经营品牌市场占有率、售后相关指标

第三，对比完善。

根据业务流程制定的岗位职责只是基础版，若是想写出完善的岗位职责说明书，则需要考虑以下三个方面：

① **看行业：**根据行业标准，了解市场动态，分析企业的优势和劣势，在正确的战略方向上有针对性地制定岗位职责，放大优势，弥补短板。

② **看竞争对手：**分析直接竞争对手的组织架构和岗位职责，掌握对方的市场布局，对未来可能出现的竞争做出预判。

③ **看优秀员工：**记录并分析每一个岗位上的优秀员工，了解他的工作流程和执行标准。作为最优秀的执行者，他的流程和方法已经得到了认证，只要能够完美复制，企业将会培养出无数的人才。

管理中最害怕的事情就是选错人，**人才没选对，努力全白费**。因此，在公司有了明确的组织分工和岗位职责之后，下一步的工作重点就是确认工作关系，给出具体的人才画像，也就是任职资格，选择真正适合的人才上岗。任职资格主要包括年龄、性别、户籍、婚姻状况、学历、经验要求、知识要求、能力要求等，见表4-4。

招不到人，选不对人，核心问题不在于人才本身，而是缺少界定人才的标准。通过岗位任职资格表，可以确保安排在岗位上的人员是匹配的，这一点极其重要。

表4-4　岗位任职资格表

工作关系	所属部门	
	岗位名称	
	汇报对象	
	管理部门	
	管理对象	
	协调岗位	
任职资格（人才画像）	年龄	容易出高业绩的年龄段
	性别	女/男/女士优先/男士优先/性别不限
	籍贯	出生地：外地农村/外地城市/本地农村/本地城市
	学历	容易出高业绩的学历段
	婚姻状况	刚到公司时候的婚姻状况
	经验要求	岗位经验/行业经验/不限
	知识要求	知道：法律、财务、网络、管理知识等
	能力要求	做到：销售、教练、领导、系统建设等
	岗位特质	以服务客户和销售目标为导向的岗位

例如销售经理岗位任职资格表（见表4–5）、生产总监岗位任职资格表（见表4–6）。

表4–5　销售经理岗位任职资格表

工作关系	所属部门	销售中心销售部
	岗位名称	销售经理
	汇报对象	铁三角
	管理部门	销售部
	管理对象	业务员
	协调岗位	数据中心、财务、行政、App（横向部门与部门之间的分工协作）
任职资格	年龄	25～48岁
	性别	男女不限
	籍贯	不限
	学历	大专以上，市场营销等相关专业优先
	婚姻状况	不限
	经验要求	有2年以上的销售管理经验，从事过教育培训等相关工作者优先录用
	知识要求	熟知业务流程和团队管理流程，掌握各个办公软件的应用
	能力要求	具备较强的沟通、表达、组织、培训总结、数据分析、创新及市场应变能力；有超强的执行力；善于凝聚团队，有良好的客户服务意识
	性格特质	成就客户和成就团队的初心、强烈的企图心、思维敏捷、职业化、能承受较大的工作压力、善于与不同的人相处
	岗位特质	具有包容性、多变性，以业务管理为中心设置的岗位

表4–6 生产总监岗位任职资格表

工作关系	所属部门	生产中心
	岗位名称	生产总监
	汇报对象	总经理
	管理部门	生产部
	管理对象	生产经理、品控经理
	协调岗位	研发中心、销售中心、物流中心
任职资格人才画像	年龄	30 ~ 45岁
	性别	男女不限
	籍贯	不限
	学历	理工类或相关专业本科以上学历者优先
	婚姻状况	不限
	经验要求	5年以上相关行业生产管理协调经验，在部门经理岗位上工作过2年以上
	知识要求	接受过战略管理、管理能力开发、生产管理、市场营销、财务管理等相关培训
	能力要求	熟悉所在行业的生产过程，熟悉原材料的供应渠道、生产规程以及质量标准；强大的领导、判断、决策、计划、沟通能力
	性格特质	能承受较大的工作压力，能够带领团队，有团队合作精神
	岗位特质	具有包容性、多变性，以业务管理为中心设置的岗位

岗位任职资格表可以与人才特质搭配使用，多维度地选择人才，见图4–22。

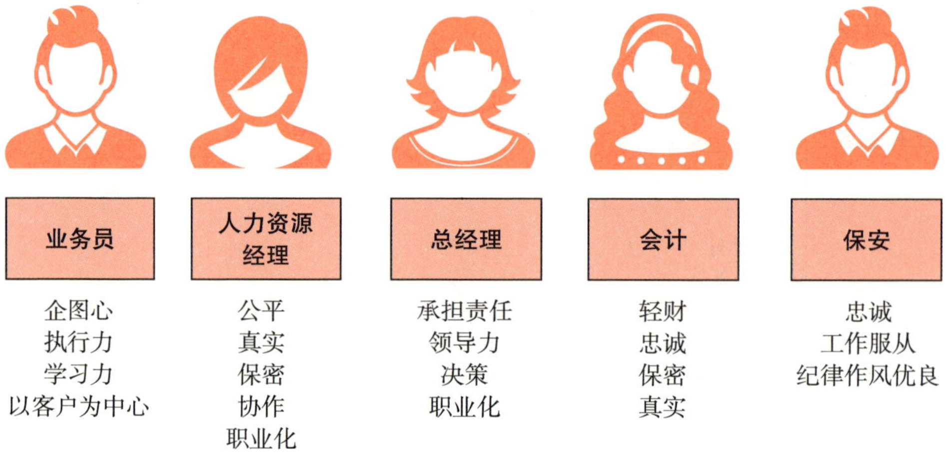

图4–22　岗位人才特质

例如：

业务员：一定要有强烈的企图心，不达目标决不罢休。只有这样的人，才敢闯敢冲，容易通过激励做出成绩。

人力资源经理：一定要具备职业素养，不被外界环境所影响，做到公平公正。

总经理：一定要有魄力，敢于决策，敢于承担责任，能够在团队中树立威信。

会计：一定要轻财和忠诚，所有与财务相关的事项都要严格按照标准执行。

保安：一定要遵守纪律，绝对服从，态度诚恳，任劳任怨。

第五章

激励的底层逻辑

面对一个初来乍到的新员工，如何激励他？面对一个“滚刀肉”老员工，如何激励他？从各处看到的“只言片语”能触及对方的内心，让对方燃起斗志吗？同一种激励方法，为什么用在别人的公司能一飞冲天，用在你的公司却如泥牛入海，连个水花都没有？

第一节 为什么要激励

Why

老板经常头疼一个问题：整个公司只有自己一个人在奋斗，其他人都在混日子。那么，如何解决这个问题呢？

一、人很难永远保持状态良好

任何人在变幻莫测的漫长过程中，都很难持续不断地保持最好的状态。作为管理者，一定要懂得如何激励自己、如何激励下属、如何激励团队，这样我们才能够发挥众人的力量去达成公司的目标。

二、更好地用人、留人

掌握激励的底层逻辑，我们才能够更好地用人和留人。

因为每个人都既有能力，也有潜力。如果我们能把他的潜力激发出来，他能力的限度和深度也会随之变化，从而创造出更高的价值。人往往更愿意留在能激发自己潜力的团队里，这样可以获得成长同时收获也更多。

第二节 什么是激励

What

激励很重要，但我们真的理解什么是激励吗？我们对激励的理解全面吗？

激励就是激发和鼓励，是在生活和工作当中使自己或别人获得动力的一种方式。

如果把人比作一艘船，激发就像是给船增加新的发动机，使船拥有更大的动力；而鼓励就是加油，让船获得更快的速度和更强的续航能力。

下面我要系统地讲激励的方法。我会把大脑营行多年打磨的激励课程，以图文的形式分享给大家，尽量做到原汁原味。

第三节 如何做激励

How to do

激励有三个维度，即激励自己、激励下属、激励团队。这不是新概念，许多企业经常采取各种激励措施，但为什么效果不好呢？你理解的“做激励”和真正系统、有效、可执行的“做激励”究竟有什么不同呢？

一、自我激励三大方法——常葆激情，点燃团队

老板也好，管理者也好，往往都是通过下属拿到最终结果。所以，一说激励，很多人就想到激励下属。但想要激励下属，首先就要激励自己。很多状态激昂的团队，都有能量很强的“领头羊”。倘若领导自身的状态就不好，团队也不会信服你的激励。

我们常常激励下属，很多时候却忘了自己也需要能量。作为称职的管理者，要学会自我激励，而不能等着被人激励。与此同时，我们还要去引导合适的员工建立自我激励的意识，而不是一直被动地等待激励。

那么，怎么自我激励呢？

1. 把自己当成别人

要激励自己，首先要把自己当成“别人”，像鼓励别人一样鼓励自己。把自己当作别人，用客观的眼光审视一切，消除不必要的颓丧，发现自己很

强的事实，激发斗志。

管理者或者一些优秀的员工，常常都对自己太过苛刻。但一旦我们把自己当成别人，反而能更客观地看待自己，允许自己被激励、被鼓励。

2020—2022年的这些日子，可以说一言难尽，国内外很多企业都受到影响。据统计，全世界有2亿多人失业，1000多万家企业倒闭，连世界500强企业都在裁员，都在缩减项目。那么，只要企业还活着，就已经超越了那1000多万家倒闭的企业。

世界500强的业绩也在下滑，俞敏洪的新东方市值蒸发了2000多亿元。这个时期的企业就像遇到了狂风暴雨。可是，道路越是泥泞，你就越有机会弯道超车。因为机会在隐蔽处，只是暂时被暴雨遮挡了。越是非常时期，越要鼓励自己去迎接挑战，发现机会。

业绩萎缩，至少还活着，活着就有希望。这个时候想业绩暴涨是很难的，要接受这个事实。在这个关键时期，谁能稳定团队和业务，让公司不倒，谁就已经是王者。大脑营行曾经遇到过很多的困难，但依然屹立不倒，因为大脑营行很优秀、很强大。

这是我曾经做过的一次自我激励，这是完整的心路历程。

面对困难，我也会沮丧，也会自我怀疑。但这些没有用，我必须激励自己向前，并且不能盲目。把自己当作别人，用跟要求别人一样的眼光来审视自己，然后发现自己的优点，激励自己踏踏实实、一步一个脚印地创造更大的优势。

2. 把困难当成鳌拜

鳌拜是康熙皇帝身边的大臣，很强，也够狠。为什么要把困难当成鳌拜？因为鳌拜正是康熙皇帝激励自己的一种方法。

※ **案例** ※

康熙过世前，曾经请所有大臣们一起喝酒。酒过三巡，他端起三碗酒敬大家。第一碗酒，他敬给了孝庄太后。说如果没有她的辅佐和培养，不可能有今天的自己。第二碗酒，他敬给了所有的大臣们。说这些年，如果没有大家的辅佐，也不可能有现在的康熙盛世。第三碗酒，他敬给了自己的死敌们，敬朱三太子，敬鳌拜，不是敬他们在九泉下安息安宁，而是希望他们下辈子再与自己为敌。

康熙这话讲得非常有士气。

为什么还要让他们与自己为敌？康熙讲过一句话：**“凡不能毁灭我的，必使我强大。”**他把所有的困难都当作挑战，让自己越来越强大。

老板就是企业里的皇帝，管理者就是团队里的皇帝，优秀的员工就是太子，是储君。我们要把困难当成鳌拜，主动迎接困难，去敬困难一杯酒。只有做到一般人都做不到的事，才能成为不一般的人。

3. 把痛苦当成交换

我们经常会说“赚的就是这个钱”。

很多人，在管理企业的过程中发现自己投入了大量的时间和精力，然后可能身体没有以前好了，没有时间陪伴家人和孩子，没有时间做自己喜欢的事情。可是，每个人只有把自己该做的事情做好，才有资格去做想做的事情。有句话说，前半生拿命换钱，后半生拿钱换命。这句话很不全面，但蕴藏了一种哲理或者说思考。想想看，如果坚决不拿命换钱，那到了要换命的时候，你又拿什么来换呢？

每个人在成长的过程中都背负了责任和使命。只有把完成责任和使命当成是一种快乐，甚至是一种必须，把其中无法避免的痛苦当成是一种自愿选择的交换，激励自己去享受这个过程，才不会被痛苦打败，才不会失去变得更优秀的机会。

※ **案例** ※

郭德纲跟于谦在讲相声时，郭德纲总是爱拿于谦的老婆、老爸、老妈、孩子去打比方。他们的相声里充满了于谦跟他老婆关系怎么样，他孩子学习怎么样，他老爸、老妈怎么样的内容。

可能有人会认为郭德纲这人不好，他总是贬低于谦，拿于谦来调侃。但郭德纲用一次讲话彻底打消了大家的这一想法。

他说："登上这个舞台之后，我和于谦就是艺人，就不是自己了，扮演的是当下的角色。在角色当中，如果拿台下的观众进行调侃，大家不认识这个观众，就很难入戏，很难娱乐到大家。但是，于谦在台上大家都看得到，所以我讲他，大家能很快地进入故事情节，获得快乐。"

所以说，于谦赚的就是这个钱，赚的是"牺牲"自己的钱。这既是痛苦，也是一种交换。郭德纲因为这种调侃而被人诟病，也是一种痛苦、一种交换。他用这一席话，把这事儿说开了，让痛苦交换的链条不再那么沉重，解开了大众对两个人的误解。

许多看似无法忍受的痛苦，其实都藏着我们看不见的交换。发现这些交换，就能激励自己走下去，并且是斗志昂扬地走下去。

二、下属激励三大账户——凝聚人心，安心追随

下属激励的重要性，这里不再多说，相信能买这本书的人都对此有所了解。那如何去激励下属呢？大脑营行的课程里，总结了三大账户。把员工的这三大账户管理好，就能做好对下属的激励。

1. 物质账户

大多数人来到公司上班，肯定都是为了赚钱，为了生存。因此，一定要把物质激励做好。精神和情感都很重要，但不能当饭吃，养老婆孩子、还房贷车贷都需要钱。所以，物质激励是最根本、最基础的激励。

物质激励包含**金钱激励**和**物品激励**。

金钱激励是一种非常直观、很有冲击力的奖励方式，包括底薪、提成、奖金、分红、股票和期权等。

物品激励是相对委婉和感性的一种方式，有两个值得参考的思路。

思路一：员工感兴趣

※ 案例 ※

一只兔子拿着自己最喜欢吃的胡萝卜去钓鱼，结果从早上钓到黄昏一条鱼也没有钓到，兔子非常生气，就朝着水面骂："该死的鱼，我拿我最喜欢的胡萝卜钓你，你居然不吃，真是有眼无珠。"结果水里的鱼也很生气，就想冲出水面跟兔子说："该死的兔子，你拿胡萝卜是钓不到鱼的，因为鱼根本不喜欢吃胡萝卜。"

作为老板或者管理者，激励下属，一定要走出自己的世界，走进下属的世界，看看下属喜欢什么，对什么感兴趣。拿自己喜欢而员工不喜欢的东西做激励，只会得不偿失。

如果很难确定每个员工喜欢什么，可以组织一些有趣味的、互动性强的活动，用家电、日用品等常用物品作为奖品，让员工按需选择。

做激励时，一定要注意差异化，没有新鲜感的东西，激励效果也会打折扣。一个活动不能重复做，做多了就会失去效果。

思路二：家人可以炫耀

满足员工家属的需要，也是对员工的有效激励。许多优秀的员工经常获得奖励，他可能会习以为常，渐渐失去兴趣。这时，可以试着去奖励员工的家人，让家人认可公司。此时，一些承载着成就感的物品，能发挥出意想不到的效果，比如奖杯、荣誉证书、信件等。

没有父母不希望自己的孩子有出息，没有爱人不希望自己的另一半出人头地。当家人得到可以拿出去炫耀的物品时，不仅会更支持员工在公司的工作，也可以更好地照顾员工的生活，让员工以更饱满的精神状态投入工作。

实操中，依然要重视差异化。比如现在的父母都习惯用手机接电话、收短信。对他们来说，收信反而变成是遥远的东西。那我们就给员工的父母写封信。

※ 案例 ※

尊敬的 ＿＿＿＿＿叔叔、阿姨：

你们好！公司代表所有员工向你们致以诚挚的问候，同时荣幸地告知你们，××同事在本年度工作中业绩突出，超额完成了任务，被公司评为“本年度优秀员工”。

首先感谢你们对××同事的培养及教育之恩，感谢你们给予他（她）在工作上的全力支持，让他（她）能够全身心地投入到工作中。

叔叔、阿姨被评为“优秀父母”，特颁发荣誉证书。

信，可以加入很多有仪式感的东西。比如用什么信纸，用什么口吻，打印还是手写等，都有讲究。看似只是一封简短的信件，但员工的父母也许会把信裱起来挂在墙上，拍照发到朋友圈里，就像把我们小时候在学校拿到的奖状挂在墙上一样。

所以，在设置物品激励时，一定要巧用搭配，以物载心。比如奖励员工冰箱之类的大件实用家电，可以配以私人定制的冰箱贴，附上爱心寄语。如果有人到员工家里做客，家人就可以很自然地讲出这是公司的奖励，可以炫耀。

总而言之，金钱激励走脑，物品激励走心，二者相辅相成，才能让物质激励达到最好的效果。

2. 情感账户

人都有七情六欲。在激励下属时，既要重视物质需求，也要重视情感需求。作为管理者，想要带领下属达成共识，朝着共同的目标奋斗，就必须要让下属快乐，让下属感觉到被呵护。

要进行情感激励，首先要理解情感账户的概念。

情感账户，是指对人情绪的照顾、对感觉的经营。很多人将情感账户理解为爱，这是狭义的。“情”就是情绪，“感”就是感觉，不是只给员工爱就结束了，还要照顾员工的情绪，营造员工的感觉。

员工对公司抱有什么感觉，有什么情绪？

感觉到被爱、感觉到激情、感觉有状态、感觉要拼搏……这都是我们期待员工有的感觉。想确保这一点，就要把情感激励拆解出来，当作一种专门的激励方式去精心设计。

具体说来，可以从以下**14个维度**出发，见图5-1。

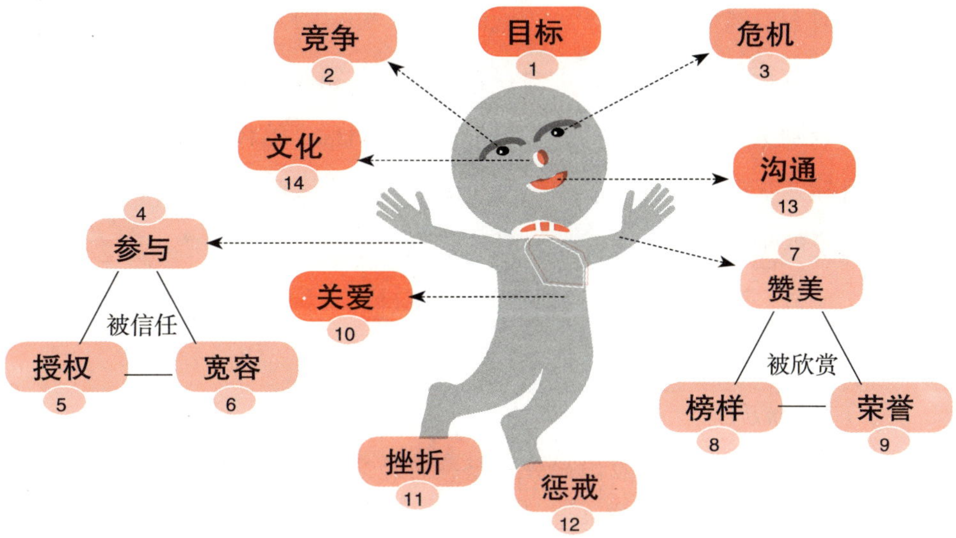

图5-1 情感激励的14个维度

（1）目标激励

人都会有梦想、有所求，有了欲望就会不由自主地设立目标。因此，情感激励首先要从目标激励开始。

※ 案例 ※

公司给员工A定了一个80万元业绩的年度目标。员工A感觉没动力，因为这是帮公司完成目标，跟自己关系不大。这时候作为一个管理者，一定要去发现员工的目标是什么，基于他的目标去激发他。在了解到员工A的年度目标是“买一辆奔驰汽车，首付款26万元”后，老板提出，要想拿到26万元的奔驰车首付款，需要完成180万元的业绩。这个目标虽然远远超出了公司的业绩要求，但依旧在员工A的能力范围之内。并且，员工A会全力以赴地完成。因为这不仅仅是公司的目标，也是员工A自己的目标。

也就是说，设定目标的关键是“目标的转化”，必须把“公司目标”转化为“员工目标”。

那如何去发现员工的目标？

拿大脑营行来说，我们通常会在新年开工的第一天给员工发新年祝福红包，然后鼓励员工写下今年的十大目标或三大目标。这样，公司就收集到了员工的目标，基于这个目标来做激励，让员工行动起来干劲满满。

只有足够了解员工，才能激发员工的真正潜力。目标在哪，努力的方向就在哪。所以，要让员工脑子里时刻装着正确的目标。而这个目标必须既通往公司真正想去的方向，也通往员工真正想去的方向，缺一不可。

（2）竞争激励

把下属的竞争情绪激发出来，也是一种行之有效的激励方式。有些人天生喜欢赢不喜欢输，喜欢荣誉不喜欢批评，喜欢奖励不喜欢惩罚。只要抓住他们与生俱来的这种天性，就能激发员工的斗志，进而把这种斗志转化为推动员工和公司一同前进的动力。

许多公司会常态化地组织员工进行PK、对赌，激发员工的潜力。在一轮轮的竞争中，员工会变得越来越优秀，公司也就越来越好了。

※ 案例 ※

有一家卖器械的公司设计了一面墙——“销售吉尼斯纪录墙”。墙上记录着第一名销售人员销售了多少单，做了多少业绩，再配上照片，让优秀的销售人员像明星一样每天被所有的员工看到。许多员工看到这面墙，就会想要去超越，想把自己的照片也贴在墙上。

在这种公司营造出的争相“上墙”的竞争氛围下，大家都会奋发图强，从而激发出员工更多的潜能。有的员工不出业绩，也许会有很多抱怨，但当他看到别人一天都能够出几十单，而自己一年都做不到，就能接受那也许不是公司、产品、业务、流程、机制的原因，而是自己不给力，开始从自身找原因，努力冲向目标。

可见，竞争就是要**激发员工争强好胜的天性，打造竞争的氛围**，这样员工才会全力以赴，公司的目标才能更好更快地达成。

（3）危机激励

人会为了追求快乐而动，也会为了逃避痛苦而动，两者要共同运用。管理者不能让员工在一个位置上坐得太安稳，要让员工有危机感。

有这样一个观点，公司员工一般分为三种：一种是“野狗”式的员工，这种人虽然能力很强，但是态度很差，不为他人考虑，严重影响公司的团结；一种是“猎犬”式的员工，这种人不仅能力很强，而且态度认真，待人诚恳，团队意识强；一种是“小白兔”式的员工，这种人态度很好，待人热情，团队意识也不错，但是能力很差，做不出业绩。

所有的公司都会清除或者驯化“野狗”式员工，努力让公司里的“猎犬”式人才多起来，却很容易对“小白兔”式的员工束手无策。偏偏，大公司里最容易生长的就是“小白兔”式的员工。这种不出成绩的好人，却也不容易得罪人，明明迟早要被淘汰，繁殖能力却超乎想象，很容易拖垮公司。

怎么才能让“小白兔”式员工无处容身呢？给他们一点危机，给他们团队一点危机，把“猎犬”式员工从包容“小白兔”式员工的团队里调走，调往更好的团队，防止他们被“小白兔”式员工同化。

千万不能让员工很安稳、无所谓地在位置上坐下去。如果不出成绩也没有危机，那时间长了，员工难免会懈怠懒惰，变成“小白兔”式员工。只要有一个“小白兔”式员工活下去了，周围的人早晚会变成“小白兔”式员工。必须要让员工看到危机，积极驱逐“小白兔”式员工，保护那些一直向前冲的员工。

（4）参与激励

在公司里，什么样的方案是最好的？答案是：员工参与讨论的方案。

※ 案例 ※

20世纪80年代，丰田公司让所有员工给公司提建议，凡是提建议的员工都有丰厚的奖励。结果收到了100多万条建议，人均三十几条。这些建议有很多极具建设性，一年就为公司增加了上百亿元的利润。

一人计短，众人计长。员工能看到很多高层看不到的事情，而这同时也是一种不错的激励方式。

当一种方案获得了所有人的认可后，大家就不会再找借口，不会只看到障碍，而是努力往前冲，遇山开路，遇水搭桥，只为达成目标。员工从内心深处觉得能够实现，才不会动不动就畏难、动不动就偷懒。

也就是说，公司制定制度或者构思项目计划，一定要尽可能地邀请员工参与，广泛征求员工的意见，认真思考和融入有益的建议，开释员工的误解，让员工有成就感和成长感。这么做看似费时费力，其实更有效率。对员工来说，一种方案是我参与后共同制定的，一种方案是领导拍脑袋定的非要让我执行，情感体验大不相同。

（5）授权激励

刚刚我们讲了参与感，而参与跟授权是紧密相连的。通过授权，才能真正让员工获得参与感。比如我们曾经用过“轮值”的办法来激发员工参与晨夕会的动力。

※ 案例 ※

在大脑营行的晨夕会中，由员工轮流担任主持。在这个制度实施之前，总有人迟到、不认真。授权给员工，让他们轮流担任主持后，渐渐地，每个人都参与进来了。得到了授权，明白自己也可以有一天站在台上之后，所有人都更认真地参加晨夕会，还会积极思考怎样把晨夕会开得有声有色。

所以，老板也好，管理者也好，千万不能当保姆，什么都替下属做好规划。这样下属是无法成长的，也没有成就感。**以战养兵才是锻炼下属能力最好的方法。**

授权下属去做，可以激发出下属的主人翁意识，让下属愿意把能力发挥出来。有向下授权，才能有员工参与后的结果和反馈。反之，员工没有一点自主权，他也就不会对结果有责任感，公司的事情就变成了老板自己的事情。

如果管理者给到下属信赖感和地位感，下属就会被激励出责任感和使命感，不用再担心下属动力不足。

（6）宽容激励

首先我们要明白一点，下属之所以是下属，就是因为他不如你。他要是比你强，那他应该坐在你的位子上。所以，下属一定会有做得不好的地方。此时，要有宽容机制，或者说容错机制。

任何人都不可能一上手就把事情做得很好，管理者也不是一开始就很出色。当员工开展工作出现问题时，不能一味地批评辱骂。只要下属是认真努力的，你就要力挺他、宽容他、理解他，放他去更合适的地方。相信这时下属会生发出一个想法，叫作“士为知己者死”。

尤其是在面对一些优秀人才的时候，用宽容去激励他比指责他效果好一万倍。下属越优秀，就越明白能力都是积累出来的，一味地指责一定会适得其反。

※ 案例 ※

大脑营行有位老师，第一次讲“利润突围”课程时，没有足够的经验。偏偏这堂课既是营销课也是交付课，人家付了真金白银，我们就必须给出足够有价值的内容。因为这是他第一次讲课，所以压力很大，在面对台下众多企业家时很紧张，害怕讲不好，想换其他熟练的老师来讲。我知道这件事后，坚决反对。

让一个人成长最好的方式就是让他去面对所有的挑战和困难，只有以战养兵，才能够训练出奇才。带团队这么多年，我非常了解，这时候必须让员工自己上。我能让他上，就是因为他已经具备讲好课的能力了。如果这时候临阵退缩，他可能以后还是很难走上讲台，会一直担心自己讲不好。所以我坚持让他上台讲，并始终鼓励他。我说大脑营行相信他，他只要大胆地站在台上努力讲好，我们为他的行为和结果买单，不必担心。

当然，最后的结果是非常完美的。试问如果我们对这位老师不宽容、不信任，他又会是什么样子呢？明明如此优秀却一直迈不出第一步？或者因为害怕而讲得不好，进而丧失自信？

只有足够的宽容和信任，才会让人生发出无限的动力。管理者一定要懂得在关键的时候，去力挺关键的人才。**懂得信任下属，下属必定会还给你加倍的信任和结果。**

（7）赞美激励

当下属做得好时，管理者要及时给予赞美。一个人有了成就感，会更乐意努力。有时候，千言万语不如一个精准的表扬和赞美。

※ 案例 ※

讲个故事，某公司冲进来一个歹徒要抢劫，结果别人还没动呢，公司里的清洁工就冲上去拿着扫把跟歹徒拼命，当场就把歹徒按在地上了，嘴里还喊着："都别动，我练过武术我来，你们小胳膊小腿的别伤着了。"老板从办公室里跑出来，说："哇，你太棒了！没伤着吧，等警察把歹徒拷走我送你去医院看看吧。"

故事是假的，道理是真的。

你说，清洁工一个月的工资也就两三千元，为什么会挺身而出呢？因为老板有在无数个类似的时机里，持续对清洁工送上有效的赞美。像这次老板这样一句简单的话，包含了赞美，包含了关心，也包含了实际行动。

赞美不是口头上轻飘飘的随便认可，要源自内心深处，去赞美值得的事。更多操作层面的技巧，我把它放在后面沟通激励的内容中，这样更便于系统学习和实践。

之所以把赞美激励单独作为一个维度，是因为企业普遍缺乏对赞美的重视。我希望大家把赞美看作是沟通激励的一部分，不要只顾批评建议，而忘记赞美。

（8）榜样激励

前面我们说过竞争激励。那如果公司里的人不喜欢争斗怎么办呢？

树立一个榜样。没有人生来就躺平，大家都想要进步。竞争是跟别人比，榜样是给自己一个前进的方向，跟自己比。

所以，管理者不仅要表扬优秀的下属，还要利用他去感染更多的人。

※ 案例 ※

大脑营行专门设立了一面墙来做光荣榜，榜上的人都有着突出的业绩和表现。比如说亮剑队孙经理，提出“孙利急救法”，总结出了很多急救的方法，能够及时处理在课程现场遇到的紧急情况，整体提升了客户的成交率和服务满意度，同时优化了公司的服务流程。于是，公司公开表扬孙经理，并让其荣登“光荣榜”，他是大家值得学习的榜样。

用赞美让员工的优秀得到认可，再让其中特别优秀的人成为榜样，激励更多员工，人人学榜样，争做榜样。这种氛围可以充分激励公司员工，让他们更乐意发挥自己的能力，更努力挖掘自己的潜力。

那么，这一切对那个成为榜样的人来说，是什么呢？是一种荣誉。

（9）荣誉激励

我习惯于用优秀下属或团队的名字来为他们的贡献冠名，比如苏某某引流法、李某成交法。这是属于下属的一份荣誉。下属往往也非常在意，因为名字就是自己的招牌，谁也不想砸自己的招牌，损坏自己的荣誉。

以荣誉来激励下属，不会提升太多经营成本，却是员工情感账户的一次大额存单。与此同时，还能有效避免员工随意糊弄，利用信息不对称以次充好骗取奖励。

（10）关爱激励

回想刚才的清洁工故事，这个故事得以成立，老板对员工的关爱必不可少。可如果你挺身而出把歹徒按在地上了，老板假装没看见，连慰问都没有，一切就像没有发生一样。那么，下次你还上吗？

所以，我们要对公司里的人充满关爱。获得他的“心”，才能抓住他的“身”。被关爱，下属才会把公司当成自己的家，负责任地完成工作。

用爱来凝聚团队，比用畏惧来镇压团队更稳固、更有价值。

※ **案例** ※

大脑营行里总是会留有关怀员工的娱乐设施，比如台球（见图5-2）、篮球、羽毛球。我们还会做员工关怀表（见表5-1），主动关心和了解员工，以便更好、更精准地关爱员工。

表5-1　员工关怀表

姓名	
年龄	
生日	
家庭状况	
健康状况	
家人生日	
经历	
目标	
以前收入	
现在收入	
兴趣爱好	

图5-2　大脑营行文体中心

比如员工C喜欢打羽毛球，在他取得优秀表现的时候，我们会考虑奖励他一个林丹签名的羽毛球拍。比如员工D今年想买车，我们就把对他的奖励设为奖金，而不是其他物品。如果员工想晋升，就想办法激发他的内驱力，给他各种机会依次培养业务能力、管理能力、跨部门沟通能力等。

（11）挫折激励

在经营企业的过程中，我们经常发现很多员工对自己的要求不高，周围也没有更优秀的员工，没有榜样可树。搞危机激励，可能也无从下手。因为大家都很平庸，不会有什么危机感，毕竟你不能开除所有人。这时候，就需要挫折激励。

什么是挫折激励？就是化羞耻为动力。比如进行公司业绩排名，倒数10位是黑色，还要进行公示，让下属因此感觉到耻辱，知耻而后勇。只要排名一定有顺序，哪怕差距很小，也可以顺理成章地给员工挫折感。

挫折激励是一种负面激励。所有负面激励都要慎用。如果实操不到位，就很容易激化矛盾，起到反效果。如何更好地营造挫折感，要针对个案，具体情况具体分析。

（12）惩戒激励

惩戒激励是指对一些表现特别不好的下属，要敢于惩罚。惩前毖后，杀鸡儆猴。作为管理者，在激励下属的同时，必须一手软一手硬，双管齐下。只是一味地奖励绝对不行，要有配套的惩戒机制。

我们前面讲了很多正面的激励，如果在众多正面激励下，在宽容了无数次之后，员工依旧不能完成领导交付的工作任务，或者根本就不值得宽容，那就只能惩戒。惩戒激励之后，员工要么不飞则已，一飞冲天；要么被视为不合格的员工，迅速被清理出团队。

惩戒激励的关键是赏罚分明，沟通为先。作为管理者，如果你把惩戒激励用在了错误的人身上，或者没有搞清楚事实真相就进行惩戒，就会导致人才流失。

（13）沟通激励

沟通是所有激励的基础，我们在进行激励之前，应该通过有效沟通来完成信息搜集。此外，公司经营时肯定会产生误会，甚至可能还会有钩心斗角，有人作威作福，有人心累委屈。这些都会严重影响员工的状态和对公司的观感。倘若累积到一定程度还是得不到解决，就可能会导致员工工作效率低、员工离职、业务无法衔接等问题。

此时，通过及时沟通，让矛盾双方理解彼此，化干戈为玉帛，恢复双方的奋斗动力，让“问题不过夜”，就是沟通激励。

沟通有三个非常重要的场景，**表扬、批评、建议。**

① 如何有效地表扬？

表扬，首先要明白目的是什么。表扬不是把话说完，而是要让对方的状态变得更好。因此，要以终为始，从目的出发，让对方充分体会到成就感。

在操作层面上，要**少用评判性的语言，多用观察性的语言**。两种方式对比如表5-2所示。

表5-2 评判性的语言和观察性的语言的不同表述

评判性的语言	观察性的语言
你今天很漂亮	你今天换的新发型我昨天刚在杂志上看过，太好看了。这套衣服你穿起来简直是量身定制，特别显身材
在这个项目中你还是很配合我的	最近几次项目会议，每次都看到你忙前忙后的，感恩有你真好
你这个月业绩很不错	我看你这个月做了500万元业绩，比前两个月整整多了50%，好厉害啊
你的PPT做得很好	你的PPT对公司价值的阐述真是太棒了，我好喜欢你的思路和设计啊

② 如何有效地批评？

批评的目的不是发泄情绪，而是让对方自省不足，努力做得更好。批评不是让下属感到自己一无是处，而是要让下属发自内心地想改变。

首先，要敢于说真话，对事不对人。

很多人都不知道自己的盲点和缺点，也因此无法得到更快的成长，不知道该向什么方向努力。因此，要敢于讲真话，敢于批评。

批评时，要对事不对人。不要讲他的人品怎么样，要讲你今天做的这件事情。不要给人下定义，要就事论事。

其次，表扬于公堂，批评于私下。

很多管理者，表扬人的时候轻描淡写点个赞结束，批评人的时候却在大庭广众之下扯着嗓子说个不停。这很容易招来逆反。批评员工要尽量一对一私下进行，不要让其他人听到。不要图一时之嘴快，让员工受伤，员工受伤，一定会体现在他对公司的贡献上。

再次，及时批评，不翻旧账。

员工犯错要及时批评，这样印象更深，也更容易辨明真相。批评过了，这事就结束了，不要总翻旧账。如果每次你批评员工都翻旧账，不管改没改正都把过去的错误拿出来说，员工可能就会跟你反着来。因为不管他改不改，你都要翻旧账来批评他。

最后，隐含鼓励。

批评的目的是解决问题，所以要把目的放在鼓励里。

比如批评一个人，可以这么说："今天你把事情做成这样，我觉得以你的能力，不应该啊，你还可以做得更好。我对你犯这个错误有点生气，因为你在我印象中是最优秀的。"既指出要解决的问题，也表达了对员工的欣赏和认可，问题才更容易得到解决。

③ 如何有效地建议？

建议往往伴随着批评，是源自员工做得不够好的地方。但建议的目的不是修理对方，而是为了让对方更容易理解为什么被批评，并且主动想办法做得更好。

首先，还是要敢于给出建议。精准的建议是比批评还要好的礼物，它不仅能指出错误，还能告诉员工怎么改。

其次，要以对方能接受的时间、场合、方式来讲。管理者不能一直高高在上，盛气凌人。话说得太直，一定有人不爱听。建议的目的是让下属听进去，然后改变，所以要针对具体的人，想清楚对他来说，什么时间比较适合提建议，什么场合他能接受，用什么方式说他能认可。

最后，用好“确认”话术。不管管理者如何跟员工沟通，一定要随时确认对方的状态，据此决定接下来是表扬、批评还是建议，直到把所有要说的话说完，完成预期目标。

感觉对方反感就转向赞扬，保持同频后寻找机会引入批评，确认对方接受了批评再转向建议，给出建议后要确认对方会做出改变。

比如今天有人迟到了，可以这样说：“我看你今天迟到了，可在我心目当中，你一直是个守时的人，今天迟到有点不应该吧？当然，我特别理解，你肯定是遇到了一些困难才会迟到，是这样吗？哦，原来你错过了公交车。公交车往往不怎么守时对吗？那如果我们稍微再早一点出门是不是可以更从容一点呢？是的，从你的眼神当中我看得出来，你是一个非常优秀的人，一定会安排好时间，对不对？”

（14）文化激励

说到文化，就会想到企业文化。什么叫企业文化？企业文化就是老板优点和缺点的放大。企业有企业文化，团队有团队文化。企业文化的魂是老板，团队文化的魂是领导。

我们在自我激励的部分已经探讨了如何激发自己的内心能量，接下来要把这种能量固化成文化，利用氛围来影响更多的人。

大脑营行大客户中心的领导，曾写过这样一句话："服务大客户，要严格要求自己，做事追求品质。我是一道光，照亮身边的人，只要我出现，一定能传播正能量，照亮更多的人，让更多的人因我而获得更好的结果。"这句话是他个人的真实写照，经过他日复一日的宣导，随着时间日渐巩固，最后融入大客户中心每个人的血液里。

文化需要持续不断地灌输和弘扬，需要经过时间的沉淀，需要领导者的率先垂范。不然，只会是喊口号，没有意义。

3. 发展账户

下属在物质和情感方面得到满足后还不够，他还需要"未来"。大部分员工都会关心在公司如何长期发展、如何晋升、如何赚更多的钱。

发展激励包含下面三点：

① **给下属做职业生涯规划**。职业生涯规划不能随心所欲，而是通过人才关怀表，通过了解下属的性格、过往的成绩、强项和弱项，按照一定的步骤做出。

② **能力的提升**。主要包括培训和绩效辅导两大部分，通过体系化的绩效辅导来追踪每个员工的不足，给出针对性的建议和培训，让员工获得个性化提升。

③ **职位的晋升**。人往高处走。管理者一定要懂得修梯子，让下属能够向上爬。只有这样，下属才愿意把心长期放在公司，跟公司一起奋斗。而职位的晋升，同样要靠一套完善的体系和制度。

篇幅有限，如果有读者想要了解更多，可以关注大脑营行线下的"系统思维"课程。

三、团队激励四大步骤——目标一致，共创辉煌

企业是通过团队拿到结果，因此必须学会团队激励。能高效地激励一群人，是非常重要的管理能力。团队激励有四大步骤，分别是统一目标、统一语言、完善沟通机制和组织团建活动。

在这里，我们只深入地讲第四个步骤——团建活动。它是前三个步骤的延续和落地，也是最后的实操环节。

一提到团建活动，很多人就想到聚餐、爬山、游戏。其实，这些团建活动起到的作用反而有限。我们可以通过六个步骤来设计一场走心的团建活动：

第一步，观察状态。

看团队的状态是能量饱满还是死气沉沉，确定团建活动的力度。

第二步，搜集信息。

搜集员工的个人信息、家庭情况、入职前后的工作情况、近期目标、成长计划、职业规划等，可以使用前面的工具——“人才关怀表”。

第三步，明确目标。

要明确是在何种情况、何种场景做什么样的活动，计划该触发哪些思考和行动，以便得到什么结果。没有目标，做什么都是云里雾里，起不到什么作用。

第四步，策划细节。

目标有了，还要策划到每一个细节。什么时间、什么地点，谁参加，可选方案有哪些？备选方案是什么？

想得清楚，才能做得明白。细节到位，才能确保不出问题。

第五步，选取时机。

要根据活动目的，对照方案细节，结合公司近期安排，选取最佳时机。

第六步，活动执行。

执行不到位，前面都白费。

按照上面这六个步骤，就能在公司组织起一场场“走心”又靠谱的团建活动。通常来说，公司会涉及三种不同类型的团建活动，分别是思想团建、生活团建和目标团建。

1. 思想团建

在思想团建当中，主要致力于解决两件事：

（1）为何而战？

这一点，很多公司都可以做到。就是向员工讲清楚公司的目标是什么，成功后可以获得什么，失败后将遭遇什么。

（2）这件事与他的关系是什么？

通过前面的学习，我们制定的目标一定是跟员工有关系的。要通过思想团建，把这种关系切实传达给员工，确保员工知道成功后他可以获得什么，失败后他将遭遇什么。

比如为什么员工会去完成公司260万元的业绩目标？因为员工要买车。想达成买车这个目标，就要完成260万元的业绩目标。如果完不成，那车就跟你没关系。

作为管理者，在带领团队打仗的时候，一定要给团队做好思想团建，把为何而战讲清楚，把公司目标与员工的关系讲清楚，才能真正激发团队的斗志。

思想团建必不可少的三大要素：

（1）共创团队符号

团队符号是充满能量的，一般包括队名、口号、标识、土话。

为什么要有口号？因为口号喊久了就会在大脑里种下种子。

像“大脑营行共创辉煌”“携手大脑营行，共创人生辉煌”这样响亮高昂的口号，天天喊，就会渗入员工心中，让员工每天都充满能量。

为什么要有土话？因为它更贴近员工的思维，离员工更近。

“做得认真，玩得疯狂，方为顶天立地大脑人”“随时扮演好自己的角色，不搞公司政治，没有裙带关系”“经常吹牛是一种健康的生活习惯，把吹牛实现是人生中最美好的回忆”，这些话都能带给员工巨大的力量，让员工明白为何而战，感受到结果跟他有关系。

（2）让故事不断传颂

感性表达比理性表达更容易传播和留下印象。所以，一定要把理性的目标转换成为感性的故事，不断地传颂，反复地讲。

当公司说要达成5000万元业绩目标时，这只是一个理性的数字。但当公司说为了客户、为了团队、为了家人，要达成5000万元业绩目标，就融入了感情元素。

再往下扩展，为什么在疫情期间大脑营行还要线上授课？为了团队能有收入，为了合作伙伴能有收入，为了客户能够获得大脑营行给出的正能量，学习到大脑营行给的方法，为了他们能够突破发展瓶颈，让企业活下来，而且活得好。

于是，目标就变成了故事。

接下来就是反复传颂，让员工不要总想着5000万元业绩目标，要去想自己靠收入吃饭养家，客户要学到更多有价值的东西，获得更好的发展。

（3）内外场景应用

不同的场景要有不同的话术，达成不同的目标。

员工要不要吃饭，要不要发工资，要不要为自己而努力，必然是要的，合情合理。但你跟客户说这话，他就会无端生出很多怀疑，认为你动机不纯。员工为客户着想跟员工要吃饭养家矛盾吗？可以不矛盾，一切取决于企业的机制。

所以，在内部培训、会议以及外部营销场景时，员工一定要使用不同的口号，并且都应该是真诚可靠的。内部培训侧重于感召员工，激发员工工作的动力；外部营销侧重于感召客户，激发客户学习的动力。

2. 生活团建

生活团建主要是经营员工的情感账户，让团队玩到一起，创造赢的快乐，让他们愿意拼搏，做出成绩。

主要有三个步骤：

（1）制造释放点，了解彼此

因为了解所以理解，因为理解所以信任，因为信任所以团结，因为团结所以成功。

作为团队中的管理者，要给员工创造机会了解彼此的过去和现在。通过一些游戏，比如生命年轮，可以知道一个员工为什么看起来小气，或者为什么总是很冲动，又或者为什么那么想赚钱。没有人是完美的。只有团结在一起，把自己的优势发挥到极致，用别人的优点来弥补自己的缺点，才能共创辉煌。

（2）创造甜蜜点，感动彼此

团建活动，重点不在于吃喝玩乐，而在于主动制造感动的瞬间。

比如：当有同事生病了，一定要发动大家一起关心他、鼓励他，甚至去看望他。当员工感受到公司里有很多人关心他，被感动后，会生发出很多能量。

不仅如此，所有亲历者都会被感动。无论是公司高层还是基层的普通员工，都可以得到平等的关爱。我们爱他，正如他爱我们。公司爱他，正如公司爱我们。

（3）留下记忆点，持续感动

每一次的感动，都一定要记得留存截图、照片或者视频。这些记忆点被留存下来之后，可以在未来持续地产生感动，产生力量。一个新员工刚加入公司，倘若能看到各种各样有爱的实例，就能很快感受到公司的爱。老员工看着不停增加的记忆点，也会坚定自己的信念，越来越自豪。

说到具体的团建活动，我常说有“五个一次”。能把它们全部高效完成的团队，生活团建就基本到位了。“五个一次”分别是：**一次体育活动、一次娱乐活动、一次集体聚餐、一次深度沟通、一次感人事件。**

3. 目标团建

目标团建是最重要的团建，是确保“创造赢的结果”的必由之路。

※ 案例 ※

（1）战前：引爆信念

在报目标之前，一定要造氛围，充分提升员工的能量。可以看视频，做拓展，看别人怎么报目标，甚至于搞对赌。报目标的时候，一定要有启动仪式，要报得有气势、有信心，甚至有“杀气”，见图5-3。

扫码观看战前动员和报目标视频

图5-3　大脑营行业务团队启动仪式

可以看一下大脑营行的业务管理层是怎么报目标的：

“本次战役，课程目标保底1000单，冲刺1200单，誓死达成，誓死达成，誓死达成！达成奖励苏州一日游，达不成惩罚徒步50000步，加油加油加油，干！”

接下来要树信心。有了目标，还要让大家增强决心和信心，给他们方法。

树信心的两个维度：

① 把取得好成绩的同事，晒出来。别人行，我为什么不行？我不比别人差。别人行，所以我也行。这样，信心就找到了。

② 要把好方法固化成流程和步骤来培训团队。在一场战役当中，如果不知道怎么打，没有流程，没有章法，完全靠运气是不行的。流程和步骤可以传承，可以改良，可以培训。只有这样才能打胜仗，才能为公司培养出更多人才。

（2）战中：稳扎稳打

战役已经打响，在战斗的过程当中，一定要求“稳”，我总结为“五个常在”。

① **勤播报，让信心常在。**把结果呈现出来，让大家感觉到团队和同事都很棒，结果都这么好，我也可以，见图5-4。

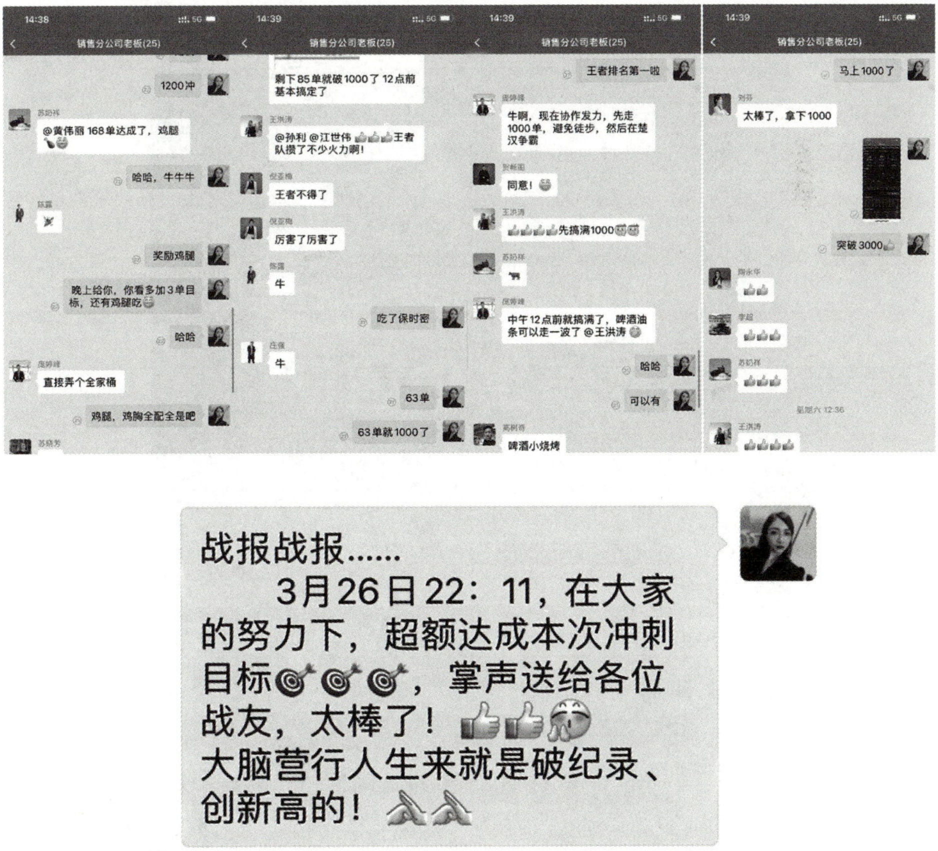

图5-4 大脑营行业务团队群内播报

② **快奖励，让状态常在。**达成结果后一定要快速给出奖励，才能让员工状态常在，持续不断地保持状态，见图5-5、见图5-6。

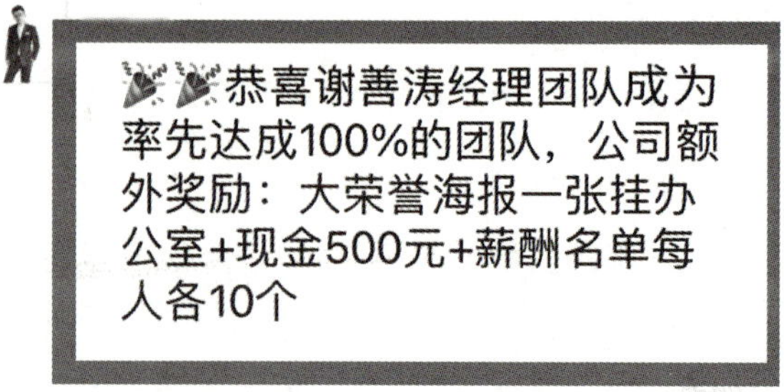

图5–5　大脑营行业务团队群内快速奖励

图5–6　大脑营行业务团队群内快速奖励（荣誉海报）

③ 多关怀，让情感常在。要时刻关怀员工过得好不好、吃得好不好、开心不开心，见图5-7。

扫码观看领导给团队送福利和送温暖视频

图5-7　大脑营行关怀员工零食街

④ **树榜样，让英雄常在。**在公司里，如果发现谁的目标达成得非常好，一定要把榜样树立起来，让别人学。榜样常在，就能持续激励团队。

⑤ **大冲刺，让胜利常在。**要在群里不停地发布胜利的消息，鼓舞他人，见图5-8。

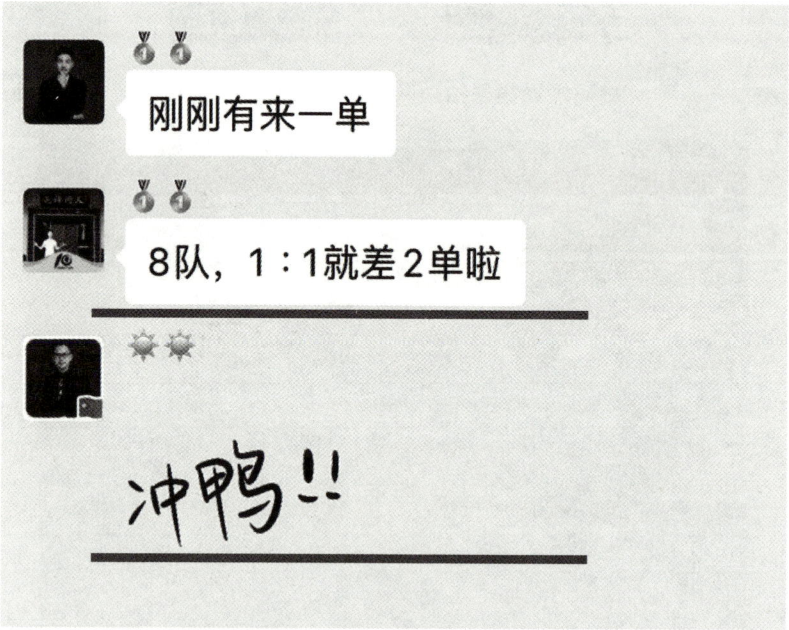

图5-8 大脑营行业务团队群内大冲刺播报

（3）战后：表彰复盘

① **表彰。**表彰要大张旗鼓，让灵魂得以升华，见图5-9。

② **复盘。**总结经验，改进不足，复制成功。在战役结束后，要做复盘，哪些地方做得好，继续做；做得不足的地方，要怎么改进。然后复制成功经验，下次继续使用，见图5-10、见图5-11。

群公告

销售经理苏金华在本次直播中带领团队一起拿下21单的好成绩，为了能够让大家下次取得更好的结果，他利用休息时间整理出了上次邀约、培育的流程和步骤，他用实际行动践行了团队合作及感恩奉献的价值观，我们一起把掌声送给他！[鼓掌][鼓掌]

图5–9　大脑营行业务团队群内表彰

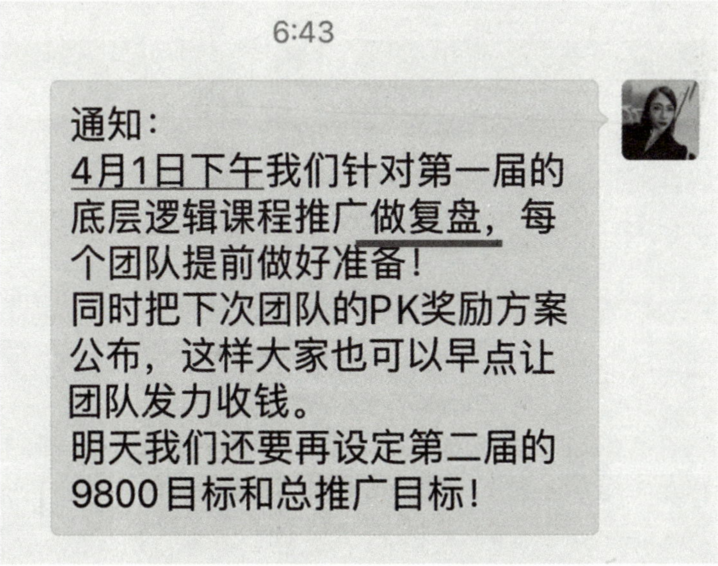
6:43

通知：
4月1日下午我们针对第一届的底层逻辑课程推广做复盘，每个团队提前做好准备！
同时把下次团队的PK奖励方案公布，这样大家也可以早点让团队发力收钱。
明天我们还要再设定第二届的9800目标和总推广目标！

图5–10　大脑营行业务团队群内复盘

图5-11　大脑营行业务团队复盘会议现场

倘若没有达成目标，要在复盘后兑现惩罚。这也是团建活动的重要一环，大家要一起总结失败的原因。倘若达成了目标，那就一起分享成功的经验，一起嗨起来，共享成功的喜悦，见图5-12。

图5-12　大脑营行业务团队团建

扫码观看大脑营行业务团队团建视频

胜则举杯相庆，败则拼死相救，拼搏到无能为力，努力到感动自己。战，我们就一起努力干。大脑营行团队就是用这一套逻辑打造出来的。

接下来任何一场战役，都可以按照这个方式去打。既能带领团队做出成绩，又能将整个过程复制。

管理不到位，老板两行泪。优秀的系统，必须要由优秀的人设计，要由优秀的人确保执行。如果发现公司打仗总是惨败，可以关注一下高管的能力问题，是不是目标设得太缥缈、计划定得不现实、执行一直跑偏、激励措施失效、营造的氛围如散沙等。

如果想把你的团队，尤其是管理团队，培养成一支管理铁军，持续不断地带领下属达成目标，可以带着团队来学习大脑营行的线下课程“管理思维”，完成更系统的学习。

第六章

分配的底层逻辑

分配，不是要你把已经放入口袋里面带有体温的钱拿出来分给大家，而是把正在浪费的钱节省下来，把过去错失的市场利润赚回来，用这些利润增量来做分配。这样不仅可以让员工得到符合自己心理预期的收入，达到经济、心理上的平衡满足，而且又能帮助企业实现更高的发展目标。

第一节 为什么要做分配

Why

很多企业老板一看到“分配”二字就开始为自己的荷包心疼，总感觉自己要掏出更多钱去分给员工。如何改变扭扭捏捏的心态，抛弃“谈钱伤感情”的认知，从此乐于跟员工谈“分配”？

我们要讲的“分配”，不是要你把已经放入口袋里面带有体温的钱拿出来分给大家，**而是把正在浪费的钱节省下来，把过去错失的市场利润赚回来，用这些利润增量来做分配。**

这些钱要么是你原来没节省下来的，要么是原来没赚到的，如果员工能帮你把这些“损失”变成公司新的利润，从中拿出一部分奖励给员工，何乐而不为呢?

接下来我们就从“薪”和“酬”的角度，分别来谈一谈为什么要做分配。

“薪”的维度：员工加入一家公司的众多目的之中，必然有一项是为了钱。

老板有多重视员工的薪酬，员工就会有多重视老板的工作。尊重员工最好的表现，不是天天给员工画饼，也不是每天嘘寒问暖，而是把他的钱分配明白。员工在公司里面不用“求爷爷告奶奶”，只需要遵照规章制度做好自己的事情，就可以按时拿到薪水，这样员工才会有安全感，才会焕发出奋斗的动力。

“酬”的维度：老板照顾好员工的心情，员工才能够做好老板安排的事情。

只把钱分明白是不够的。作为一个老板，既要把钱分好，又要把员工的心情照顾好，甚至还包括对员工家人的关怀。如果员工的心理需求没有被满足，其家人不以他在你的公司工作感到骄傲，他就不会有归属感，更不会有长期奋斗的动力，懈怠偷懒、辞职跳槽的恶果一定会慢慢浮现。

第二节 什么是分配

What

人力成本是公司成本构成中一个非常重要的变量，提升内部管理水平，优化员工激励机制，让企业支付的每一分钱都发挥出应有的效用，是做薪酬分配的根本目的。而分配的本质究竟是什么，分配的边界又在哪里，这是我们做分配方案前必须要洞悉和掌握的。

一、分配的定义与意义

分配，是指员工为企业付出劳动价值、达成任务目标之后，指导企业为员工分配薪水和奖金的一种有规则的激励体系。

很多企业的分配规则由老板一个人说了算，老板依据自己的主观判断，想给谁加工资就给谁加工资，导致老板每天都要应对不同员工不同理由的涨薪申请。由于没有统一、透明的薪酬评定规则，老板处理起来必然有失公平，自己也会焦头烂额。因此，公司一定要建立一套有规则的、有激励作用的薪酬分配体系，让员工薪酬调整有规可依、有章可循，老板只要拥有修改规则的权利即可。

在上一节内容中我们提到，员工加入公司的目的之一是挣钱，除此之外，员工的其他需求同样也值得重视。通过对“薪、酬”二字的拆分解读，我们来看看员工的需求都有哪些？

薪：底薪、提成、奖金　　　　　　酬：物质、情感、发展

人都有七情六欲，单纯靠金钱驱动，除了撑大对方的“胃口”外，对企业的长久健康发展有害无利。只有全方位满足员工经济、物质、情感等方面的需求，同时教育和引导员工追求更高层次的需求，如自我实现、家族命运、社会责任、家国情怀等，组织和个人才能长久陪伴、协同成长。

二、做好分配的前提条件

看到这里，相信你很想把钱分好，把员工的情感照顾好，恨不得马上着手开始制定自己企业的薪酬分配激励机制。先别忙，想要做好分配是有前提条件的，如果前一步工作没做到位，后面就会越做越错，见图6-1。

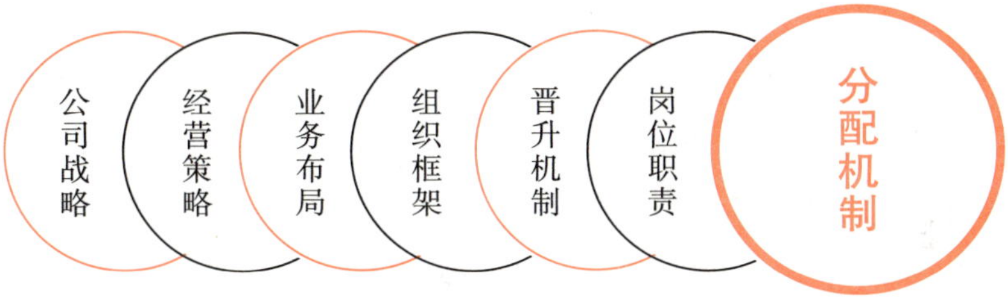

图6-1　企业管理板块之间的关系

① 在制定薪酬分配激励机制之前，要先梳理好全部的岗位职责，如果一个岗位的工作任务和目标不清晰，就难以确定这个岗位员工的薪酬和绩效考核标准。

② 在确定岗位职责之前，还要先制定晋升机制，明确不同级别岗位的升降任命标准。

③ 在制定晋升机制之前，要编制好企业的组织框架，明确各项工作的分工。

④ 而组织框架设定的依据，是源于企业的业务布局，不同的业务布局会

衍生出不同的组织框架结构。

⑤ 业务布局源自经营策略，即企业根据自身的资源和能力特点，为了生存发展所制定的商业战术。

⑥ 经营策略又源自公司战略，战略告诉我们企业要做什么、不做什么。

这样一整套体系，便形成了企业运营管理的底层逻辑。前面的基础打得越牢，系统做得越完善，薪酬分配激励机制才会越科学有效。经济形势好的时候，很多企业即使没有健全的系统也能赚到钱，强劲的市场行情掩盖了企业的缺陷。经济一旦进入下行时期，能活下去继续发展的企业，都有一套强大的底层系统做支撑。

三、设计分配机制的标准

企业在设计分配机制时，必须把“是否有激励性”作为评判分配机制优劣的首要标准。如果没有激励性，员工感受不到机制给他带来的好处，就不可能为实现目标而努力工作，长此以往，激励方案一定会变成一张废纸。

那么，如何才能让薪酬分配机制具备激励性？

1. 薪、酬兼顾

什么叫薪、酬兼顾？前面提到，薪是指与钱直接相关的底薪、提成和奖金，酬是指与钱不直接相关的物资、情感和发展，**两者必须兼顾，才能形成长期有效的激励作用**。

如果你公司的“薪”达到100分，而“酬”是0分，员工缺乏归属感，没有主人翁精神，就很难留在公司长久发展。如果你公司的“酬”是100分，情感上照顾得很好，但“薪”却是0分，你再怎么“画大饼”也无济于事，员工生存都没有保障，何谈远大的理想和愿景呢？

※ **案例** ※

大脑营行刚起步时，业务模式没有构建好，薪酬水平也没有竞争力，有一位员工提出辞职，他跟我讲了一段话，在我心里留下了深深的烙印，至今都记忆犹新。

他说："我非常喜欢在大脑营行工作的感觉，我也很喜欢苏老师，也很喜欢你，也很喜欢我们的同事。但是我在公司里面没有赚到钱，我想到外面奋斗三五年，如果我赚到钱了，有经济条件了，我再回到公司跟大家一起奋斗，好不好？超哥，感谢你……"

这件事让我几天几夜都没有睡好觉，员工讲的是肺腑之言，但在我听来是对公司管理者的莫大侮辱。于是自那一天开始，公司管理层想尽一切办法，遇山开路、遇水架桥，把薪酬机制规划好，这样才能让员工跟着公司稳定长久地发展。如果我们没有定好薪酬分配机制，就没有资格跟员工谈忠诚、谈爱心、谈感恩。

2. 让员工能算明白

有很多公司的薪酬分配机制设计得极其复杂，财务人员算一周才能把员工的工资算明白，似乎认为越是有效的、科学的、周全的方案，越应该烦琐难懂。各位试想，一种连财务人员都算不明白的分配机制，员工自己会算得明白吗？如果员工自己也算不明白，不确定自己奋斗之后会收获什么回报，他还会有坚定的斗志吗？

所以，一定要把薪酬分配机制设计得足够简单，而简单的标准就是"让员工自己能算明白"。

员工下班之后，不是坐在家里唉声叹气，也不是出去乱逛，而是在家里拿着计算器，计算公司薪酬改革之后，他每年、每月能赚多少钱，第二天精神抖擞地来到公司继续奋斗。如此这般，才是成功的薪酬分配机制理应达到的激励效果。

第三节 如何做分配

How to do

什么样的薪酬分配体系？能够满足不同层次员工的发展需求，同时兼顾激励导向的灵活性与统一性，帮助企业打出一套激励员工的组合拳。

- **短期薪酬：2-5-7分配法**

点燃团队伙伴短期冲刺的爆发力。

- **中期薪酬：5-3-2分红法**

激励团队死死咬住目标努力一整年。

- **长期薪酬：入股与退出**

让团队陪伴公司长久发展并长期奋斗。

- **关怀薪酬：4金关怀法**

让员工与其家人对企业充满归属感。

一、短期薪酬：用2-5-7分配法点燃团队伙伴短期冲刺的爆发力

短期薪酬由底薪、提成和奖金三大板块构成。每一个板块又由不同的分支组成，如2类底薪、5类提成和7类奖金，因此我喜欢把它统称为“2-5-7分配法”。下面我结合表6-1分别为大家介绍它们的原理与用法。

1. 底薪

底薪由两部分组成：保底底薪、责任底薪。

所谓**保底底薪**，就是无论员工是否做出价值结果，只要他按时按点在公司上班，公司就要发给他的钱。

所谓**责任底薪**，以业务人员为例，员工要达成相应的销售业绩指标，公司才能够按业绩达成比例发放。

表6-1　某销售员底薪构成及计算方式

底薪构成	保底底薪 1500元	责任底薪 1500元	月销售业绩指标 10000元
若本月销售业绩为5000元	实发底薪（2250元）= 保底底薪（1500元）+责任底薪（1500元×50%）		
若本月销售业绩为10000元	实发底薪（3000元）= 保底底薪（1500元）+责任底薪（1500元×100%）		
若本月销售业绩为20000元	实发底薪（3000元）= 保底底薪（1500元）+责任底薪（1500元×100%）		

从表6-1中大家应该会注意到，当该销售员当月翻倍完成了销售业绩指标时，责任底薪却没有相应翻倍增长。

这里要特别提示大家，**责任底薪是有上限封顶的，员工业绩再出色，最多也只能拿到全部责任底薪**。大家不用为此担心员工的积极性受挫，因为员工还可以从业务提成中获得相应的奖励。如果责任底薪不设上限，就会出现“责任底薪+提成”重复奖励的现象，这样与我们设置责任底薪的初衷是不符的。

那么责任底薪在底薪中占比多少最合适呢？

为了计算方便，我把这名销售员的保底底薪和责任底薪比例设为1∶1，但是在实际应用中没有绝对正确的比例，还是要结合公司自身的发展阶段和业务特点综合制定。

下面给大家一个参考区间。

文职岗位（行政、财务、后勤等）：责任底薪占比5%～10%；

业务岗位：责任底薪占比10%～20%。

在公司某些特定发展阶段，或者业务开发难度比较低，将业务员责任底薪的占比设为50%以上也是合理的。

2. 提成

（1）提成的5种类型

提成分为**签约提成、收款提成、消费提成、毛利提成、净利润提成**5种类型。

① 签约提成。

定义：公司跟客户签订合约之后，在客户付款之前，发给员工的提成。

签约提成适合回款周期较长的行业（如工程建筑行业），它有一个很重要的作用，就是保障业务员的短期收入。

② 收款提成。

定义：公司收到客户的预付款后，发给员工的提成。

这里要特别提醒大家，**不要将公司所有产品线都采用收款提成的方式。**因为客户还没有消费，这部分款项还没有成为公司的可分配利润，一旦遇到行业波动、产品质量失控、政策调整等危机，便会引发大批量客户申请退款。而此时这笔钱的一部分已经发给员工了，即便员工没有离职，也很难从员工手中收回，企业只能承担全部的风险和损失。

很多公司把全部业务都采用收款提成的方式，员工的薪酬水平在行业中很有竞争力，但公司运作的安全性存在巨大隐患。现金流断裂导致公司倒闭的现象屡见不鲜，其根本原因往往就在于此，看似有竞争力，实则是“短命鬼”。

大脑营行的收款提成是要等到客户全部消费完才会发的，因为我们坚持奉行长期主义，追求稳定可持续发展，时刻保持着充足、健康的现金流。这就是经历了三年疫情的考验和洗礼，大批同行业企业纷纷关门倒闭，而大脑营行依然屹立不倒、健康运行的主要原因。

③ 消费提成。

定义：客户消费完之后，公司给员工发的提成。

这种提成分配方式可以大幅降低公司的运营风险，但员工的动力也会相对减弱。后面我会给大家介绍消费提成和收款提成组合拳的打法，来化解这两种提成方式带来的弊端。

④ 毛利提成。

定义：除掉常规成本之后，再给员工发提成的一种方式。

毛利提成适合一些需要员工管控成本的业态，以及产品线复杂、成本较高的企业。把毛利的概念引入员工的视野，员工就会主动控制成本。

⑤ 净利润提成。

定义：扣除一切成本之后，再给员工发提成的一种方式。

主要适合高管。越是公司的高层管理者，我们越应该要求他严格管控公司的运营成本。通过净利润提成的机制，可以让高管与老板形成利益共同体，达成“老板少，他也少；老板多，他也多”的合作共识。

（2）提成的应用案例

接下来，我用两个真实的企业案例让大家感受一下，通过提成机制的变革，企业会发生怎样天翻地覆的变化。

※ 案例：湖南某餐饮公司（餐饮行业）※

成就员工与客户，是经营企业的核心。

湖南某餐饮公司的创始人来大脑营行学习之后，秉承“对内用机制成就员工，对外用产品成就客户”的发展理念，在公司内实施了一系列组织架构的调整和薪酬分配机制的优化，一改扁平化管理和固定工资模式，引入责任底薪和提成机制等激励手段，使公司业绩实现了从900万元到3500万元的翻倍增长，顾客回头率更是高达90%，现在已经成为当地知名的餐饮企业。

扁平化的管理架构和固定工资制度，一方面让老板身心疲惫，另一方面压制了员工的积极性和创造性，这两者是企业发展的天花板，一旦被压制，老板一个人再怎样努力和付出都无济于事。于是，我们为这家企业做了优化。

那我们是怎么优化的呢？见表6-2、见图6-2。

表6-2　湖南某餐饮公司前厅部门优化前的情况

组织架构	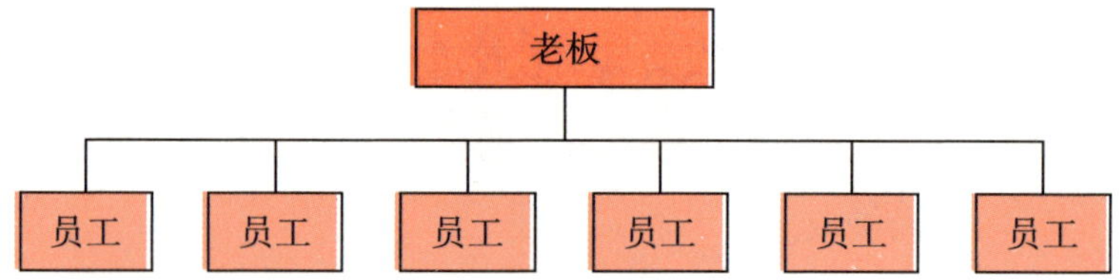
岗位职责	无部门设置 服务人员无分工，只区分工作区域（包厢/大厅/外场） 工作位置不固定，每月轮换一次
薪酬机制	固定工资（服务员￥2400元，厨师￥6000元）

从前厅组织架构的优化方案中，我们能看到从服务员一路晋升到经理的通道，各层级、各岗位的职责必然也有了清晰的界定。

薪酬方面，服务员虽然还是2400元的保底底薪，但新增了200元的全勤奖和责任底薪，还有针对不同岗位的服务提成，形成了上不封顶的薪酬分配体系。还设置了加班工资双倍、包中巴车接送员工上下班的措施，让这些来自农村的打工人员也享受到了城市白领的待遇，切实做到了“薪”与“酬”

的兼顾。从此，餐厅服务员工作更加积极，休息日都会主动回来加班，100%服从公司的轮岗安排。

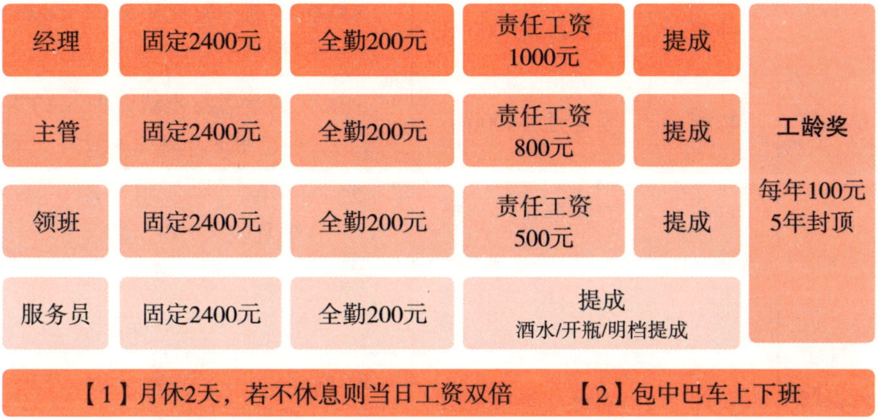

图6-2 湖南某餐饮公司前厅部门优化后的情况

该餐饮公司有三个菜系，后厨对应设立了三个部门，即炒菜部门、湖鲜部门、海鲜部门。每个部门有三个岗位，即师傅、切配、打荷。从表6-3中我们可以看到，员工的薪酬由原来的固定工资模式，改为一部分固薪加一部分营业额提成，上不封顶。

员工原来认为客户只是老板的衣食父母，客户的满意度跟自己无关，切菜、配菜、炒菜按部就班来做就好。分配方式改变后，员工和老板变成了利益共同体，员工们动力高涨，出菜更快，品质更高，厨师还经常到包间向客人寻求菜品的优化建议，如果客人找不到代驾，员工们还积极主动为客户提供免费代驾的服务。

优化后的薪酬分配方案简单明了，员工很容易计算出他一个月可以赚到多少钱。随着客户满意度的提高，餐厅营业额翻倍增长，员工每月的实际收入也水涨船高，企业和个人都从薪酬分配机制优化中获得了益处。

表6-3 餐饮公司后厨薪酬方案前后对比

部门	员工	原薪酬模式	现薪酬模式
炒菜部门	师傅	固定月薪6000元	5000元固薪＋营业额×4%×80% 现月收入9000元以上
	切配	固定月薪4000元	3500元固薪＋营业额×4%×12% 现月收入6000元以上
	打荷	固定月薪2500元	2200元固薪＋营业额×4%×8% 现月收入4000元以上
湖鲜部门	师傅	固定月薪7000元	5500元固薪＋营业额×4%×80% 现月收入12000元以上
	切配	固定月薪4000元	3500元固薪＋营业额×4%×12% 现月收入6000元以上
	打荷	固定月薪2500元	2200元固薪＋营业额×4%×8% 现月收入4000元以上
海鲜部门	师傅	固定月薪10000元	8000元固薪＋营业额×4%×80% 现月收入14000元以上
	切配	固定月薪5000元	4000元固薪＋营业额×4%×12% 现月收入7000元以上
	打荷	固定月薪3000元	2500元固薪＋营业额×4%×8% 现月收入5000元以上

在原有运营模式的基础上，该餐饮公司还开创出一套与第三方服务商合作的机制，让餐厅的坪效产出进一步提升，见图6-3。

图6-3 湖南某餐饮公司运营模式升级示意图

由于该餐厅的面积比较大，一直有很多空间闲置，通过与第三方合作，整合了一些特色产品进入到餐厅里，如烧烤、豆浆、豆皮、河豚、木桶鸡等。餐厅为合作方提供水电、场地和食宿，扣除成本之后，餐厅与合作方对半分成。通过这种合作模式，不仅让餐厅用很低的成本丰富了自己的服务内容，也为企业和员工带来了更多的收益。

※ 案例：广西某商贸公司（快消品行业）※

突破业绩瓶颈，实现2倍增长。

广西某商贸公司的主营业务是做蒙牛牛奶的代理销售，十几年来每年业绩平均增长20%左右，处于该行业平均增速水平。

公司创始人在大脑营行思维商学院学习了两年时间，其间对公司薪酬分配机制不断进行改进，实现了年度业绩增长速度从20%到200%的飞跃，创造了同行业奇迹。由此，该商贸公司在蒙牛8000多个经销商中脱颖而出，蒙牛集团还为他颁发了“杰出贡献奖”，并直接奖励了一辆宝马X5。

薪酬分配机制改革前，该商贸公司采用的是底薪加签约提成模式。员工把蒙牛牛奶批发给商超客户，客户过一段时间之后再给他们结款，只要把货发到了商家的仓库，该商贸公司就给员工发提成。商品库存从该商贸公司的仓库转移到了商家仓库之后，不仅商家结账速度非常慢，还要经常处理一些烂摊子，甚至该商贸公司还要承担“发两次提成”的风险，这又是怎么回事？

例如：某超市收货后，业务员拿到了相应的提成，之后这名业务员离职了，但这家超市的货款还没有收回来，于是只能让另外一名业务员负责跟进这家超市的收款工作。因为还要协助超市做很多服务工作，所以新接手的业务员理应也要拿到一部分提成收益，如果不给，员工肯定有抵触情绪，直接造成公司客户的流失。由此，便出现了一笔业务要发两次提成的现象。快消品行业的利润空间本来就比较微薄，发两次提成无疑让公司背上了沉重的经营负担。

通过图6-4可以发现，该商贸公司的薪酬分配机制改革最核心的要点就是**将签约提成改为利润提成，以及按照卖场类型设计了不同的提成比例**。这样优化的好处是，不仅一举解决了发放两次提成的困扰，还平衡了不同区域之间业务员的收入，公司做人员调动时，员工配合度更高。

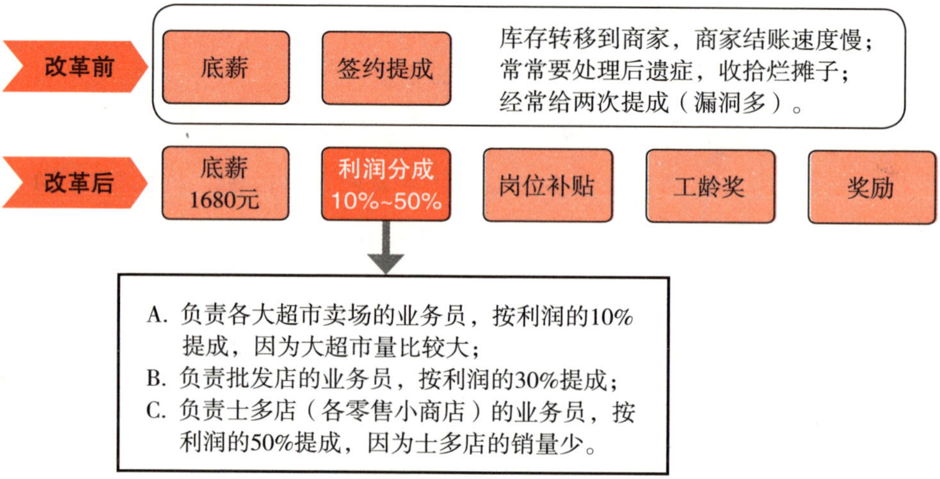

图6-4　广西某商贸公司薪酬分配机制改革前后对比

当我采访该商贸公司的创始人时，他欣喜地跟我讲述了员工前后的变化，告诉我：**员工的主观能动性被彻底点燃了。**

原来采用签约提成模式的时候，员工经常跟他抱怨：“老板，竞争对手又搞买6送1的活动了，我们如果不搞点活动，肯定是卖不掉的。”员工这样讲的目的，是为了卖更多货，卖出去的货越多，超市进货越多，员工才能拿到更多的提成。因为是签约提成模式，员工根本不在乎公司的营销成本，做促销所造成的成本负担只能由老板一个人来承担。此时，老板能做的要么是“大出血”，要么就是“不吱声”。

薪酬分配机制改革之后，面对同样的问题，员工的态度发生了反转：“老板，竞争对手今天又开始搞买赠活动了，我真是服了他们了，他们到底要不要赚钱啊。”老板此时心里非常有底，他知道员工是不愿意去做买赠促销活动的，因为员工拿的是利润提成。老板就跟员工开玩笑说：“没有关系啊，他们搞买6送1，咱们就搞买2赠1，跟他拼到底，好不好？”员工说：“那不行！你不用担心，我跟你保证，我们根本不需要搞活动，也能把对方给干趴下。”于是，员工们就在一起讨论创新的营销打法，最终的市场效果好到出乎了老板的预料。

该商贸公司的员工们创新了两个营销策略。

第一个策略，将一个区域的几百家卖场建成一个微信群，卖场促销员每卖出一箱蒙牛牛奶，就奖励他一元钱专属红包，上不封顶，并且第一时间发到群里面。这种促销措施，将好处直接给到了一线销售人员，激发了他们的动力，几乎等于抄了竞争对手的后路。

第二个策略，业务员时常带着土鸡蛋、自家种的蔬果等来到店里送给促销员，拉近与促销员的关系。

这两个策略从金钱和情感角度双管齐下，最直接的效果就是让促销员直接把蒙牛牛奶摆在了货架最显眼的位置，而把竞争对手的产品放在了最后面。顾客买牛奶的时候，促销员肯定会说“买牛奶，必须选蒙牛”。

除了上面的薪酬分配机制改革内容，该商贸公司还自己优化出一套有更强激励性的薪酬考评机制，**即增加式分配机制**，机制中规定：

完成拟定利润指标，利润超出部分30%奖励给员工；

未完成拟定利润指标，只能拿原利润提成的90%。

举例说明：

负责某超市的业务员，利润分配比例是10%，本月利润指标为10万元。

① 完成了12万元利润。

应得利润分成＝10万元×10%＋（12万元－10万元）×30%＝1.6万元

② 完成了9万元利润。

应得利润分成＝9万元×10%×90%＝8100元

这个机制是员工自主可选的，如果员工想获得更多的回报，就可以跟公司签订这份对赌协议，若对完成指标没有信心，还可以选择拿固定10%的利润提成。在该商贸公司的实际应用中，绝大多数员工都选择了这份回报率更高的分配方案。

该商贸公司通过一整套分配方案的综合优化，激励业务员更加主动地开展客户服务和业务推动工作，客户付款更及时，公司应收账款大幅减少，现金流转速度快速增加，进而实现了公司年度业绩增长200%的行业奇迹。

（3）提成设计中的四大误区

误区一：未达标不发提成。

很多老板在设计提成机制的时候，都喜欢画一条提成标准线，即业绩低于多少就不发提成，这种操作合理吗？

我的结论是，不达标就零提成的做法只会给公司带来更多损失。例如公司给员工设了1万元的提成达标线，临近月底时员工仅完成了8000元业绩，如果员工自我评估后感觉本月难以完成1万元业绩，那么他在剩余的几天时间内就会躺平、摆烂，不可能尽最大努力往1万元达标线去冲刺，甚至会让部分客户暂时不要付款，等到下个月再付。如果员工阶段性处于这种怠工状态，则遗患无穷。

所以我建议大家，哪怕去调整员工的底薪，**但只要有一分钱业绩，就要让员工拿到相应的提成，让员工时刻保持跟公司成为利益共同体。**

误区二：大锅饭提成。

什么叫大锅饭提成？例如一家卖服装的门店，一共有5名员工，大家的销售业绩汇总在一起计算提成，之后5个人平均分配。**大锅饭提成，看似会保持团队一团和气，实则会导致优秀的人变得平庸，平庸的人变得懒散，懒**

散的人更容易无事生非。

试想当一名优秀的业务员正在店里使劲卖货，回头却看见有的员工在偷玩手机，有的去卫生间一个小时都没回来，但最终他们的收入一样多，这样下去谁也不会愿意多付出。优化的方法，应该采用业务员轮排接待顾客的方式，是谁的业绩，则谁拿提成。

误区三：阶梯式提成。

阶梯式提成，即10万元业绩提成10%，20万元业绩提成20%，以此类推，到40%封顶。这样的薪酬分配方案看似很好，激励员工不断突破，做出更多的业绩，但实则隐患巨大。

原因一，员工可能这个月出不了那么多业绩，为了达到更高的提成档，他就会压着订单下个月再出，这中间很有可能出现客户跑单的现象。

原因二，一名员工只有10万元业绩，为了能拿到40%的提成，会跟公司钩心斗角，伙同其他员工拼单后再私下分配，弄得团队氛围乌烟瘴气。

所以，我不建议做阶梯式提成，**不管做多少业绩，提成比例应该都是一样的。**但为了激励员工向更高的目标努力，公司可以设定个人销售冠军、团队销售冠军等奖项，让员工光明正大地去争取更高的收入。

误区四：按级别逐级提高提成

在一家公司里面，一个销售部门通常由不同级别的员工组成，如业务员、高级业务员、经理、总监，一直到业务总经理。不同级别员工的提成标准应该怎样制定？

很多公司采用按级别逐级提高提成比例的方式，如业务员10%、经理13%、销售副总15%。人性是趋利的，这样发提成就会导致业务员把业务单挂到上面去，跟部门领导团结起来一起骗公司的提成。

所以我经常讲一句话：**没有人品好坏的问题，只有机制好坏的问题。机制好，坏人变好人；机制差，好人变坏人。**

那不同级别员工的提成究竟应该怎么做？下面以大脑营行销售部的薪酬方案为例，见表6–4。

表6–4 大脑营行销售部薪酬结构

级别	保底底薪/元	责任底薪/元	个人提成	管理提成	业绩要求	福利
实习业务员	1800	0	10%		专业知识、粉丝数据、日沟通量等	孝顺金 养老金 PK冠军奖金 股权激励 分红入股
业务员	1000	1000	10%		1万元/月	
高级业务员	1000	1200	10%		2万元/月	
储备经理	1000	1400	10%		4万元/月（个人业绩）	
经理	1000	1600	10%	5%	15万元/月（团队业绩）	
代理总监	1000	1800	10%	3.2%	22万元/月	
总监	1000	2000	—	3.3%		
业务副总	1000	2200	—	2%		

管理层该不该拿管理提成？

管理层除了享有更高的底薪之外，该不该拿个人的业绩提成，又该不该拿团队业绩的管理提成？关于这个问题，众说纷纭。我的看法是，根据管理者的职级和职责不同，因岗而异制定标准，但核心原则是不变的：**你鼓励他做什么，他才会做什么！**

从表6–4中大家可以看到，经理级别以上的管理层开始享有管理提成。管理者的核心职责是带好团队，让每一名团队成员都能为公司创造价值，管理者必须投入时间和精力，解决下属能力培养、资源获取、经验积累、素质提升等问题，而这部分工作的考核，便更多体现在团队整体的业绩上。

如果你提拔一名销售精英当经理，每月保底底薪加责任底薪一共只给他2600元，再没有其他收入，我相信是没有人愿意干的。即便这名员工迫于压力担任了经理职务，也会同以往一样，一门心思自己做业务。如果一名管理者只顾自己做业务，放任下属团队不管，那绝对不是公司提拔他的初衷，与其这样，不如仍然让他做一名基层销售员来得实在。

但管理层也不能完全脱离实际业务环境，尤其是中层管理者，必须通过亲身的业务实践，搜集市场信息、观察市场动向、检验营销策略；而高层管理者，由于管理人数和范围的扩大，应该将工作重心放在管理事务和大客户沟通等方面，反而不应该在零碎的业务上浪费精力。

管理提成的比例该如何设定？

我强烈建议大家，**管理岗位的管理提成比例区间，一定要给到业务员提成比例的20%～50%。**如表6-4中业务员个人提成比例为10%，那么管理提成比例区间应为10%的20%～50%，即2%～5%。

假设业务员的提成比例是10%，而部门领导的管理提成只有1%，会发生什么结果？部门领导会想，与其帮助部门内10个人每人出一单，不如我自己出一单来得更简单，不值得在那些销售菜鸟身上浪费时间。长久如此，公司销售人才永远只有他一个，何谈业绩翻倍增长？

3. 奖金

（1）七大奖金类型

第一类奖金：工龄奖

设计工龄奖机制时，一是要注意设好封顶上限，二是销售人员不设工龄奖。

工龄奖最适用于技术型岗位，这类员工积累的技术经验是公司宝贵的无形资产。但销售岗位必须用业绩说话，即便在公司干了20年，但不能创造业绩，给这样的员工发工龄奖没有任何意义。

第二类奖金：全勤奖

为什么公司里总有员工经常请假，不能全勤？就是因为全勤奖给得不到位。常规的全勤奖是全勤者每人奖励固定的金额，但我更推荐大家去设置一个有激励性质的全勤奖。

比如你的公司总共有30人，每个人的全勤奖预算是200元，总计6000元。将这6000元作为一个奖金池，后续的迟到罚款也可以不断注入进来。等到年底发全勤奖的时候，可以采用平分或砸金蛋、抽红包的方式，让全勤者收获远超200元的全勤奖励。

第三类奖金：PK奖

如每天PK、每周PK、每月PK、每季度PK、每年PK、多年PK等。在后面的案例中，我会跟大家详细介绍PK奖的用法。

第四类奖金：伯乐奖

鼓励老员工为公司招贤引才，一经录用，推荐人将得到伯乐奖的奖励。

第五类奖金：学习奖

在公司里面表现优秀的员工，可以奖励他外出学习的机会。

第六类奖金：超额业绩分红奖

超额业绩分红奖属于增加式分配机制，不用改变你公司原有的薪酬方案，可以直接叠加，会帮助你公司的业绩快速增长。

第七类奖金：减少成本分红奖

减少成本分红奖属于减少式分配机制，用于解决公司居高不下的成本问题。省下来的成本就是利润，若通过员工个人的努力以及精细化管控降低了公司成本（如水电费、原材料费等），理应从这部分新增利润中抽出一定比例奖励给相应的员工。

（2）奖金的应用案例

※ 案例：广东某母婴连锁（批发零售行业）※

连锁门店逆势突围，新员工也能迅速爆单。

这一案例主要体现了超额业绩分红奖和PK奖的应用，希望大家能够活学活用，早日创造出适合你企业的奖金激励制度。

超额业绩分红奖

分配规则：核算前半年每月平均业绩，当月营业额超出部分的5%，按照个人业绩加权平均分配给个人业绩指标完成者。

例如前6个月的平均业绩算下来是100万元，本月业绩做到了130万元，那么多出来的这30万元的5%，也就是1.5万元就是奖金总数。每个业务员都有自己的业绩指标，达成指标者按照他的业绩进行加权平均瓜分奖金。

这个增加式分配机制，不仅让每月的业绩达标线根据前半年的经营情况实现了动态浮动，同时又兼顾了个人和团队业绩的考核，促使员工想尽一切办法把个人业绩和团队业绩同时做上去，这样才有资格去分钱，以及分到更多的钱。

花样PK奖励

7天战役PK奖：以7天为一个周期，多频次开展销售PK活动，每销售出一件商品就有小额红包奖励，让员工持续保持工作热情。

半月PK奖：例如半个月内若完成奶粉销售2000罐，则每罐有10元奖金，共计2万元作为奖金池，其中一半是团队奖，一半是个人奖。团队奖和个人奖均按5：3：2比例进行分配，即第一名得50%，第二名得30%，第三名得20%。

月度PK奖：例如活动月内，销售员每销售70罐奶粉，就奖励城市周边旅游名额一个，销售140罐就奖励2个，可不断累计，上不封顶。

增加式分配机制，是将你本来赚不到的钱拿出来一部分奖励给员工，所以公司不会有任何压力。每周、每月的销售竞赛，如果能坚持开展一整年，全年业绩必定有显著的增长。大家可以根据自己产品的利润空间、销售周期，去设计符合你公司的企业文化并能够让员工兴奋的激励方案。

※ 案例：上海某餐饮公司（餐饮行业）※

快速打造一支有超强战斗力的狼性团队。

为了增强员工主动为企业节约成本的意识，上海某餐饮公司运用减少式分配机制，特别出台了减少成本分红奖，见表6–5。

表6–5　上海某餐饮公司减少成本分红奖实施标准

减少式分配机制	海鲜部：冰块费用	布草房：洗涤费用
实施标准	5000元/月，省下的对半分	营业额的0.22%，省下的对半分
实施结果	员工动脑筋节约 最多每月省下1560元	积极性高，互相监督，主动节约

上海某餐饮公司是一家主营海鲜菜品的企业，海鲜部的冰块费用一直居高不下，其中很重要的原因是员工不注意保温节能，打开冰柜取完东西就走了，经常忘了关冰柜门，导致冰块消耗很快。有时候老板看到了提醒一下，员工就多注意一些，但过一阵儿员工又犯起了老毛病。为了解决这个问题，经过精细测算和设计，该餐饮公司出台了表6–5中这项减少成本分红奖。

该餐饮公司过去一年每月平均的冰块费用是5000元，每月布草房洗涤费用占当月营业额的0.22%，于是他们将这两项数据作为分红标准线，每月节省下来的钱，公司与相关部门员工平分。奖励政策实施后，员工的节约意识显著增强，其中冰块费用单月最高缩减幅度达30%。

由此可见，通过对症的分配激励机制，可以为公司和员工创造更多收益。

※ 案例：洛阳某制造企业（制造业）※

妙用薪酬机制，年营收从3亿元飙升至15亿元。

很多企业一旦谈到薪酬改革，员工们往往持抵触态度，能拖就拖。但在洛阳某制造企业，却出现了员工主动找老板申请薪酬改革的现象，我们一起来看看这家企业是怎样一步步通过榜样效应，最终让全公司的员工尝到了薪酬改革的甜头。

洛阳某制造企业的薪酬改革是分步骤的，最先改革的是生产部门，接下来改革司机部门，然后改革销售部门，最后改革的是行政部门，见图6–5。

图6–5 洛阳某制造企业薪酬改革四部曲

首先我们来看生产部门的改革措施。

改革前，生产部门的工资是底薪2600元＋浮动底薪＋加班工资。

很多在白天应该能干完的工作，员工故意拖延到晚上再干，因为有15元/小时的加班费可以拿。因为加班到很晚，所以员工很容易在回家路上发生交通事故，又导致公司员工的工伤隐患不断。公司给了加班费，没换来应有的产量增长，却背负了更多的风险隐患，要怪只能怪原有的机制不给力。

薪酬机制改革后，加班工资变成了产量工资，员工开始主动想办法用最少的时间生产最多的产品，磨洋工的现象荡然无存。最终，员工加班时间减少了，产量却有了大幅提高，员工每月收入平均增加1500元，公司也省下了57万余元的加班费，彻底实现了企业和员工的双赢，见图6–6。

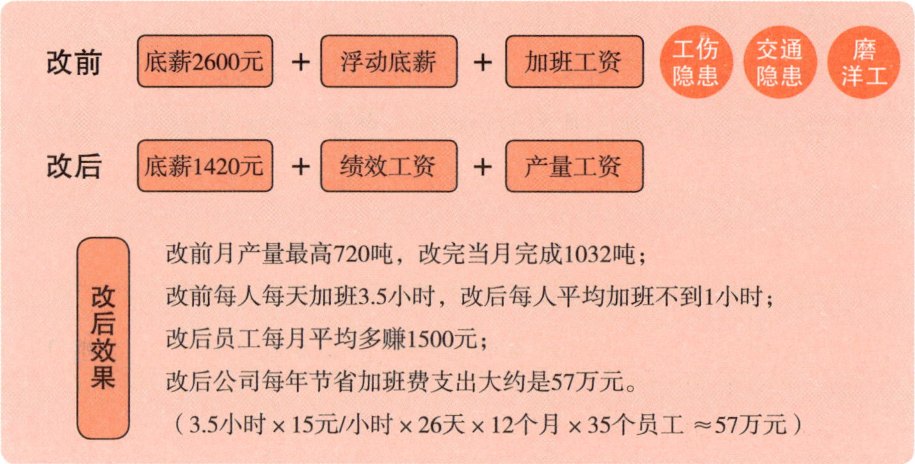

图6–6　生产部门薪酬改革详情

接下来我们来看司机部门的薪酬改革。

司机的薪酬原来是固定工资4000元，没有提成，也没有加班费。司机送货之后经常不及时回厂，甚至出现过司机欺骗公司偷卖汽油的情况。

薪酬机制改革后，司机工资变成“底薪＋公里工资＋节油奖励”的结构。例如送货1公里1元钱，即公里工资；按照每公里油耗标准，节省下来的一部分汽油费又变成了司机的节油奖励。这样就导致司机跑的路程越多、越省油，个人收入就越高。

改革前一旦遇到业务繁忙送货不及时的情况，司机部门通常会提出增加车辆和人员的建议。改革后，由于工作效率提升，再没有发生送货不及时的现象，司机部门不仅会主动协助客户卸货，甚至还提出了缩减车队车辆的建议。

改革后第一个月，司机部门的员工就赚到6000多元的工资，员工热情彻底被引爆（见图6-7），从此其他部门开始对薪酬改革翘首以盼。

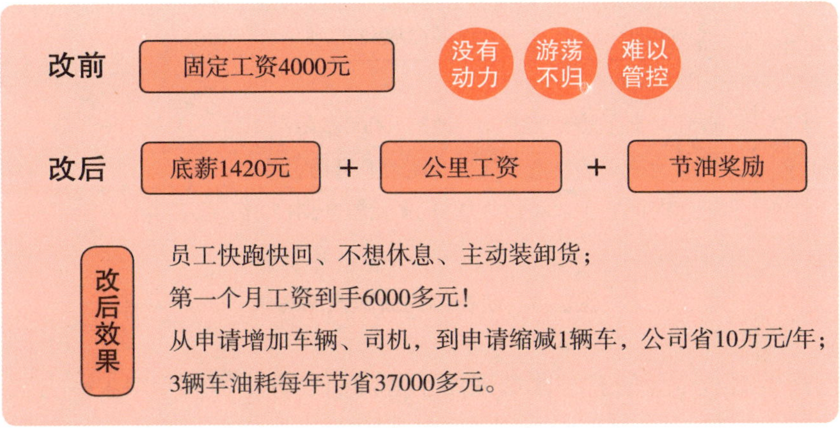

图6-7　司机部门薪酬改革详情

然后是销售部门的薪酬改革。

销售部门的薪酬改革是部门主动申请的，改革的核心是由原来“高底薪、低提成”，优化为“低底薪、高提成”模式。

改革前的薪酬机制，基本让销售员处于旱涝保收的状态，遇到寒暑天、雨雪天，业务员根本懒得出去跑业务。新的薪酬分配机制既给了销售员压力，又给了销售员是动力。

三年时间，随着销售员收入的翻倍提高，公司年营收也从3亿多元飙升到15.8亿元（见图6-8）。恰如该制造企业总经理说过的一句话：企业多发钱，才会更赚钱！

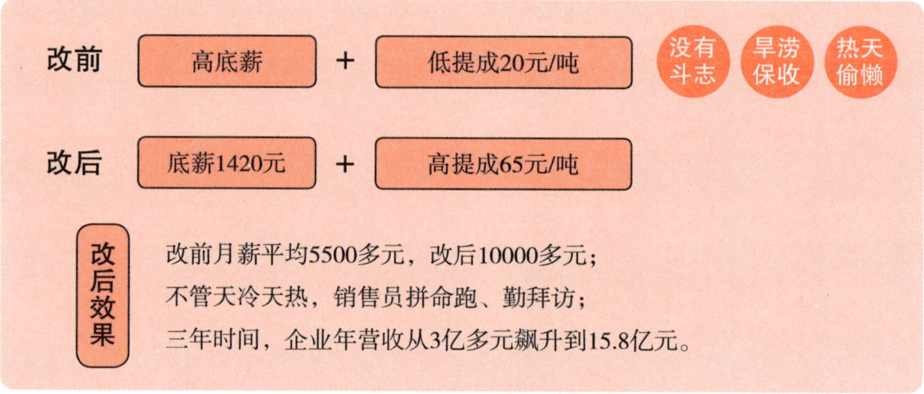

图6–8　销售部门薪酬改革详情

洛阳某制造企业的薪酬改革采用了分部门、分步骤的策略，一方面是因为薪酬机制的改革需要精细测算，每一个部门都是先试运行，达到效果后再正式实施，全面铺开风险太大；另一方面是需要借用一个部门的改革成功树立榜样，使后续其他部门的改革推进工作变得更加轻松。

洛阳某制造企业最终实现了全公司薪酬机制的改革，形成了销售多接单、生产快交货、货运快送货、行政强保障的正向循环，“环环协作，货如轮转”。

二、中期薪酬：用5-3-2分红法激励团队死死咬住目标努力一整年

中期薪酬，主要指年终奖或年终分红。

年终时刻，是企业论功行赏的时间，无论是奖金还是分红，看似发下去的是钱，实际上还包含了企业价值观的传递。若只凭领导一个人拍脑袋做决定，或者人人皆有，甚至全员平均分配，不仅起不到激励作用，严重的还会造成员工价值观的混乱。

“5-3-2分红法”是大脑营行自己使用并改进了12年的一套年终奖励方法，对各行业企业都有一定的借鉴价值。但在解读它之前，非常有必要先纠正两个最典型、最常见的错误认知。

1. 年终奖发放常见错误

（1）私下红包

有一部分公司发年终奖喜欢采用私下发红包的形式。员工被轮流叫到办公室感恩戴德地从领导手中接过现金红包，公司美其名曰是保护员工的薪酬隐私，但在我看来这叫“家丑不可外扬”，要么证明公司制度不健全，要么说明上级领导有私心。

可以肯定地说，私下发红包是大忌，最核心的原因是奖金金额没有公认透明的标准。没拿到红包的人肯定心里不舒服，拿到的人也没有安全感，不知道明年还发不发，还是不是这个数额。

更何况每个人的奖金数额是很难保密的，一旦员工之间互通了信息，发现你多他少，必然会引起矛盾，甚至流传出领导偏心、某某人是马屁精、某某人与领导关系不正常等流言蜚语，严重的会直接造成优秀员工的流失。因此，私下发红包绝不可行。

（2）固定13薪

固定13薪中的第13个月薪水虽然在年底发放，但从严格意义上来讲它并不属于年终奖的范畴，充其量算作是一项员工福利，或者是一种变相增加员工收入的手段而已。

固定13薪制度最大的缺陷就是让员工有了“大锅饭思维”，员工不需要为多出来的第13个月薪水做更多努力，只要到了年底即可不多不少地领到这笔钱，起不到任何激励作用。固定13薪的唯一用处，就是在一段时间内增加员工的稳定性，但如果根本矛盾没有解决，发完第13个月薪水之后一定会迎来员工离职的高潮。因此，我非常不建议大家选用固定13薪的分配模式。

如果你的公司已经这样发了很多年，取消了又怕影响员工的情绪，怎么办？下面的“5-3-2分红法”一定会帮到你，它既可以让员工感觉公平公正，又可以保证公司奖励的每一分钱都能够转化为激励员工不懈奋斗的动力之源。

2.“5-3-2分红法”介绍

“5-3-2分红法”如果用一句话解释，即年终考评合格的员工获得总奖金的50%，考评良好的员工获得30%，考评优秀的员工获得20%。下面我用业务类部门和行政类部门两个年终分红方案案例，为大家细细解读。

（1）业务类部门年终分红方案案例

在“5-3-2”分红法的初级应用中，有两项关键的数值，即分红总额和考评标准，需要企业依据自身情况确定。确定之后，尽可能在年初时就颁布出年终分红方案，让相关部门员工皆知，甚至可以为员工进行逐条解读，必须让员工对这一年公司的总体目标和个人业绩的考评方式有清晰的了解，见表6-6。

表6-6　业务类部门年终分红制度

部门年终分红总额	本年度净利润的20%
个人年度业绩指标	【合格】完成业绩80万元以上 【良好】完成业绩200万元以上 【优秀】完成业绩360万元以上
年终分红奖励标准	【合格】平分总奖金的50% 【良好】平分总奖金的30% 【优秀】平分总奖金的20%

※ 案例 ※

假设，本年度公司净利润500万元，则业务部门的分红总额应为100万元（500万元×20%）。业务部门员工共有30人，经过统计核算后得知：

【不合格】完成业绩80万元以下的有2人；

【合格】完成业绩80～200万元的有20人；

【良好】完成业绩200～360万元的有6人；

【优秀】完成业绩360万元以上的有2人。

那么，不同业绩的员工究竟分别会拿到多少年终分红奖呢？见表6-7。

表6-7 不同考核级别的总奖金统计

考核级别	奖金占比（100万元）	金额
合格级总奖金	50%	50万元
良好级总奖金	30%	30万元
优秀级总奖金	20%	20万元

根据个人业绩考核结果，我们会发现有2名员工业绩考核不合格，所以很遗憾不能拿到年终奖。那么问题来了，合格级员工的总奖金有50万元，究竟有多少人有资格参与平分呢？

答案是28人，应该包括良好级和优秀级的员工，而绝不仅仅是那20个被评为合格级的员工，计算下来每人应分得17857.14元。

因为分红方案是提前几个月就制定好的，很难预测年底员工业绩会是什么情况，所以必须规避合格级员工人数少导致分得的奖金反而比良好级员工多的情况。

以此类推，良好级员工的奖金自然应该由6位良好级员工和2位优秀级员工共同平分，每人分得37500元。优秀级奖金只剩2人参与平分，每人应分得

10万元。最后，我们来看看各级员工最终能拿到多少钱，见表6-8。

表6-8 年终分红奖个人所得情况

员工级别	个人所得
一名合格级员工	17857元
一名良好级员工	17857元+37500元=55357元
一名优秀级员工	17857元+37500元+100000元=155357元

（2）行政类部门年终分红方案案例

公司业务的开拓，单靠业务部门的努力是不够的，很多时候还需要法务、财务、后勤等行政支持部门的协同配合。对于行政类部门，该如何进行年终奖的分配呢？见表6-9。

表6-9 行政类部门年终分红制度

部门年终分红总额	本年度净利润的2%
年终分红奖励标准	【专员级】平分总奖金的50% 【经理级】平分总奖金的30% 【总监级】平分总奖金的20%

※ 案例 ※

假设，本年度公司净利润500万元，行政部门员工共10人，其中专员级7人，经理级2人，总监级1人。那么，他们分别能拿多少奖金？

答：行政部门的分红总额应为500万元×2%=10万元。

具体分配方式为：

专员级每人应分得7142.85元（100000×50%÷7）；

经理级每人应分得15000元（100000×30%÷2）；

总监级每人应分得20000元（100000×20%÷1）。

行政类部门与业务类部门年终分红最大的区别，就是各级行政员工只参与自己级别奖金池的分配，不向下兼顾。即经理级员工不会参与专员级奖金的分配，只均分自己的30%份额就好了。

因为行政类部门员工数量是相对稳定的，职级也是明确的，只需要按照各层级人数比例，设定好相应的奖金占比即可。案例中5：3：2的分配比例，以及利润2%的奖金占比，仅仅是供大家参考的中位线，企业在具体应用时应根据实际情况进行测算和调整，只要保持行政类部门各级员工的奖金梯度即可。

（3）某生产制造企业年终分红整体方案展示

※ 案例 ※

这是一家大脑营行学员的企业，专门做门窗生产加工，通过图6-9我们来看一下这家公司各部门的年终分红机制。

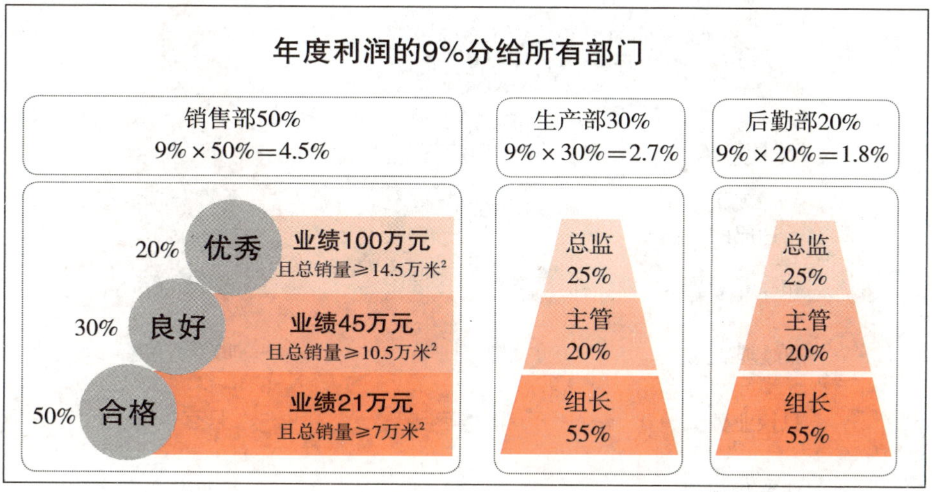

图6-9　某生产制造企业年终分红方案

这家公司计划拿出年利润的9%分给所有员工，这个比例大家要根据自己公司产品的利润空间去设定，千万不要为了出风头而拿出了过多的利润去分配。现金是一家公司有限而宝贵的资源，还有后续研发、产能扩张、应急处置等很多方面需要进行投入，必须预留出足够的备用资金才能保障企业的平稳运行。

销售部、生产部、后勤部，以及销售部内部员工，都按照5：3：2的比例进行分配，生产部和后勤部依据各职级的人数结构，分配比例有所调整。

（4）“5-3-2分红法”应用升级路径

通过对上面几个案例的解读，大家应该掌握了“5-3-2分红法”最基础的逻辑和用法。但随着公司的发展，组织结构愈发复杂，业务体量愈发庞大，公司的分配机制也应该与时俱进，同步升级，才能匹配公司当下的发展要求。

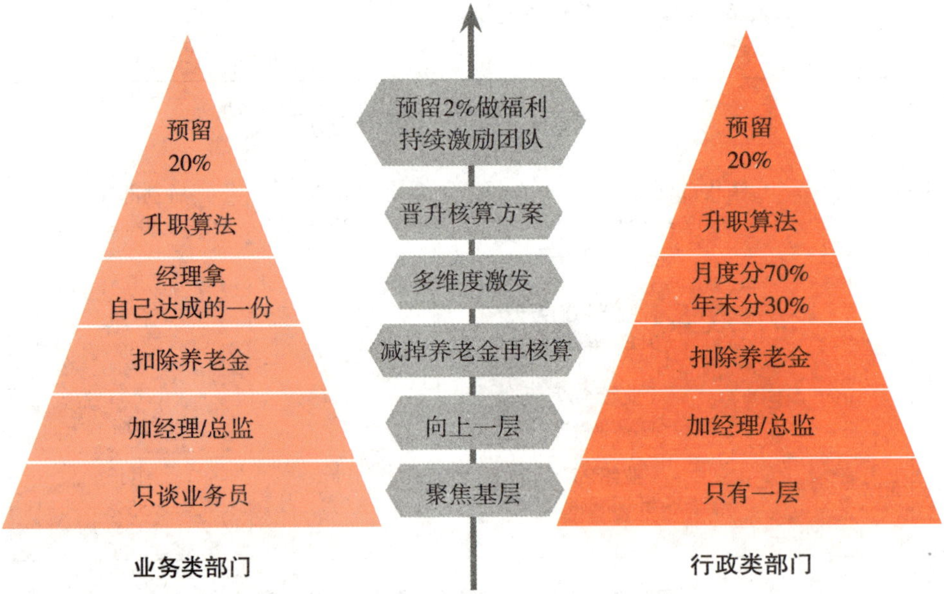

图6-10 “5-3-2分红法”应用升级路径

前面我们只讲到了“5-3-2分红法”最下面两层的基础应用方式，沿着图6-10中展示的升级路径，“5-3-2分红法”还可以有更多的应用空间，发挥更大的激励效能。受篇幅所限，无法为大家一一详解，如果朋友们想继续了解这方面的内容，可以关注大脑营行“系统思维”的线上或线下课程。

三、长期薪酬：用股权激励让团队持续留在公司并长期奋斗

长期薪酬，通常是指公司为了鼓励员工而制定的一年以上的激励计划。 短期、中期、长期薪酬以不同的时间跨度叠加发挥组合拳作用，不仅可以覆盖一家企业完整的生命周期，满足不同层次员工的发展需求，还可以兼顾激励导向的灵活性和统一性，见图6-11。

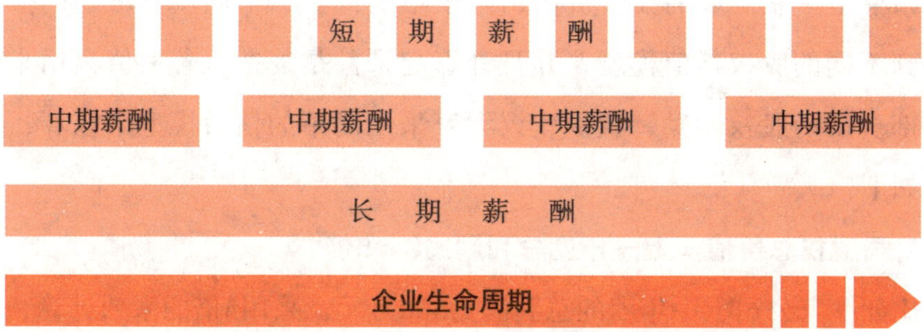

图6-11　短期、中期、长期薪酬的叠加应用

下面，我们一起来了解一下长期薪酬的操作方法。

1. 长期薪酬之股权激励

长期薪酬之所以能发挥长期（一年以上）的激励效果，核心是源于股权激励的长效作用。股权激励主要是通过有附加条件地给予员工部分股东权

益，使其具有主人翁意识，从而与企业形成利益共同体，促进企业与员工共同成长，帮助企业实现稳定发展的长期目标。

与短期和中期薪酬不同的是，**长期薪酬的分配对象只限于公司的核心层和A类人才**。这类骨干型员工往往具有行业稀缺性，是公司难以短时间培养或替代的。知识经济时代，人才是企业最宝贵的资产，这些人一旦流失或被同行挖角，给公司造成的直接和间接损失不可估量。

（1）股权估值与入股

在股权激励分配之前，先要对公司的股权进行估值。

因为分配给员工的股权，是需要员工花真金白银去购买的，如果是免费赠送，员工不但不会珍惜，反而还会对公司的未来失去信心。每一份股权的价格，需要通过估值模型计算得出，这样才会得到员工的认可，并在未来的股权升值计算中有据可依，老板绝不能自己胡乱报价。

如果是一家专业的投资机构，对于不同行业、不同业务形态的公司，会用到不同的股权估值模型，并且计算起来甚是复杂。若估值只用来做公司内部员工的股权激励，我更建议大家采用简单的估值模型来核算，计算方式如下：

公司股权总价值＝上一年度总利润的3～5倍

比如一家公司上一年度的总利润为500万元，采用5倍的系数计算，则股权总价值为2500万元。接下来，你可以定为1元1股，共2500万股，或者1万元1股，共2500股，只要方便计算、便于员工购买就好。如果定为每股1元，某员工得到1万股的认购权，则该员工需要向公司支付现金1万元（1万股×1元/股）来获得股份。

能够获得股权认购资格的员工应该符合什么标准，又该匹配给他多少股份？这些问题没有标准答案，但在后面的案例中大家可以去借鉴别人的做法，再结合自身的实际情况做相应的调整。

（2）股权退出的三种方式

① 长期签约。

长期签约，可以理解为是一种让股权持有者不能轻易退出的方案。

员工入股时，需要签订“股东进入与退出协议”，大家从网上可以搜索到很多这样的协议模板。但这份协议的专业性和严谨性非常高，绝不是从别处拿来就能套用的，除非你对股权分配有非常详尽的了解，还有专业的法务人员为你把关，否则我更推荐大家采用后面介绍的两种退出方式。

② 三年不可退。

为了便于大家理解，我还是用一个案例来为大家解读何为“三年不可退”。

※ 案例 ※

这个案例来自大脑营行“思维商学堂”的学员，他经营的是一家汽车服务部门店。在来大脑营行学习之前，他的门店曾经出现过店员集体离职的闹剧，一气之下，他想把花了几百万元装修的门店作价几十万元卖掉，结果一直也没等来买主，那段时间真是备受煎熬。

2019年在大脑营行“思维商学堂”学习之后，他把股权激励制度引入到门店，实施之后不仅员工流失率为零，员工的主人翁意识也大幅提高，经常会像老板一样操心门店的发展。

下面，我们就来看看他的股权激励方案是如何设定的，见表6-10。

表6-10　某汽车服务部2019年股权激励方案

入股条件	1. 个人业绩前三名 2. 忠诚度高，入职三年以上 3. 能独当一面（技术/管理） 4. 上过大脑营行“商业思维”课程
股权估值	2018年利润100万元 × 3＝300万元
每股价格	共100股，3万元/股
退出规则	1. 满3年退本金，分红不用还 2. 中途离职1元转让股份

这份股权激励方案很容易理解，具体内容我就不一一赘述了，下面我重点解释一下退出规则中的条款含义。

退出规则第一条：满3年退本金，分红不用还。

员工入股满3年后可以申请退出，退出时公司退还员工当初购买股份的钱，员工持股这段时间所获得的股权分红，仍归员工所有。员工退股后，不再享受股权分红的权益。

退出规则第二条：中途离职1元转让股份。

员工入股不满3年时若申请退出，包括员工主动离职，公司有权以1元的价格回购该员工持有的全部股份。言外之意，如果员工干不满3年就辞职，手上的股份就作废了，基本等于3年内不可退出。

通过这样的股权激励方式，该汽车服务部牢牢绑定了员工至少3年的时间，让员工安心随着公司一起蓬勃发展。先入股的员工通过股权分红赚到了更多的钱，标杆效应顿时突显，越来越多的员工开始申请入股，也代表着越来越多的人开始为企业的发展操心。当员工们有了这样的敬业状态，企业何愁不能发展？

③ 三年可退。

接下来，再给大家展示一个员工股权3年可退的案例。

※ 案例 ※

深圳某儿童教育公司的创始人跟随大脑营行学习了5年，这期间他的团队人数增加了10倍，园所增加了7所，公司业绩增长了30倍。这些辉煌的业绩，都归功于他推行的股权激励机制，见表6-11。

表6-11 深圳某儿童教育公司的股权激励机制

进入机制	1. 园长级每人配额2%，主管级每人配额1% 2. 一次性全款或先付50%，余款可做12个月按揭
股权估值	单园上一年度利润的4倍
分红与续签	每三年一签，每年按时分红，按原标准续签
退出机制	1. 满三年退出，退本金，分红不用还 2. 未满三年退出，扣掉已发分红后退还余下本金

从表6-11中我们可以看到，园长级员工每人可以获得总股份2%的认购量，主管级每人可以认购1%。如果遇到暂时拿不出股权认购款的员工，可以先交一半，剩下一半可以在一年内分期支付，这一点很人性化。

这份方案特别规定了续签的规则，即“按原标准续签”，该怎样理解呢？

※ 案例 ※

一家企业2018年股权估值价格经计算为1000元/股，共1万股。某主管级员工首次被赋予股权激励，于是他在当年按1%的份额购买了100股，总计花费10万元。三年后，随着公司利润的增长，2021年公司股权估值价格涨为1500元/股，这名员工依然担任主管，此时该员工可以再次提出购买公司1%的股权，而购买的单价依然按照2018年他第一次入股时的1000元/股计算。

这份方案的“未满三年退出”机制，和上一个案例又有不同。

若入股未满三年退出，扣掉已发分红后退还余下本金。例如该员工入股时缴纳了10万元，持股期间一共收到了8万元的股权分红款，若他在入股未满三年时申请退出，则公司只退还给他2万元（入股本金10万元减去股权分红8万元）。假如这名员工收到的股权分红是12万元，超过了他入股时缴纳的本金，那么公司就无须退款。

这项规定，本质上是保障了入股员工的本金安全，让员工参与股权激励只赚不赔，没有后顾之忧。

四、关怀薪酬：传递企业温情，给予员工情感陪护

经营企业，当然要以盈利为目的，但价值无一不是由人创造的，管理者除了要关注业务，更要关注人。企业绝不能或缺人文关怀的氛围，要关注员工的情绪，关注员工的成长，关注员工的家庭，这不仅体现了企业以人为本的理念，而且能达到金钱驱动所达不到的激励效果。

这个板块给大家介绍的**关怀薪酬，关注的是员工情感的陪护，传递的是企业温情，营造的是家庭一般的工作环境。**围绕员工的成长、健康、家人、未来这四大立足点，我们将关怀薪酬对应衍生出学习金、体检金、孝顺金、养老金四大激励工具。

1. 学习金

我们都听到过这样一句名言：**把钱花在自己的大脑上，是最安全的理财。**我想给它补上后半句话：**把钱花在员工的大脑上，是回报率最高的投资。**

激励机制，大多都是解决员工工作动力不足的问题。但即便员工有了十足的动力，所能创造出的价值也是有上限的，这个上限包括员工的思维格

局、知识储备、眼界认知等。如果能够让员工通过学习培训提升自己的能力和潜力上限，再辅以各种激励力量的推动，就一定能够在未来为企业创造更大的价值回报。

但不可否认的是，学习是有成本的，尤其是想要获得更高质量的培训、更快速的转变、更多的实战经验，代价必然不菲。如何让企业的负担降到最低，员工成长的速度最快，甚至实现企业不需要花钱就能送员工出去深造？学习金机制就是一套完整的方法，可分解为六大步骤。

步骤一：标准公布

学习金的激励对象应该满足怎样的标准，是你首先要明确的。比如什么级别以上、完成多少业绩以上、工龄几年以上等，可以结合公司情况综合多种指标去考评。

步骤二：达标申请

为自认为符合激励标准的员工提供一个申请表，由员工自行主动提出学习金的奖励。

步骤三：课程选择

不同员工有学习不同学科的需求，不同教育机构也有不同课程的设置。企业应该为员工准备好可选的课程清单及内容介绍，供员工选择。

以大脑营行为例，我们开设了“服务思维”“团队思维”“管理思维”“股权思维”“演说思维”等多个领域的课程，适合老板带领各部门中高层管理者学习。

步骤四：奖励兑现

公司为员工缴纳学费及学习期间员工吃住行的费用。

例如，某员工选择了大脑营行的某一门课程，学费5000元，再加上学习期间员工的交通费和生活费2200元，共计7200元，由公司先行支付。

步骤五：学费退回

员工与公司约定未来一定期限内的个人业绩目标，同时员工在期限内以每月分期偿还的形式，将公司已支付的所有学习成本退还给公司（可在工资中扣除）。

例如，公司为某员工总计支付了7200元学习费用，并与该员工约定了两年完成300万元业绩的目标，则员工每月应向公司退还300元（7200元 ÷ 24个月）。

步骤六：到期大奖

约定期限到期后，员工已将自己的学习费用分期还清；如果员工此时达成了之前承诺的个人业绩目标，则公司把该员工的全部学习费用（即案例中的7200元）以奖金的形式奖励给员工。

2. 体检金

身体是革命的本钱，如果员工的身体健康出现严重问题，不仅会让公司被动减员，还会给员工的家庭带来巨大的精神和经济压力。从员工关怀的角度来说，关注员工健康的必要性显而易见。

在企业有限的能力范围内，为全体员工提供免费的体检福利，是最可行也是最有必要的。大脑营行每年都组织员工体检，只要员工入职一年以上即可享受，没有任何其他方面的考核。如果你的企业盈利状态比较好，你可以选择一些检查项目更多、价格更高的体检套餐奖励给一部分优秀员工，或者将体检福利的发放范围扩大到员工的子女、配偶、父母等，但无论如何不能改变体检是全员福利的基本原则。

3. 孝顺金

每一名能够全身心投入工作并取得一定成绩的员工背后，除了员工个人能力、觉悟、品质等因素之外，绝对离不开员工家人尤其是父母的默默支持和付出。同时，员工之所以会选择背井离乡出来工作，最根本的追求就是改善自己和家人的生活水平，让子女能接受更好的教育，让父母能更好地安度晚年。

如果我们能够将父母对子女的殷殷期盼和员工个人的根本追求有机融合，变成对员工的有力监督和精神鞭策，其激励效用将是任何管理手段都无法比拟的。

※ 案例 ※

大脑营行内部实行的孝顺金机制，即根据员工个人业绩，每月为员工的父母发放一笔奖金，让父母共享员工努力工作的成果和荣耀。如员工每月达成了一定的业绩指标后，公司与员工分别拿出100元（或更多），由公司统一打到员工父母的银行账户上，或者在全体员工家人微信群里以红包的形式发放。虽然200元钱不算多，但足以让员工家人感受到来自子女单位的关心和问候，更能借助家人的力量对员工形成更强有力的监督。如果某个月没有收到这笔孝顺金，员工父母便知道员工这个月的业绩未达标，一定会比部门领导还上心地“教育”这名偷懒的员工。

4. 养老金

养老金机制与上面的孝顺金有异曲同工之妙，区别在于养老金是每年发放一次，从员工的年终奖中拿出一部分单独发给他的父母，并且还会附带一张“优秀员工父母”荣誉证书，以及一封感谢信，让父母感受到来自公司的敬意与感恩之心，同时让员工成为家族的骄傲。

※ 案例 ※

一位大脑营行员工的年终分红是2万元，其中6000元作为养老金发给员工的父母，其余14000元发到员工手中。企业的实际支出没有增加，却建立了公司和员工家人的情感链接，让员工为家族带去荣耀，进而加强了员工在公司的归属感，可谓一举多得。

由此可见，做员工激励并不意味着企业要付出更大的代价和成本，只要管理者能本着尊重员工、关爱员工、成就员工的理念，就一定可以因企而异，创新出更多有效的分配激励机制。

第七章

绩效的底层逻辑

绩效，终极目标是“上下同欲”。我们不要只是去考核员工，越考核员工越不爱干。要通过一套系统化的流程，让员工跟企业同心，利益一致，目标一致，这才是绩效的底层逻辑。那么，其中的窍门和关键在什么地方？

第一节 为什么要做绩效

Why

绩效明明价值连城，但很多企业却觉得绩效是个没什么深度也不好用的小工具，而走入了误区。

为什么要做绩效，为什么绩效是值1个亿的工具？

很多企业仅仅把绩效当成考核工具。在我看来，这是把价值1个亿的工具用出了1角钱的价值，是非常大的误区。

一、绩效考核只是绩效管理的其中一环

绩效考核往往是通过一套制度来评定员工的工作结果，仅仅理解到这一层，也就值1角钱。倘若公司通过绩效给员工发了更合理的薪酬，那也只是个普通选手。管理者应该把绩效的“效”用出更大的效果。

员工的绩效分数高还是不高，看似很重要，但对长期发展意义并不大。分数只代表无法改变的过去，重要的是敦促管理者去跟进员工的执行过程。**如果没有在过程中跟进、辅导、干预，只评定工作是否合格，绩效就成了一场对员工的秋后算账。**

如果管理者只是扣了该扣的钱，执行了该下达的处罚，没有跟进辅

导，那么，员工该如何变得优秀，如何更好地达成绩效指标，从而提高绩效分数，拿到更多的收入呢？他的奔头在哪里，动力在哪里？没有员工的主动配合，绩效就不再是公司往前迈进的阶梯，而是横在公司和员工中间的一道墙。

所以，千万不能把绩效简单地理解为绩效考核。那绩效到底可以带来什么好处，为什么说它值1个亿呢？

二、绩效管理为什么值1个亿

绩效管理就像马达，开启之后可以影响到企业的方方面面，至少有以下五个方面的好处：

（1）把公司战略目标分解成个人目标，确保目标一致

绩效是用来达成战略目标的，不是拿来玩花哨的。从公司目标到部门目标、到团队目标再到个人目标，通过对公司战略目标逐级分解和有效考核，确保大家心往一处想、劲往一处使，上下同欲，形成真正意义上的合力。

（2）通过对关键指标的提炼与考核，帮员工找到达成目标的着力点

员工的目标达不成，为什么？受了哪些维度和因素的影响？找到关键节点，朝着正确的方向去努力，员工才能够快速提升能力并做出成绩，从而更好地达成目标。

（3）合理计算薪酬，奖优罚劣，提高员工的主观能动性

多劳必多得，混日子的会被清理门户，员工自然会动起来。但绩效考核能不能真正做到有功必赏、有过则罚呢？或者说，怎样才能做到呢？后面我会讲到。

（4）及时优化流程，加强辅导干预，提升员工能力

把流程优化好，关注点对了，执行方向对了，加上管理者的跟进、辅导和干预，一定能够促进员工达成目标，员工的能力也会因此得到提升，进而提升团队的整体实力。很多企业的员工，工作多年还是无法提升能力，不是因为缺少培训，而是因为缺少跟进和辅导。

（5）盘点人才，发现人才，做好人才储备

通过长期系统化的绩效管理，可以知道公司的接班人是哪些员工。谁是第一梯队，也就是现在可以接班的；谁是第二梯队，1～2年可以接班的；谁是第三梯队，3～5年可以接班的。

接下来，公司就可以对他们实施关键性的培养，结合个人意愿，有针对性地培育，让公司人才辈出，取之不尽，用之不竭。

第二节 什么是绩效

What

绩效绩效，绩是什么，效又是什么呢？你真的理解绩效吗？

用最简单易懂的语言来解释，绩效就是：团队或个人在一定周期内的投入，最终产出的成绩与效果。举个例子，我投入时间和心力后，写完了这本书，那这本书就是我在写书周期内的绩效。

一、如何理解绩效

为了更好地理解和用好绩效，可以把绩效拆分：

绩：就是业绩、成绩。

注意一定要区分公司和员工两个层面。**公司的绩是公司的业绩和利润，员工的绩是员工的业绩和收入。**我把“绩”理解为目标里的数字。比如公司一年的销售额是1000万元，1000万元就是公司的绩；又比如员工一个月领了3000元奖金，那3000元就是员工的绩。

效：就是效率、效果。

达成目标是一次性的结果，不足以让公司持续不断地成功，也不能让绩效成为持续达成目标的落地抓手。因此，必须要考虑“效”的问题。

“效”，要看管理者和员工的能力提升了多少，业务流程优化得怎么样，上下级是否同欲，是否有一致的思想、行为和态度。

二、如何理解绩效管理

绩效管理主要包含目标设定、绩效制定、辅导干预、奖优罚劣四个维度，**通过一整套切实可行的流程**，把公司目标、员工薪酬、能力提升、业务流程优化和所有人的未来，成功捆绑在了一起。

绩效管理的终极目标是上下同欲。当团队的目标一致，考核指标一致，跟进过程是有沟通的，拿到结果时是同甘共苦的，公司上下同欲了，才能更好地完成目标。大脑营行“商业思维”课程里面有这样一句话：“我们做企业，带团队，拿结果，不依赖于能人，不依赖于神人，而依赖于强大的业务流程。”

流程是能够复制的，灵感和想法是无法复制的。所以，当我们往企业中导入绩效，不要只去评个三六九等，而是要导入一整套绩效管理体系，要跟进过程、优化流程，通过辅导和干预帮助员工达成目标、提升能力，让团队上下凝聚，最终持续推动公司达成目标。

第三节 如何做好绩效管理

How to do

绩效管理是通过一整套流程来实现的，并通过辅助工具落地执行。

一、系统理解

一套系统化流程，离不开系统化的理解。做好绩效管理，首先要对它有全面的认识，走出误区。前面我们已经讲了不少，现在总结一下，绩效管理主要有四个作用，分别是**合理计算薪酬，促进目标达成，提升员工能力，达到上下同欲**。

在这四个作用中，合理计算薪酬是最浅的实践应用，促进目标达成是近在眼前的胜利果实，提升员工能力是惠及未来的长期收益，而**达到上下同欲是核心和关键**。如果不能上下同欲，那么，我们计算出的薪酬真的合理吗？想要的目标能达成吗？培育出的员工是自己想要的吗？能留得住员工吗？

所以一定要注意，上下同欲是做好绩效管理的重中之重。那么，绩效到底是怎么来的？我们要为此做哪些准备？

二、充分准备

为什么导入不了好的绩效管理？很多时候，是因为我们连准备都没有做好。土壤没有铺好，地面还是一堆水泥，怎么能种出庄稼？绩效管理往下一落是绩效方案，而**绩效方案是由公司的关键指标得来的**。所以，只有找到关键指标，才能知道要准备什么。

那关键指标有哪些呢？主要是**两个指标：业绩指标、行为指标。**

1. 业绩指标

业绩指标是从业务目标而来的。从公司的目标开始一路推导，拆解成部门目标、团队目标、个人目标，分别找出影响目标达成的关键因素，从而获得业绩的关键指标。

2. 行为指标

行为指标是从公司的价值观而来的。公司做到一定规模后，行为指标非常重要，但很多公司连最基本的价值观都没有，或者说很少考虑。这时可以先关注业绩指标，等公司达到一定规模后，导入价值观和企业文化，再拆解行为指标。

现在，我们知道绩效到底是怎么来的了。于是，衍生出了六个准备，见图7-1。

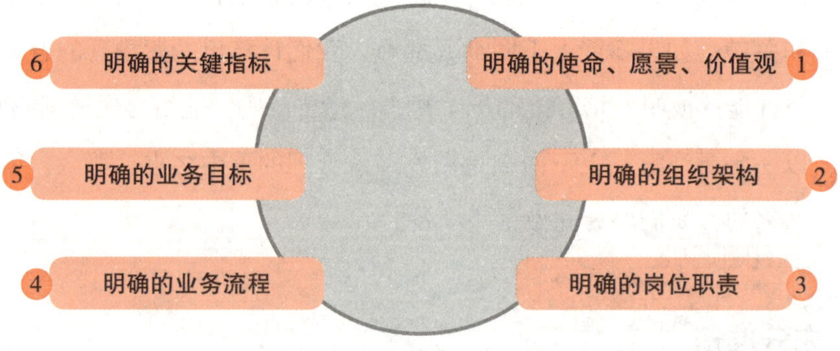

图7-1　导入绩效的六个准备

有的读者一看，可能会问："老师，这序号怎么是倒着的啊？"因为这六个准备，是从上面的关键指标一步步倒推出来的，见图7-2。

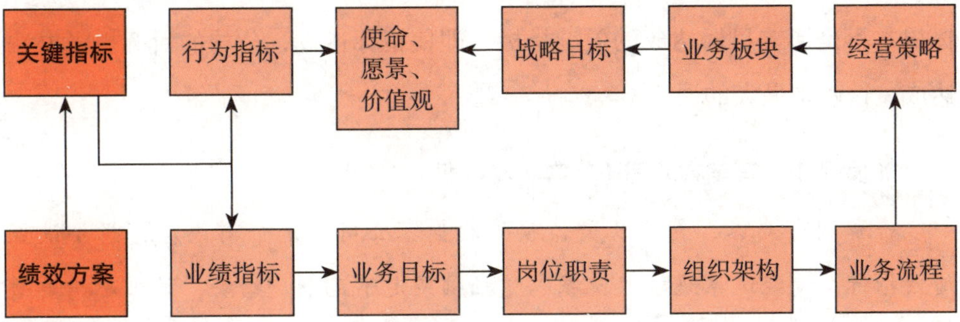

图7-2 六个准备的来龙去脉

绩效方案由公司的**关键指标**得来，也就是业绩指标和行为指标。它们分别来源于什么呢？前面讲过了，分别来源于**业务目标**和**企业使命、愿景、价值观**。

业务目标的完成，离不开明确的**岗位职责**。我们把业务目标一步步拆分，一定是对应流程里每个岗位的职责要求的。那么，由此衍生的"岗位的有机结合"是什么呢？是**组织架构**。组织架构由**业务流程**决定，业务流程由**经营策略**决定。那经营策略又是由什么来决定的？是**业务板块**。业务板块是由什么决定的？是**战略目标**。那战略目标又是由什么决定的呢？是由企业的**使命、愿景、价值观**决定的。

一家企业的使命、愿景、价值观是不会轻易改变的，它衍生出可变的战略目标、可调整的业务板块和不同时期的经营策略。这些不需要在绩效里体现，抓住使命、愿景、价值观就够了。

只要做好上面讲的六个准备，再导入绩效管理，就有的放矢了。

三、设对指标

指标不对，努力白费。很多人以前设指标全是拍脑袋决定的，设定的指标根本不是影响目标达成的关键指标。即使指标达成，公司的目标也没办法达成，这就是最大的误区。

※ 案例 1：某美容公司（美容美发行业）※

一家拥有美容、美发、美体项目的美容公司，是个街边店，想要设置绩效指标，没经过系统学习就凭感觉拍脑袋定了几个。结果，员工都想要造反，员工都想要离职。

我们来看看定的是什么指标？总共两个，每个占50%。第一个定的是卫生指标，如果哪个地方有一根头发，哪个地方有洗发水没有擦干净，就扣钱。第二个定的是拉客指标，每一天拉多少客户进店，不管成不成交，进店就行。只要你完成了公司定的指标，即卫生搞好、进店人数达标，就有高额底薪；完不成，那底薪就被扣掉了，甚至还要影响提成的计算。

这两个指标能不能考核呢？可以考核，但不能当作关键指标。一共两条，搞好卫生就能拿50%的绩效，把进店人头数凑够了就能拿另外50%的绩效，而不管拉进来的人是不是消费。后来，这家美容公司的老板发现美团小哥、顺丰小哥等都会被员工拽进来，但这些人可能连头都不洗，溜达一圈就走了。所以这么定指标，真正的优秀员工不跑路才怪。

这是一个很典型的指标设错的案例。既不考核老客户邀约量，也不考核新客户成交量，甚至不考核成交业绩，搞得员工心力交瘁，把优秀的业务员考核成了清洁工。

※ 案例 2：某农业公司（农林渔牧行业）※

大脑营行的一个学员是做农业的，开了一家卖农药化肥的公司。基本情况是员工大部分是农民，客户也是农民，老板自己的文化水平可能也不太高。然后，不知道之前去哪里学的课，学了一堆理论性的东西，还把占比60%以上的重要性指标设成了每天要写日志。

这个日志还有书写要求：今天卖农药化肥卖了多少家？怎么卖的？跟客户聊了什么？心里的感受是什么？今天的感悟是什么？收获是什么？每天不能低于800字。

结果，这个绩效机制执行一个月之后，他的一些员工都不想卖农药了，而想喝农药，都觉得老板八成是疯了。

所以，指标定不准，就是把员工往错误的方向引导，甚至把员工逼跑。那如何才能设对指标？有没有可以遵循的原则呢？

1. 指标设定三步走

首先，要核对并修正企业的组织架构及岗位职责。

在企业业务变化的过程当中，有没有组织架构调整，有没有岗位职责调整，有没有人换岗，要及时回顾核对，这是第一步。

其次，要明确岗位目标。

我一直说，目标的拆解要从公司到部门、到团队、到个人。比如公司的目标是1个亿，有三个部门，每个部门三四千万元，再分到团队，根据不同员工的能力差异化地安排下去，最后分到个人，可能就只有几万元了。

其他类型的目标也是一样，比如一家银行，目标是要给客户提供舒适的体验，就要考虑客户可能会跟哪几个部门对接，对接时的诉求是什么，满足客户需求要分几步，分别对应哪些岗位的什么职责，找出每个岗位的关键指标是什么。

最后，要根据岗位职责及岗位对应的着力点，提炼KPI指标。

2. 定指标的五个维度

在不同的部门当中，常见的主要指标是什么呢？可以参见图7–3。**这张表里，包含了绩效指标的五个维度：多、快、好、省、新**，对任何公司或者团队都有参考意义。

	多	快	好	省	新
生产	产量多	库存周转快	质量好	能耗省	制造工艺创新
销售	客户/业绩多	资金回款快	客户满意	销售费用省	策略方式创新
采购	供应选择多	存货周转快	原料质量好	采购费用省	供应商/新材料创新
研发	品类新品多	研发上市快	新品质量好	研发费用省	研发方式创新
物流	发货数量多	商品发货快	物流满意	物流费用省	新手段/技术

图7–3　绩效指标的五个维度

这里展开讲两类团队，其余大家可以自己推导，举一反三。

※ 案例 1：生产部门 ※

□ 多——产量多

□ 快——库存周转快

如果库存能够高效运转，我们仓库的租金可以省很多，甚至可以省去建大仓储的钱，用小仓储高效周转。所以，生产部门通常要考核这一点。

□ 好——质量好

□ 省——能耗省

水电仓库成本、运输成本，要不要省？对生产型企业来说，因为体量在那里，只要发现一处可以省钱的点，可能利润就会增长很多。

□ 新——创新

有没有新的制造工艺，有没有优化出新的流程，有没有新的包装方法可以节约成本、提升效率？可不可以给客户提供更多不一样的服务，让公司的产品具备更大的竞争力？

※ 案例2：销售部门 ※

□ 多——客户/业绩多

□ 快——资金回款快，成交速度快

如果一个客户成交了，三个月才打款，那我们一个月成交的客户应该是多少？其实只有三分之一个客户。所以，对销售部门来说，快，也是多，是很重要的指标。

□ 好——客户满意

□ 省——销售费用省

□ 新——创新

销售部门的“新”，更多的是考核高层管理者，普通员工的绩效方案里不一定要有。

那是不是有了多、快、好、省、新，就万事大吉了呢？不是的，即便我们掌握了上面这些指标，也依然还要深化、细化，根据自己企业的实际情况进行增减，让指标变得好用。所以，接下来我们讲一下定指标的注意事项。

3. 绩效指标的四个注意

(1) 指标不宜过多

一般情况下指标数量为3～7个，不要超过9个。指标太多，每一个都低于10%，是没有意义的。一定要找到关键指标，让员工有更明确的着力点。不然，员工记都记不住，精力都花在背指标上了。

（2）促进目标达成

绩效指标一定要倒推，从目标达成这个终点往回推。定完指标之后要再推演一下，如果员工完成了所有指标，能不能促进目标达成。如果不行就改，要反复推敲，直到真正能够影响目标达成为止。

（3）指标透明公开

不透明又不公开，到时候问题就会很大。员工不知道指标的具体内容，就不知道往什么方向努力，反而觉得你是故意扣他钱，故意为难他。

（4）结束后再调整

如果过程当中要调整指标，建议等一个考核周期结束之后再调整，不要在过程当中一想到什么更好的方向就马上调整。周期还没有结束，原本员工的绩效工资可以拿五六千元，你一调整完，他只能拿两三千元，就会想：你的诚信哪里去了？你原来对他雄赳赳、气昂昂讲的承诺去哪里了？这是非常不合适的。你今年不诚信，明年不诚信，后年不诚信，以后就没有人相信你，就走不远。

大脑营行的员工为什么很相信我们？因为我们一直以来都是一口唾沫一个钉，讲就算数，哪怕这一次指标定错了，也会先按原标准把钱发给员工，发完之后我们再来调整。而且，我们发现指标不能随时随地调整，前面定指标时就必须考虑清楚，所以，不要拍脑袋定指标，定了就要算数。

4. 业务部门定指标——产出倒推法

我看过很多有关绩效的书，很多年都在制订绩效方案，也帮助过很多学员制订过绩效方案，最后总结出一套简单易懂实用的流程分享给大家。第一个是**产出倒推法**，适用于业务部门。

首先，界定产出。

对你而言，什么东西是产出？比如销售，那就是成交金额；生产，那就是生产量。现在，假设有一个业务员，公司对他的要求是1万元业绩。那产出就是1万元的成交金额。

其次，思考影响产出的因素有哪些？

我们从1万元的成交金额出发，开始倒推影响因素。

第一，他要不要抓取更多的新客户？第二，他要不要把新客户的画像给明确好，精准找到客户，而且找到的客户都能够快速成交？第三，不能光考核过程，他这个1万元的成交金额要不要达成，要不要直接考核结果？要的。

那如果完不成，比如说1万元可能对低单价的部门来说是比较庞大的工作量，要不要有个按比例完成的辅助措施？要的。不然员工一看，反正我也完不成，干脆就不干了。

再次，将影响产出的因素定为KPI指标。

提到KPI（关键绩效指标），有人会说什么OKR（目标与关键成果法），什么平衡计分卡，什么积分制考核。我跟你讲，不要强求自己去学那么多花里胡哨的东西，能够促进你公司业务发展的方法就是最好的方法。

我上山砍柴，用斧头可以砍，用刀可以砍，用锯子也可以砍。哪个东西对我来说更好，我就用哪个。你不要盲目去羡慕别人家的东西，也许用不来，还伤到了手，也不要去追求什么热点，要踏踏实实地从自己的业务出发。如果那些东西有用，能用得上，就用；用不上，也不要因为看起来高大上就要导入到自己公司里，那样很容易出问题。

最后，设置权重及评分规则。

每一个指标占多少比例？评分标准是什么？相关的细节又是什么？

接下来，我们用业务员和销售经理的绩效方案来巩固一下对产出倒推法的学习。

（1）业务员绩效方案

首先界定产出，对业务员而言就是业绩。接下来思考一下：在业务员级别，影响他达成目标的关键指标有哪些？是增加客户数量，提升成交率，提升终身价值。

那如果我们通过微信销售，新增粉丝就对应增加客户数量的指标，客户资料完善对应的是提升成交率。你不了解客户，怎么去做成交，怎么给客户提供真正有益的帮助？而且，客户流失也是重要的影响因素，如果你总是给客户推荐他不需要的东西，客户就一定会流失。所以，客户资料的完善也是非常重要的指标。

这几项关键因素如果都能够做好，能不能促进业务员的目标达成？一定可以。但是所有的关键指标一定能够成为绩效指标的点吗？答案是不一定。因为有些东西无法量化，有些东西量化了之后也会很麻烦，一定要根据公司的实际情况来处理。

接下来就是把这些因素定为KPI，设置权重和评分规则，完成绩效方案的制订工作。

你看这张绩效表（见表7–1），新增粉丝占25%，指标要求每月有600个，评分规则满分为25分，权重占25%，未达标按比例算分。整个**评分规则非常简单**，如果你达成300个，那就是12.5分（25/2）。有很多公司搞评分规则，云里雾里写一大堆文字，这不仅会引起歧义，导致巨大的成本浪费，还可能引发员工之间钩心斗角。所以说，**语言一定要精练，表达一定要明确，并且还必须要很容易算**，越简单越好，不要让员工把精力浪费在计算上。

再看系统新增客户资料完善占25%，体现出我们对这个指标的重视。指标要求每月完成90%。为什么呢？有些可能加不到客户微信，有些客户的资料可能就是完善不了。所以给他一点弹性，100个客户只要求完善90个客户的资料。满分25分，90个客户资料里有一个没完善，就减1分。注意这里不是按比例扣减，因为弹性已经给到你了，而且这样更好算分。

表7–1 业务员绩效方案

岗位	项目	权重	指标要求	评分规则	得分
业务员	新增粉丝	25%	600人/月	满分25分，未达标按比例算分	
	新增客户资料完善	25%	90%/月	满分25分，有一条没做到，减1分	
	前端业绩	50%	9600元/月	满分50分，未达标按比例算分	
备注	1. 业务员的系统新增客户资料完善、前端业绩 2. 前端业绩达标是前提条件，业绩未达标其他几个维度是满分，最终得分也按照业绩比例核算；如业绩达标了，其他维度没达标则按实际达标情况核算 3. 现阶段绩效得分仅与晋升、机会福利（PK奖、旅游、股权激励、期权激励）挂钩，不与责任底薪挂钩				

前端业绩占50%，考核结果要求每月9600元，满分50分，未达标按比例算分。那么，他实际的薪酬会怎么拿？

首先他有底薪，底薪包括保底工资和绩效工资。为了好计算，我们假设保底工资是1000元，绩效工资也是1000元，对应100分的绩效。那9600元的业绩，对应的就是500元工资，这是一个非常平缓的幅度，体现了底薪的保障性。

如果一个业务员这个月什么业绩也没有，但引流了足够多的客户，资料都很完善，那他这个月的工资就是1500元。其他拿满分的人的底薪是2000元，差距不大，但人家还会有至少9600元业绩的提成工资，而这个业务员却没有。

（2）销售经理绩效方案

我们再看一下团队的维度，一个销售经理的绩效方案应该是什么样的。

首先，界定产出。

对销售经理来说，业务肯定是需要的，但团队更重要。公司为什么需要销售经理，因为公司需要他带领和培养团队。但最终要指向什么，指向团队业绩，对应团队的人数和人均产值。

所以影响产出的因素有哪些？

整个团队的粉丝数量，也就是客户的数量，以及客户资料的完善程度。这是做业务的基础。那什么能体现团队的整体战斗力呢？是底薪达成率，看他手下有多少人能完成自己的个人指标。再到团队培养层面，公司要用指标来引导销售经理从什么方面着力。

第一，团队人数，人多力量大，公司肯定希望有能力的人越来越多，对不对？所以要增加团队人数。第二，新人加入团队，不一定出业绩，但是要提升成才率，提升团队的人均产值。还有什么？团队里不能有人才离开，必须要降低人才流失率，也可以叫离职率。

我们来看表7–2。作为一个管理者，他既要管客户维度的业务，也要管团队维度的团队业绩，所以销售经理的业务指标占40%，团队维度占60%。

表7–2　销售经理绩效方案

岗位	维度	项目	权重	指标要求	评分规则	得分
销售经理	业务40%	团队粉丝数量	10%	600人/月		
		新增客户资料完善	10%	90%/月		
		底薪达成率	20%	80%/月		
	团队60%	增员	10%	1人/2个月		
		成才率	20%	40天		
		人均产值	20%	1万元/月		
		流失率	10%	1人/4个月		

因为下属有一个9600元的指标才能达成全额底薪，那公司对经理的业绩考核相当于是多少，9600元×80%×团队人数。所以说，看似考核的是底薪达成率，其实是考核业绩。那团队人数怎么考核？在下面的团队维度里考核。

对经理级别的考核必须考虑到方方面面，要简单而清晰，否则会让本来就事务繁忙的管理者抓不到工作重点。

5. 后勤部门定指标——罗列筛选法

接下来我们讲一下后勤部门，如行政和财务部门的很多指标是不可量化的，怎么办？这时候我们可以用罗列筛选法来解决这个问题。

① 罗列所有KPI，也就是你想让他做好的所有事情，不要在意顺序，直接罗列出来。

② 按重要性进行排序，把重要的排在前面。

③ 按照80/20法则来筛选KPI。

④ 设置权重及评分标准。

什么意思呢？就是你先罗列所有KPI，写到写不出来为止，考虑一定要全面。之后，你再专心思考怎么排序，哪一条更重要，你更在乎什么。然后，你要思考如果员工只完成这些指标中的20%，能不能让你的目标达成80%以上，这20%会是哪些指标。当然，不一定是严格的20%，但千万不要哪个也不舍得删。

很多公司搞绩效搞得云里雾里，一张绩效表条目众多，什么东西都有，那是没有意义的。占比在10%以下的，意义都不大，因为员工不在乎。所以我建议大家，绩效指标占比尽量在10%以上，最好是15%以上。不要某个维度只占1%的分数，员工根本不在乎，也记不住。记不住也不在乎的东西，你放上去干什么？

※ 案例：人力资源总监绩效方案 ※

有一家公司找我们做咨询，说是换了3个人力资源总监，还是不满意。走了的总监对老板一肚子火气，感觉老板就是个神经病。老板又觉得这些人根本不职业化，不知道我要什么，连续换了三任都没有达到结果。

我们去看了之后，发现确实问题很大。总监会按照自己的方式去做事情，按照他掌握的知识和实践经验来工作，但没有去跟老板达成共识。他认为哪件事情重要就去做哪件，老板要的反而一件都没做，所以老板不满意。他还很累，每天加班加点。但总监为什么不去跟老板达成共识呢？因为他发现老板的想法经常变，一天一个样，这让他没有动力去跟老板达成共识。

后面我们用这套罗列筛选法来跟老板讲，人力资源总监在旁边拿笔记。

首先罗列所有KPI。不要讲顺序，也不要讲什么重不重要，只要是你能想到的，都讲出来。这个对老板来说就比较容易了，马上滔滔不绝讲了一大堆。

他说："我想要人工成本降下来，人均工资增长控制住，公司业绩能够提升，员工能力也提升。我还要提升员工的凝聚力，要员工与公司时刻站在一起，员工之间的关系也更好一点。还有招聘能够及时，不要等招人的时候招不到人，人员流失率也要降低，不要天天换人，天天又招人，成本很大。"

但是这么多都拿去考核，就没有工作重点。所以我们引导他开始排序筛选，按照重要性进行排序，也可以合并拆分，最后再把重要指标之外的都删掉，然后出来这样一张表，见表7-3。

表7-3　人力资源总监绩效方案

岗位	维度	项目	权重	指标要求	评分规则	得分
人力资源总监	业务40%	绩效考核体系	20%			
		业绩达成率	20%			
	团队60%	技能培训	15%			
		成才率	15%			
		招聘及时性	10%			
		流失率	20%			

我们发现他想要的就是两件事，一个是让总监建立一套绩效体系，提升业绩。再一个就是要培养出优秀的、稳定的团队。根据他罗列的KPI指标，经过合并拆分，最后定出了6个指标，也就是表7-3里这6个具体的指标。我们问老板，如果总监把这6件事情做好了，他的工作是完成了百分之多少？有没有80%以上？老板说不止80%，98%都有了。

那接下来就是根据老板的想法赋予具体的权重。在这个过程中，我们也要调整老板的思维，不能让他觉得什么都很重要。比如招聘及时性，最初排序的时候，老板认为这非常重要，排在非常前的位置。但最后为什么只占10%，再低一点这就是一个值得删掉的指标了。因为如果其他指标完成了，特别是流失率如果能降下来，那招聘工作就没那么重要了。老板是要稳定而优秀的员工，还是要及时招聘新人，答案肯定是要稳定而优秀的员工。

四、有效挂钩

员工为什么不在乎你定的绩效？因为你没有让他理解到绩效的价值，也没有让他的绩效结果跟他本人的核心利益挂钩。

那要跟员工的哪几个核心利益挂钩呢？

（1）要与薪酬挂钩

薪是钱，酬是相关的物质奖励、情感奖励、发展奖励，全部都要挂钩。

（2）要与职位挂钩

指标达成了，他可以晋升；指标完成得不好，他就保不住这个级别。没有后面的危机，就不会有前进的动力。

（3）要与机会福利挂钩

我们在激励篇里讲过，会有很多的激励措施和团建活动。那么，如果一个人的绩效不好，他可能就没有资格参与。比如公司砸金蛋，就没你的份。

下面我们用两个案例来讲一下具体怎么挂钩。

※ 案例：福建某钻表企业（生产制造行业）※

有一个做表品牌的学员，相信不少人买过他的表。他刚来大脑营行学习的时候还是个赌徒，一天到晚打麻将，是打麻将的高手，但自己做企业却做得心力交瘁。学完之后，他把员工薪酬跟绩效挂钩，结果公司发生了翻天覆地的变化，两年内纯利润增加了5倍以上。

他用了我们这套绩效管理的思路，发现了上下同欲的重要性。老板要什么？要多卖货、多赚钱，对不对？但员工之前都是领固定工资的，没有绩效，干多干少一个样，老板看员工不顺眼或者员工看老板不顺眼就一拍两散。学完了以后，他就明白了老板要什么，一定要通过绩效管理，跟员工的利益挂钩。

然后他就把薪酬跟绩效挂钩了，绩效目标怎么设呢？抓关键指标，多、快、好、省、新，即产品产量、产品交货期、产品质量、成本节约、产品创新，将其对应到具体的岗位和部门。他改革了三个部门，加入产量提成、绩效奖金、利润分红，让员工的工资上不封顶。

第一个是对采购部进行了改革。原来是固定月薪3900元，现在是底薪

2100元，其他部分都跟公司的营收挂钩。因为采购交货越及时，质量越好，公司产品交货周期就会越快。日常行为配合越好，公司内部矛盾就越少，员工的精力就能放在老板期望的事情上，而不是内耗，见图7-4。

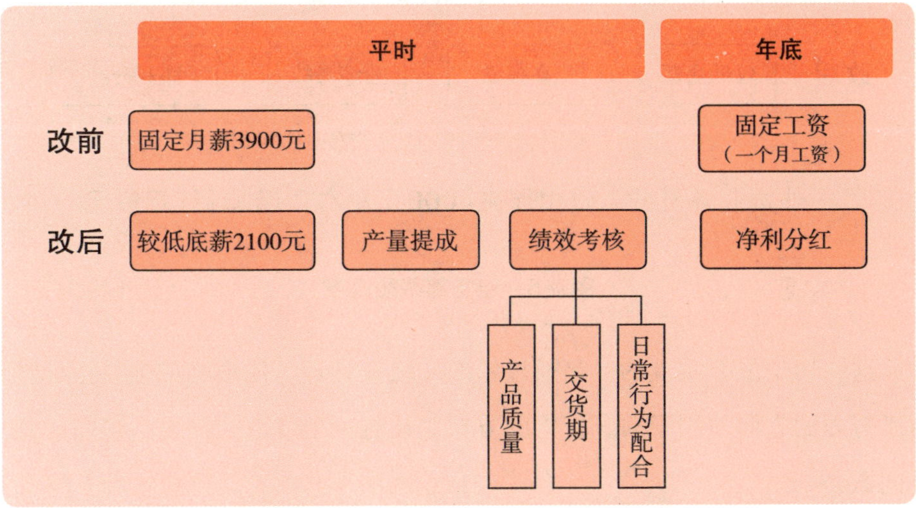

图7-4 福建某钻表企业采购部薪酬改革

第二个是对生产部主管的薪酬进行了改革。原来是固定月薪5800元，改革后底薪2800元，其他部分跟采购部是一样的。这样，他就有动力去提升公司产品的质量和产量，从而降低业务部门的销售压力，减少客户退货，缩短交货周期，提升客户满意度。

第三个是对业务部进行了改革。从高底薪、低提成，改成高提成、低底薪，还要加入考核，见图7-5。

员工的收入增加了，这么多钱分出去，单品的利润一定是下降了。但只有这样，员工的动力才足，而且他的方向跟公司的方向是一致的。只要卖得多，那一年赚到的利润就更多了，那老板多卖货、多赚钱的目标有没有达到？有达到。

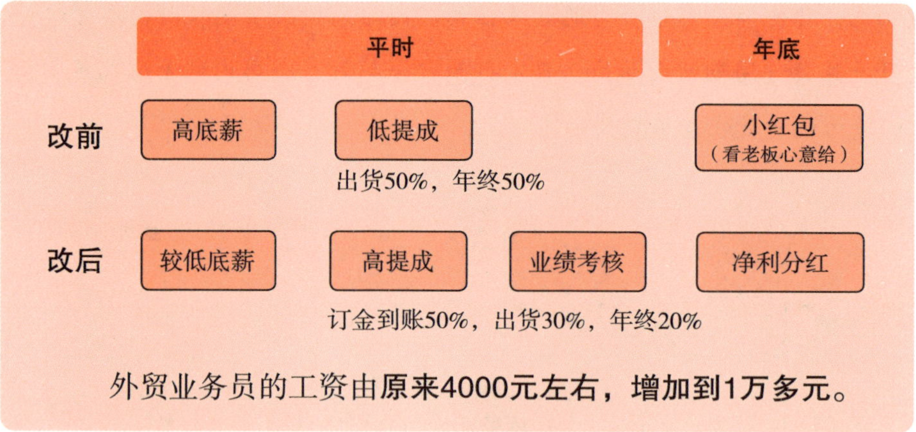

图7–5　业务部薪酬改革

这一切是怎么实现的？是通过精准的绩效管理，用准确的绩效指标管理员工努力的方向，用跟薪酬挂钩的方式，让员工把绩效当回事，最终达到上下同欲。

※ 案例：河南某建筑劳务公司（建筑工程行业）※

很多人会说领导之所以没办法带好团队，核心原因是员工的素养差、学历低。但作为老板、作为高管，永远不要说员工没有素养，而是你没有素养。接下来我们就讲一个农民工的案例。

老板的第一个目标是，让公司拥有更多人才。于是就设定了一个帮扶绩效，大工带小工，只要带到会看图纸，马上就奖励大工500元；如果能带成大工，再额外奖励1000元。

这个绩效非常简单，目标明确且管用。你不要认为只有一大串KPI才叫绩效，不是的。要达成什么目标，就用什么指标来考核，然后跟员工的核心价值挂钩。比如“会看图纸”就是一个指标，“大工水平”是另一个指标，然后跟钱挂钩。

该公司还搞了一个能量朗读，这是一个机会福利。因为社会上很多人不尊重农民工，但公司给了他们尊重。农民工不是搬砖头的，而是城市的美化者，是社会的栋梁。但不是随便一个农民工就能享受这种尊重，他必须有这样的使命感、责任感，对自己做的工程质量负责。所以，这个能量朗读只有绩效合格的人才能加入。如果绩效不合格，完成的工程问题很多，那你就是一个拿钱搬砖的，就没有资格在能量朗读里享受被尊重的感觉。

扫码听自我确认音频

包括晋升机制，我们之前提到有小工，有大工，其实这家公司是有一整套晋升体系的。你能完成什么样的指标，就对应什么样的薪酬水平，层层晋升，见图7-6。

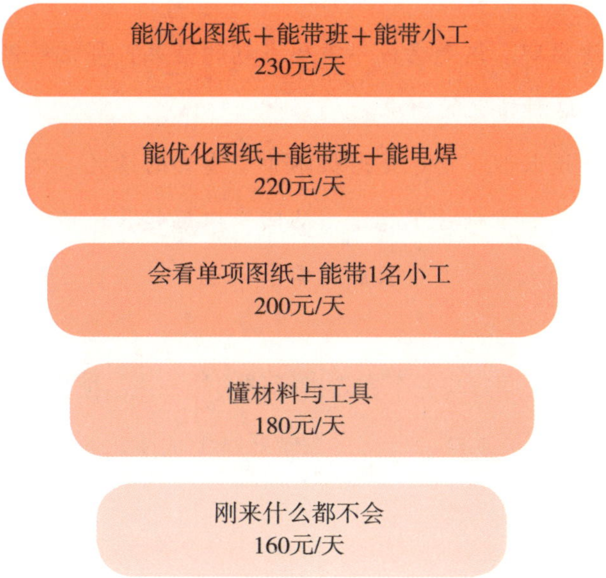

图7-6 河南某建筑劳务公司的晋升体系

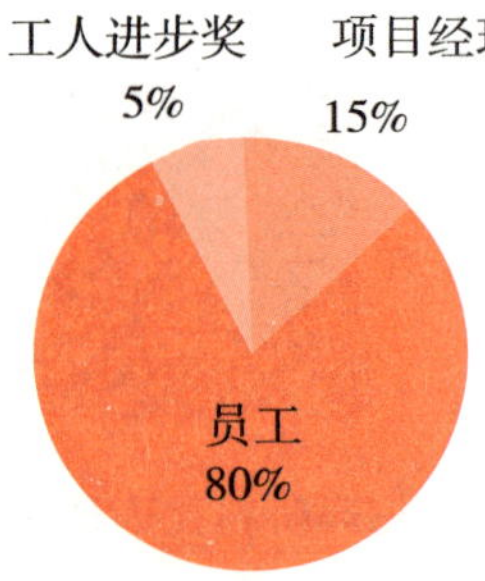

图7-7　河南某建筑劳务公司的结余利润分红

此外，这家公司还有一个很重要的绩效指标，就是结余利润。老板要什么，肯定要的是结余利润。那怎么才能用绩效管理让员工也在意结余利润呢？给员工按结余利润分红，见图7-7。

在一项工程里，每个工人参与的时间有长有短，贡献有多有少，所以分配一定要抓关键指标。这家公司用三个指标，让员工的绩效跟分红挂钩。

一个是工资占比。刚刚我们说过了这家公司的晋升体系。在这个体系下，员工的工资占比直接反映他对这项工程的贡献。能力体现在日工资上，能力强但来的天数少，贡献可能不如一个天天都来的小工，而他领取的工资占比也肯定不如小工，这就匹配上了。

一个是中途离职。这是老板不希望看到的情况，那就转化成指标，用不参与分配来减少这种情况的出现。

最后一个是请长假。这也是老板不希望看到的情况。所以，如果工人要请长假，那前面你的贡献就不算了，从回来以后起算。话都说在前面，按手印。这样，如果工人确实有请长假的需求，也会根据自己的实际情况，看要不要加入这项工程。

这样环环相扣，通过与三个有效指标挂钩的方式，把公司的目标跟员工的切身利益联系起来，员工就会自动自发做好每个指标，也收获自身的成长。

五、平稳导入

许多公司在导入绩效的时候，直接吭哧一下导进去，不导还好，一导全跑。这是因为他不了解团队，不了解导入过程中会有多少坑。大脑营行也曾经踩过坑，也是从坑里爬出来的。于是，后来我们就帮助大家从坑里出来，或者提醒他们，一开始就不要掉到坑里。

想要平稳地导入绩效体系，需要做到以下四点：

（1）逐步挂钩

你不要一下子把所有的薪酬都变成跟绩效挂钩。太大的转变，员工心理压力会很大，会乱想。我们叫没挂上挡，溜车了，员工直接就溜走了。

你先挂钩10%或者20%，等员工发现有了绩效收入不降反增，再一步步加大到你原本期望的程度。要让员工理解：绩效不是为了扣他们的钱，让他们变得不值钱，而是通过管理提升他们的能力，让他们更值钱，也确实拿到更多的钱。

（2）数据透明

数据一定要透明，如果数据不透明，员工不知道数据是什么，或者你保留了一些只有自己知道的数据，问题就会很多。然后就会引发钩心斗角，搞得公司里乌烟瘴气，乱七八糟。一定要从一开始就让数据公开透明，把这个问题扼杀在摇篮里面。

（3）成立导入小组

导入小组其实就是达到一个目的，叫共识，通过培训形成共识。让导入小组来培训员工，让他们理解每个绩效指标跟他有什么关系，背后是怎样的业务流程，怎么更好地完成指标拿到更多的收入。还可以拿员工过往的薪酬来测算一下，怎样能多拿钱，怎样就少拿钱，让员工心里有数，知道接下来的工作要怎么做。

（4）签订备忘录

记忆是不靠谱的东西，人的记忆是会模糊的。所以，重要的事情一定要落在纸面上，签订备忘录。有很多企业不重视签订备忘录，员工也没有形成信赖感，加上一些不可避免的理解偏差，后来就总是在扯皮，陷入了内耗。

我们看之前河南某建筑劳务公司的案例，只要绩效指标定出来，跟薪酬挂上钩了，就签字画押，大家都签字画押了，以后就不扯皮了。

这就是平稳导入的四个步骤：第一步，逐步挂钩；第二步，数据透明；第三步，成立导入小组，通过培训形成共识；第四步，签订备忘录，杜绝扯皮。所以，改革薪酬不可怕，改革绩效也不可怕，可怕的是你不知道背后的逻辑是什么。

六、系统辅导

一路走下来，绩效方案出来了，备忘录也签订了，是不是就万事大吉了呢？不是的。如果你在后续的工作中没有给出有效的辅导，最初确定的目标就会有完不成的风险，员工的能力也得不到提升。员工达不到绩效指标的要求，薪酬就会缩水，就会怀疑你导入绩效的目的是扣钱、是降薪。

没有辅导，员工本来怎么做还是怎么做，没有通过绩效方案探索出更好的路径，那绩效还是沦为了合理计算薪酬的工具，1亿元价值的工具又变成了1角钱的价值。但为什么一直以来，许多公司都没有走出系统辅导这一步呢？因为他们面前有三座大山。

1. 企业面临的三座大山

第一座山：不理解为什么要辅导

许多企业不明白辅导的重要性，不明白让员工改变提升的重要性，觉得辅导是浪费时间，考核他们就够了。这就造成一个结果：许多公司**从来不辅导**。

但老板导入绩效管理体系，肯定是期望公司有所改变。如果你不去引导员工改变，不去帮助员工成长，怎么能保证公司变成自己想要的样子呢？

第二座山：不知道该如何辅导

很多老板是想给员工做辅导的，但他们不知道能辅导什么，不知道怎么办。如果没有办法给员工做系统辅导，员工就会觉得听你辅导是浪费时间。反正你也讲不到点上，不如把这时间直接用来做业绩。

第三座山：控制不了辅导的品质

许多企业会给员工做辅导，有些老板说他天天培训员工，但效果就是不好。这是因为你没有系统的管理思维，没有正确的辅导机制，不知道怎么帮员工解决问题。虽然企业重视辅导，员工也认真学习，但结果却时好时坏，无法控制。

我们接下来就讲怎么做系统辅导。

2. 如何做好系统辅导

要对员工进行系统辅导，有两大法宝。一个是导入机制，用来保障动力；一个是辅导流程与工具，用来保障质量。

（1）导入机制

什么是导入机制，就是在管理者的KPI中加入绩效辅导的指标，规定他在一个多长的周期之内，必须给他的下属做一次辅导。辅导完之后，还要共同签字画押，这次辅导必须让下属满意。如果下属不满意，觉得管理者瞎说一通、敷衍了事，可以往上汇报。

我们知道，绩效指标是跟薪酬、晋升和福利直接挂钩的。所以，只要管理者的绩效考核中有这个指标，又通过签字画押做好了反馈机制，就能保证管理者会投入足够的精力去准备，努力为下属提供有用的辅导。

但只有这样还不够，我们还要为管理者提供帮助，不能只是冷冰冰地考核他。

（2）辅导流程和工具

我们必须要帮助管理者打造出辅导的流程和工具，提升他的辅导能力。在这里主要讲一下**辅导的四大步骤**。

第一步，回顾目标。

我们要回顾关键指标的达成情况，看看目标是什么，现状是什么，发现现状跟目标的差距。

比如一个业务员可能有新客户数量、成交率、人均产值、流失率等指标，每个指标肯定有一个目标值，然后他的绩效里肯定有实际的值，每一项多了少了，各不相同。

第二步，差距分析。

差距肯定是有的，否则我们不会导入绩效体系来寻求改变。但差在哪里，差了多少，绝对值是多少，百分比是多少，是不是有许多方面都存在差距？一定要分析得很仔细。

第三步，原因分析。

我们要看每一项差距背后的原因是什么，是什么原因导致了这种差距。比如有没有可能目标就设得不够合理？肯定会有这种情况，这时候要记下来往上反馈。

除了这个还有什么？比如天赋层面，一个人不愿意交流，不喜欢社交，那他可能根本就不适合当业务员，对不对？动力层面，他需要的东西，公司有没有通过绩效考核给到他？他有没有意愿去完成自己的各项指标？能力有没有问题，对公司的产品理解到位吗？话术有没有掌握？最后，员工的心态有没有问题，情绪上有没有问题，最近有没有发生什么事情影响到他？

第四步，干预措施。

要给员工提供解决办法，帮助他补上差距，完成目标。

不是所有的问题都有解决方案，比如天赋问题，他的性格不适合，或者理解能力太差，什么都听不懂，那我们就没有办法帮到他，只能请他离开。然后我们想办法去优化人才画像，以后不犯同样的错误，选对人。

大部分问题都有对应的干预措施，而且方法很多。

比如目标设得不对，那我们能不能去调整绩效方案？可以的。员工的能力不足，那我们能不能优化工作流程，降低对员工的要求，再进行针对性的培训来提升能力？可以的。动力不足，那我们前面讲过怎么做激励了，还可以把绩效目标跟他的个人利益挂钩得再紧密一些，刺激他一下。情绪心态的问题，那是不是可以有让员工畅所欲言的场合，或者是发泄情绪的渠道？我们都知道业务员整天面对客户，客户给他的压力是很大的，出现情绪和心态问题非常正常，要用各种干预措施来帮到他。

所以，找到原因，对症下药，你的团队就能很快提升。原因可能有很多，干预措施也有很多，必须要通过大量的实战演练才能掌握系统辅导的技巧，而不是三言两语能说清楚的。

七、奖优罚劣

一旦绩效方案制定好了，就要形成铁的纪律，按照绩效方案去执行奖优罚劣。之前我们讲了有效挂钩，每一个绩效指标具体挂钩在什么地方应该要很清楚，按照方案去执行就可以了。

一般来说，奖优罚劣也是三个维度：

（1）工资调配

这属于跟薪酬挂钩的部分。如果员工的绩效一直都很好，公司就必须有一个长效机制，比如给他涨工资，鼓励他一直把绩效完成好。如果员工的绩效完成得不好，也一定会影响到他当月或者全年的工资。

（2）奖励机制与福利分配

每家企业都会有各种各样的奖励机制和福利，有些可能是为了做激励，有些可能是企业文化的体现。这些奖励机制和福利，完全可以跟绩效挂钩，只有绩效指标完成好的人才能获得。比如分配篇里我们讲到孝顺金，就是只有指标达成的员工才能领取。再比如上面案例里讲的工程利润分红，也是按照绩效指标来进行分配的。

（3）职位的变化

奖优罚劣也可以产生职位变化，可以让员工晋升、降级、调岗，甚至是淘汰。

大脑营行“系统思维”课程里会讲到各种晋升机制、保级机制、降级机制、淘汰机制等，这些对员工来说也是奖优罚劣的方式，肯定要跟员工的绩效挂钩。

第八章

预算的底层逻辑

企业的核心是利润，利润的核心是经营，经营的核心是人才，人才的背后是激励，激励的背后是分配，分配的背后是绩效，绩效的核心就是预算。

第一节 Why 为什么要做预算

预算就像汽车上的仪表盘，显示着汽车当前的所有状态。看不懂仪表盘，甚至仪表盘上的数据都是乱套的，怎么敢开车上路呢？

在明确企业的战略以后，紧接着就是最重要的核心——利润。而从利润一层层往下推导，我们会发现，最终会推到预算上。

没有预算就谈不上绩效，没有绩效就谈不上分配，没有分配就谈不上共享共赢，没有共享共赢，没有员工的自动自发，就没有企业的自动运转，也没有老板的身心解放，更没有企业的业绩暴涨。所以，**预算是企业经营的关键**。

做企业是为了实现自己的战略目标，而预算就是实现目标的重要工具。我们都听过一句话："凡事预则立，不预则废。"目标管理的核心就是要学会科学地编制预算。

为什么你创业多年，发展规模一直上不去？

为什么你一直在利润的浅水区，甚至是在死亡线上挣扎？

为什么你没能建立起企业的核心竞争力？

为什么你发现公司总是现金流短缺、库存周转慢？

为什么你会放任公司应收账款过大，费用支出过多，固定资产支出过高，决策投资随意？

答案是：你缺乏预算管理能力。

如果你不懂做预算，那你的一切商业行为其实都是在“赌博”。不要因为眼前的繁荣而沾沾自喜，要记住：**商场上没有永远的侥幸，靠运气赚到的钱，迟早会靠实力亏掉。**

一、预算让目标更清晰

※ 案例 ※

曾经有个教授做了一个试验，他把学生分成三组，分别说了三段不同的话。

第一组是：我们要到一个地方，去哪里你们不用知道，多远你们也不必知道，只要你们每天跟着我走，我会保证把你们带到目的地，其他的你们都不用管。

第二组是：我们今天要去某某山，离我们还挺远的。

第三组是：我们今天要去某某山，离我们还挺远的。我们要在早上10点之前到达地点A，到达之后，我再跟你们说下一站到什么地方。

大家猜猜看，最后哪一组学生到达了终点？当然是第三组。为什么？因为第一组的学生没有目标，看不到希望；第二组的学生目标很遥远、很模糊；只有第三组的学生既有遥远的终极目标，又有清晰明确的阶段性目标，还有一个容易获得信任的引路人。

为什么很多老板很累？主要原因是只有老板自己知道目标和过程，而团队不知道，因此公司只能靠老板一个人带动。如果老板不动，全公司都熄火。

想要摆脱这种状态，就要统一全员的目标，让大家都理解达成目标的具体方法和过程，一起努力实现目标。具体说来，该怎么做呢？告诉学生某某山在哪里？要去的地点A在哪里？下一站在哪？什么样的人可以陪我们一起走，为我们助力？

所有的答案，只能通过预算得出。

※ **案例** ※

曾经有一个马拉松选手，每次跑马拉松都能夺冠。为什么呢？因为他会提前去赛场踩点，每隔1公里就给自己设一个小的节点。而在跑马拉松的过程中，他把每个节点都当成终点来对待。走过一个节点，就是到达了一处终点，然后继续前往下一个目标。

有太多人跑不完马拉松，是因为看不到离目标有多远，怀疑自己撑不下去，选择了放弃。而他在跑马拉松的过程中，根本不用考虑终点还有多远，也不用考虑如何撑下去。每次当他觉得自己快没力气的时候，他想的是：只要再坚持几百米，就到达目标了。把每一个小目标都当成终点，那么，他只要确保每一阶段都能拿第一名，就能拿下全程的第一名。

预算，就是踩点。只有学会科学地做预算，才能在明确目标后找到实现目标的最佳路径，最终，在一次次阶段性胜利中，实现企业的终极目标。

二、预算让准备更充分

孙子曰："夫未战而庙算胜者，得算多也；未战而庙算不胜者，得算少也。多算胜，少算不胜，而况于无算乎！吾以此观之，胜负见矣！"

庙，我们都听过"庙堂之上"这个词。庙算一般指朝廷或者帝王对战事的谋划，也就是开战之前的一种预算。孙子的意思是：在开战前进行预算，感觉能赢的，实际往往也能赢；感觉赢不了的，实际往往也赢不了。预算时制胜条件多，就胜；少就不胜；何况一个制胜条件也不具备的，或者说连算都不算的呢？只要看看预算分析，就能预测实际的胜负。

所以说，要取得胜利，就必须提前想办法营造出胜利的条件，准备好相应的资源，才更容易取得胜利。

孙子曰："胜兵先胜而后求战，败兵先战而后求胜。"任何事情要想取得成功，都必须提前规划，如果没有规划就是在赌运气。在现实生活中，如果一个人对自己的人生有详细周密的规划，那么他的人生就会步步为营；如果他对人生没有规划，他的人生可能就会随波逐流。步步为营的人生不需要有奇迹，也不需要有惊喜，因为一切尽在他的掌握之中。如果你的人生过分依赖于"惊喜"，到时候可能会变成"惊吓"。

同样，要想实现企业的目标，所有的经营行为都应该是事先设计的。预算的能力越强，对未来的可控性就越高，甚至可以在一定程度上操纵未来。永远不要心存侥幸，因为在偶然中得到，必会在必然中失去。

三、预算是用数据指导决策

有很多人开一家店赚了钱，就想去开第二家店，可遗憾的是第二家店开了后是亏钱的。最后，可能他把第一家店赚来的钱全部填到第二家店去都不够。为什么会出现这样的状况？连锁经营不是很常见的商业模式吗？为什么他们能成功，我却只能守着一家小店？因为缺乏科学的预算。

大公司如何确保开每一家店都能成功赚钱？我们以快餐连锁经营为例，分享一下他们成功背后的科学预算模型。

※ 案例 ※

根据我们前面学过的经营的底层逻辑：

营业额=客流量×进店率×成交率×客单价×复购率

先根据成功门店的客流量和进店人数算出进店率，根据进店人数和成交人数算出成交率，根据成交人数和营业额算出客单价。然后，就可以知道客流量与营业额是如何对应的，怎么通过客流量估算营业额。同时，他们也会根据营业面积和员工数量算出每平方米需要多少员工，再加上租金、水电费、物业费等，算出每平方米店面的成本。有营业额、有成本，就可以得出相应的“客流量—利润模型”（见图8-1），进而得到客流量的保本平衡点，比如说每天3000人。

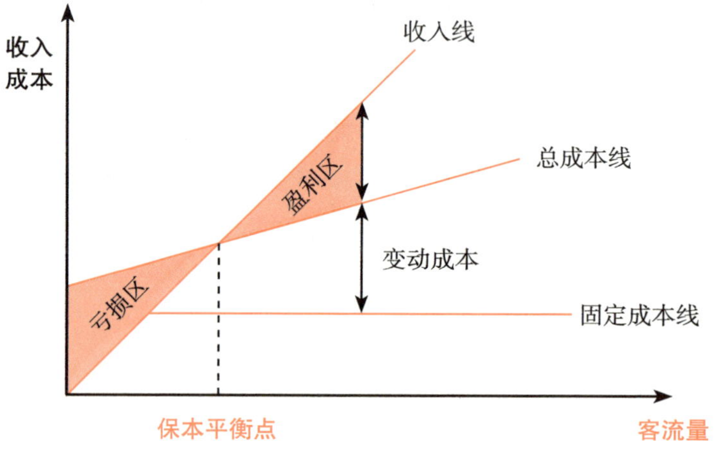

图8-1　“客流量—利润模型”示意图

不同的选址环境，分别对应不同的历史经营模型，客流量和利润的关系也会有所差异。但只要把客流量的数值代入对应环境下的模型，就能知道利润是否高于保本平衡点。所以，他们在开店之前一定会找市场调查人员去计算每天经过店铺门口的客流量。如果客流量足够多，那这个地方就可以开店。如果客流量比保本平衡点低，就不是理想的开店地址，或者必须压缩成本以降低风险。

随着科技的发展，客流量也有了从居民情况直接推算的模型公式，只要拿一个定位器放在店门口，一定位，就能测算出方圆5公里之内有多少男人、女人、老人、小孩，然后再代入对应的历史经营模型，就知道这家店是能贡献利润还是注定亏本。

所以，业务预算的基础是什么？数据。

很多人做决策都是拍脑袋决定的，但是真正做决策是需要用数据来做预算的。如果我们能掌握预算，就能确保经营成功。

四、预算对企业的三大功效和四项好处

功效1：预算是对战略目标的牵引

明确要什么，才能规划做什么。当我们开始根据自己想要的结果制定预算时，就会发现有什么已知数据是有效的，又缺少哪些未知数据，从而牵引当前的战略目标进行调整，走在更明确的道路上。

※ 案例 ※

A企业提供苹果，B企业提供土地，C企业提供鸡。张三计划经营一家果园，李四计划经营一家养牛场。如果不做预算，这就是没有联系的几句话而已，看不出有什么用。但一旦开始做预算了，这些数据的价值就体现了：

张三和李四的战略目标定对了吗？

张三的钱用来买什么更有利？

如果三家企业都想开拍卖会，谁能成功？

功效2：预算能实现资源的有效配置

预算能让我们区分出不同细分市场和客户的价值，从而实现资源的有效配置。

还是上面这个例子，这三家企业，谁对张三更重要？谁对李四更重要？

他们手上的商品——苹果、土地、鸡，应该努力卖给谁？

功效 3：预算实现企业内部运行顺畅

预算就是数据，可以通过计算来指导实现生产、技术、采购等环节的现金协调，并分解到季度、月度、每周和每日，提升现金的使用效率。

如果出现一家新企业出售便宜的优质牧草，还没有牛的李四到底要不要采购？

如果张三做团建活动的时候采购了A企业的苹果，吃完后要不要顺手收集种子？

所以我们会发现，只有通过科学的做预算，才能打通战略，才可以完善公司的管理，把公司经营得更科学。实施预算有四项好处：

第一个好处：发现问题

通过做预算，可以暴露企业管理中的基础问题，迅速弥补缺乏数据的致命环节。

第二个好处：分析问题

在做预算的过程中，很容易分析出真正影响企业现阶段发展的核心问题，以及核心目标与各问题间的关联，理解不同问题的重要性和优先级。

第三个好处：找出解决问题的路径

通过分析，我们已经发现了当前急需解决的问题，就可以把精力用在攻坚关键性问题上。比如上面例子里的李四，如果找不到牛，养牛场就无从谈起。所以这是关键问题，什么困难都要想办法克服。要么，就干脆放弃不切实际的目标，不办养牛场了，开个炸鸡店。这也是一种解决问题的路径。

第四个好处：创新企业发展，持续提升

有了清晰的预算，企业发展就会更稳定，不会变来变去，从而减少人事变动引发的震荡，实施切实有效的创新，进而提升企业实力，促进企业不断变革成长。

五、为什么老板必须懂预算

中国多数行业已进入了产业集中时代，同时也是行业淘汰率最高的时期。产业集中时代的特点是盈亏平衡点的提速非常快，竞争越来越激烈。什么叫盈亏平衡点提速？比如过去卖40个就能够盈亏平衡，现在需要卖60～80～200个才行；过去营业额100万元就能够赚钱，现在要做到200万元才能赚钱。

无数企业死里逃生把企业规模做大后，却因缺乏预算管理能力，看不到危机临近，接连死在产业集中的超常规增长上。还有很多企业盲目扩张，不通过预算控制风险，到一定程度就爆雷。比如我们都知道有一些地产公司爆雷了，为什么那么大的公司还会爆雷？就是因为过去能做成的事现在不一定还能做成，不通过预算掌握风险平衡点，守着借钱融资的手段不思改变，在房地产市场好的时候没问题，当房地产市场不好的时候，资金链一断裂，就立刻出问题了。

所以，老板必须了解资金预算，首先要了解企业的保本底线在哪里，然后再去寻找实现利润的可能性在哪里。无论是降价还是涨价，都是为了提高效益，即提高利润。老板的任何决策都要先保证利润。那如何才能保证利润？要学习财务预算。因为财务是打通公司所有命脉的关键，公司的任何一个经营行为都是通过财务完成的。

第二节 什么是预算

What

预算涉及企业的方方面面，是对经营过程的控制和对经营结果的把控。什么是三步预算法？这个工具对企业有什么价值？

一、预算的定义

所谓的预算，就是对结果的把控和对过程的控制。

※ 案例 ※

苏东坡当年被人发配到海南的时候，每个月工资非常少，日子过得十分艰难。为了确保能够活下去，每次拿到工资，他都要按照一个月30天，把钱分成30串，然后挂在很高的房梁上。每天早上起来，他就拿树枝取下其中的一串，用这一串钱维持一天的生活。

不仅如此，他还想办法尽量把当天的钱省下来，而不是全都花完。他会专门拿一个竹筐，把每天省下来的钱放在竹筐里面，不断累积。如果哪一天，他想吃肉了，或者有朋友来家里需要买酒了，就把竹筐里的钱拿去买肉或者买酒。无论如何，他绝对不会动第二天的那串钱。因为如果第二天的那串钱用掉了，接下来可能就无法维持一个月的生活。

这就叫结果的把控（维持一个月的生活）和过程的控制（每天只能花一

串钱）。

很多人之所以会出现财务危机，就是因为他从来没有做过资金预算，所以才会拆东墙补西墙，从而陷入了财务困境。

二、什么是三步预算法

接下来分享一下三步预算法，让你学会如何做预算。

第一步：明确目标

很多人在企业经营过程中定的目标都是营业额目标，也就是规模。其实，营业额目标只是一个过程，**经营企业的真正目标是获取利润**，因为没有利润就没有办法支持企业战略的实施。所以，首先要明确企业的目标是要规模还是要利润。

很多销售型出身的老板都喜欢把公司规模做得很大，可到最后算账时才发现并不赚钱。如果扩张不能带来利润，那扩张的意义是什么呢？所以，我们在明确目标的时候，除了要定今年做多少营业额外，还要定今年要获取多少利润。

不同阶段的企业，预算目标是不一样的，见表8–1。

初创期企业以资本预算为起点，目标是确定目标市场，规避投资风险。

发展期企业以销售预算为起点，目标是扩大市场占有率，理顺公司内部组织管理关系。

成熟期企业以市场为导向，以成本预算为起点，目标是通过降低成本，增强企业在市场上的核心竞争力。

衰退期企业以现金流量为起点，目标是维持市场稳定，开发新的投资项目。

表8-1　不同阶段的企业预算目标

项目	初创期	成长期	成熟期	衰退期
公司预算目标	确定目标市场，规避投资风险	扩大市场占有率，理顺公司内部组织管理关系	通过降低成本，增强企业在市场上的核心竞争力	维持市场稳定，开发新的投资项目
预算管理模式	以资本预算为起点	以销售预算为起点	以市场为导向，以成本为预算起点	以现金流量为起点

第二步：寻找路径

寻找路径，就是思考到底要用什么策略和方法来实现目标。

根据利润的底层逻辑：

利润＝销量×售价－成本

销量＝客流量×成交率

是可以推出：

利润＝客流量×成交率×售价－成本

所以，提升客流量、成交率、售价或者降低成本，都是实现利润增长的方法，这就是路径。

在更复杂的现实情况中，我们还会遇到同时销售多个产品的情况。那么，对每个产品来说，上述4个数据的优化空间分别有多大？操作难度有没有区别？由此可以分析出：我们到底该对哪个产品投入更多精力，以便实现利润增长？

第三步：准备资源

根据在寻找路径时得出的方法和策略，我们要开始准备资源，比如需要什么样的人？需要多少人？需要多少钱？需要什么条件？等等。

比如说要想提升客流量，就要思考到底是采用投广告购买流量，还是增加销售人员加大推广力度？不同的措施，分别要花多少钱？需要多少人？如果要提升售价，就要升级产品，那准备给研发部门多少钱？需要什么资源？如果要降低成本，就要想办法增加优秀的管理人员，或者上线更高效的管理系统，这又需要投入多少钱？

简单来说，就是什么事（What）、谁去做（Who）、从哪里入手（Where）、什么时间（When）、如何做（How to do）、多少钱（How much），当你把这些细节想清楚了，预算框架就出来了。

在企业经营过程中，通常把**预算分为三种：业务预算、资金预算和财务预算**。下面我们就展开来讲一讲，这三种预算都是如何制定出来的。

第三节 如何做业务预算

How to do

公司规模大了，为什么反而不赚钱？业务员总喊着产品定价太高不好卖，我能不能调低售价？营销总监总想增加团队人数，我该同意吗？学会做业务预算，就能找到这些问题的答案。

一、怎么理解业务预算

业务预算指的是与本企业基本生产经营活动相关的预算。

做业务预算的出发点，一定是赚钱，是利润，而不是营业额。因为在很多情况下，营业额达标了、增长了，公司却不如原来赚得多，甚至可能赔钱。这是很多老板的切身之痛。

但在梳理业务预算时，营业额是重要的参考指标。**做业务预算，主要是考虑营业额，根据营业额倒推出各种费用，以指导我们更好地实现目标。**在这一节的后半部分，我将介绍**一些工具**，帮助大家**找到营业额和利润的关系**，从而在面临一些经营难题时，更好地做出决策。

接下来，我们可以通过一张图（见图8–2），来理解业务预算包含哪些方面。

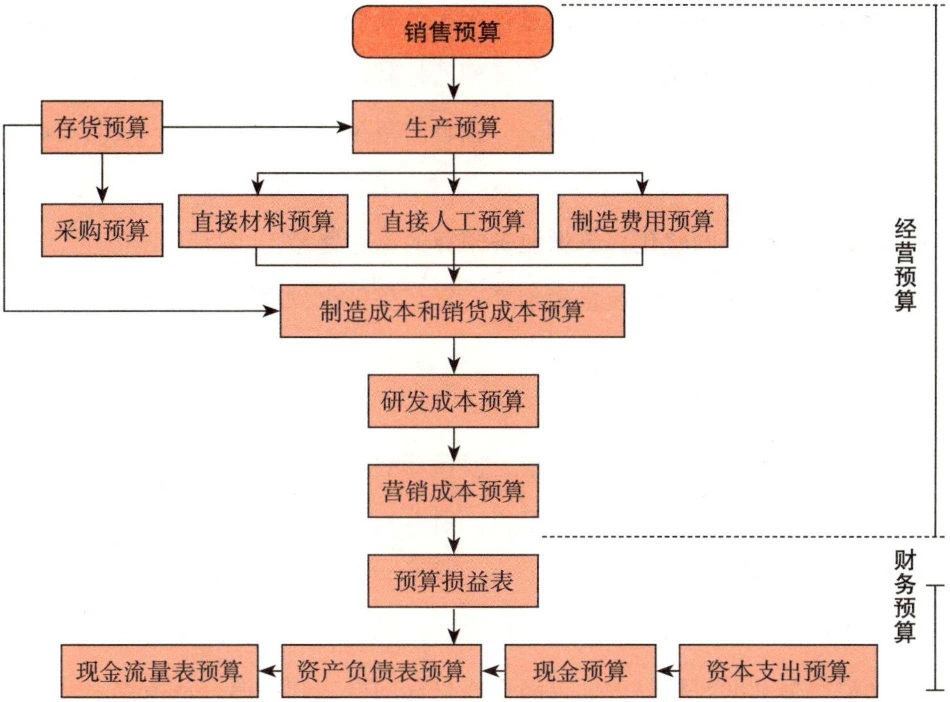

图8-2 业务预算

从营业额出发，公司今年要实现什么样的销售收入？这意味着要卖出多少产品？如果要生产这么多产品，需要找多少人来生产？要准备多少原材料？要产生多少制造费用？然后必然还会涉及仓储环节，比如要用多大的仓库？这些合起来，叫作**制造成本和销货成本预算**。

倘若企业对产品进行更新升级，就会有**研发成本预算**。可能表现为一个具体的研发部门所需的方方面面，也可能只是一些临时性的外包合作费用，比如产品包装升级。

倘若企业打算进行营销宣传，就会有**营销成本预算**。也有一些企业不会在营销上投入太多费用，比如一些工厂接单子只靠业务员去跑业务，那工厂的营销成本可能就是0，只有销货成本。

然后汇总成**预算损益表**。通过这张表，我们可以直观地看到，当前的营业额会对应什么样的预期利润，公司到底是赚钱还是亏钱。然后我们可以思考如何优化，从而获取更大的利润，或者防范可能出现的风险。后面我们会介绍一些技巧和工具。

对预算损益表的优化，是做业务预算的重中之重。当优化结束后，我们可以继续算出公司的现金流量表预算、资产负债表预算、现金预算、资本支出预算。

至此，业务预算就做完了。

很多人以为预算是财务的事情，但预算的最高负责人应该是老板。因为财务只能做数据的工作，没有决策权。财务人员计算出的种种结果，其实是老板各种决策的数据体现。

正确的方法是，老板把各部门的核心人才组织起来，成立一个预算小组，然后根据利润目标，一起推演达成目标的方法和资源，从数据上就体现为对预算损益表的优化，最后得出更有指导意义的业务预算。

在推演时，有两个重要的思路：企业能花多少钱？把钱花在哪？

二、企业能花多少钱

根据之前在“利润的底层逻辑”中学到的内容，我们可以得到：

利润＝收入－固定费用－直接成本－变动费用

如果把固定费用视为所有必然发生的费用，比如后勤人员的工资，签过合约的仓库租金等；把直接成本视为所有伴随经营活动必定诞生的成本，比如销售人员的提成，生产产品所需的水电费、采购费等，它们会因为营业额的变化而变化；那么，剩下的变动费用就是公司能花多少钱。

我们换一个说法，叫它“预算”，或者叫“预算金额的上限”。则：

预算＝目标营业额 — 固定费用—直接成本—目标利润

※ 案例 ※

假设企业在做预算时，目标营业额是1000万元，目标利润是100万元，根据目标营业额算出的直接成本是600万元，此外，还有固定费用200万元。请问今年企业最多还能花掉多少钱?

答：1000万元—200万元—600万元—100万元＝100万元

也就是说，对这家公司而言，最多还有100万元的预算来帮助团队达成目标营业额。倘若花超了，那就算目标营业额达成了，目标利润也会下降。

那么，这里的固定费用和直接成本是否可以压缩呢？可以，要看接下来公司把这100万元花在哪儿。如果花在了对的地方，就可以。

三、企业把钱花在哪

我们来看图8-3。

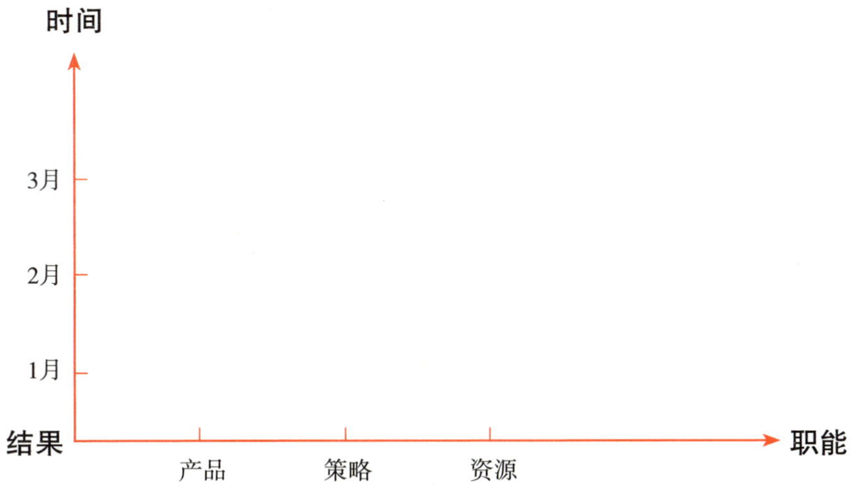

图8-3　思考的两个维度

当我们思考把钱花在哪儿时，有两个维度。

横向是职能：是花钱提升产品的质量？还是花在经营策略的改进上，去学习更先进的方法和工具？还是花钱做营销，打广告，甚至直接购买更多的客户资源？预算小组一定要充分思考讨论：有限的预算，到底花在哪个或哪几个职能上，才能最高效地促进利润增长？

纵向是时间：每个月，公司要在各个“职能”上分别花多少钱？因为只有100万元，要花12个月，那么就要规划出每个季度、每个月，甚至每天要花多少钱，分别花在哪里。

在思考时，一定要想得很细致。比如：计划每个月要花在员工身上多少钱。那么，生产部门有多少人，销售部门有多少人，行政、财务等后勤部门有多少人，他们领到的是工资、绩效、奖品还是奖金？只有想得足够细致，才能确保目标的实现。

在讨论时，老板要作为最终决策者，主导前进的方向。

※ 案例 ※

在阿里巴巴高速发展的时候，它的业绩每年都是翻倍的，但它的团队人数也在不断增加。换句话说，当年阿里巴巴是采用增加人数的方法来提升公司业绩的。

结果有一年在做预算的时候，马云说：“今年我们要增加两倍的业绩，但是不可以增加两倍的人，最多只能增加100人。”他为什么这么说？因为他决定了自己在“人”这个职能上最多要花多少钱，然后对应出来就是最多增加100人。

当时所有的职业经理人都说：“不可能。如果不增加人员根本无法达成业绩目标，老板能不能改变一下？”马云说：“不行，我最多只能给你100人。”

我们都知道，人多好办事，钱多好办事。所以，当你跟下属说“你要给我完成多少目标”的时候，他一定会说：“老板，那你必须要给我多少预算，多少招人的指标。”

这时候，我们到底是答应，还是不答应？要看整体的预算安排和老板期望公司发展的方向。如果这个要求是合理的，那我们当然要答应，支持他完成目标；如果不能，那我们可能就要换个工作思路，或者换个更有能力的人。

在《经与营》中，我们谈过一个“经营着力点”的概念。要想提升业绩，除了增加团队的人数之外，还有很多条实现的途径。比如可以提升员工的人均产出，要求每个员工都努力一点，让效率变得更高，或者通过培训让员工的能力获得提升。再比如，我们可以发现新的业绩增长点，研发新的产品，提高客单价。

要知道，当年阿里巴巴的团队人数最终不但没有增加100人，反而少了100人，但业绩翻倍的目标依然实现了。

如果没有做科学的预算，你就不知道公司业绩增长的背后花了多少钱，也没有办法知道要实现业绩目标，什么才是最有效的方法，哪怕方向错了也没办法发现，没有改正的机会。很多公司就是没有做过预算，没有在一步步试错中发现最佳的策略，结果导致目标营业额实现了，但目标利润并没有实现，企业规模变大了，但利润反而更少了，这就违背了做企业的目的——盈利。

大脑营行所研发的系列课程，就是希望能扭转老板的认知误区，减少老板的试错成本，学习更系统的经营理念，让企业获得更快的成长速度和更高的利润。

四、保本销量点和保利销量点

接下来我要给大家讲两个重要的工具，保本销量点和保利销量点。

保本销量点：卖多少才能保本，完成怎样的目标营业额才能不亏钱。

※ 案例 ※

某公司一年的固定成本是100万元，卖一件衣服的价格是100元，假如每件衣服的直接成本是50元，要卖多少件衣服才能保本？

在“利润的底层逻辑”中，我们曾经给过大家一个关键词，叫“毛利”。

毛利＝售价－成本

这里的成本，是指直接成本，即这一件衣服从生产到销售整个环节中产生的成本，比如原材料采购费、裁缝的人工费，或者干脆就是从供应商那里的拿货价。

衣服的售价是100元，成本是50元，请问毛利是多少？

100元（售价）－50元（成本）＝50元（毛利）

保本销量点＝固定成本÷毛利

所以，答案是：100万元（固定成本）÷50元（毛利）＝2万件。

这就是保本销量点的计算方法，可以展开应用，比如下面这个例子：

※ 案例 ※

某服装公司要开个办事处，需要花费30万元，计划半年内回本。如果每件衬衫只赚10元的话，这个办事处每月要卖多少件衬衫？

总销量＝固定成本÷毛利，月销量＝总销量÷月数

答案是：30万元÷10元＝3万件，3万件÷6个月＝5000件。如果办事处平均一个月卖不出5000件衬衫，回本的计划就无法如期完成。

保利销量点：目标营业额定为多少，才能保证达到目标利润。

也就是说，我今年想要赚100万元，到底要卖多少件产品？想赚200万元，要卖多少件？赚1000万元呢？

※ 案例 ※

假如某公司一年的固定费用是100万元，卖一件衣服的价格是100元，成本是50元。如果一年想赚100万元，要卖多少件衣服？

保利销量点＝（固定成本＋目标利润）÷毛利

＝（固定成本＋目标利润）÷（售价－成本）

所以，答案是：（100万元＋100万元）÷（100元－50元）＝4万件。

这就是保利销量点的计算方式。

运用这两个工具，我们可以更科学地制定公司的目标营业额，从而做出更合理的业务预算，更好地达成企业目标。

五、量本利分析法

接下来分享一套重要的经营工具：**量本利分析法**。这套分析法的核心，是依托保利销量点与保本销量点，在销量、成本、利润之间权衡，从而找到解决问题的最佳方式。

根据我们前面讲的“利润的底层逻辑”得出：

利润＝销量×客单价－成本

要提升利润有三个方法，分别是**增加销量、提升客单价、降低成本。**

很多人会采用增加销量的方法来提升利润，但在实际的经营中，当你面对一个存量市场的时候销量是无法增加的。假设你在农村开了一家店，村里就几个人，会买你产品的人就那几个，再努力也没有用。

而且，很多时候销量的增加伴随着成本的增加，利润不一定增加。比如连锁经营，多开店往往会带来销量的增加。但如果单店销量不能覆盖开店成本，整体利润反而会下降。

如果我们尝试降低成本，可能会导致产品出现质量问题，降低客户的满意度。涨价则有可能会让客户觉得贵而放弃购买。那么，我们到底该如何提升利润呢？可以通过使用量本利分析法，发现正确的决策到底是什么。

※ 案例 ※

某蓄电池企业，年销售额是1亿元，产品售价100元，成本60元，另有固定成本3000万元，目前税前盈利1000万元。

现在公司领导层召集各部门经理，研究如何才能击垮对手，抢占市场份额。营销总监提出，快速增加销量的策略就是降价20%，抓住那些对价格敏感的客户，促进成交，以占据更大的市场份额。而另一种策略是：涨价20%。因为蓄电池的成本已经无法降了，再降成本可能就无法保证质量。

为什么会拿这个例子出来讲解呢？其实是想插一句题外话。你们发现没有？许多老板特别喜欢研究怎么击垮对手，怎么占领全部市场。但是，做生意是打败敌人重要，还是赚钱重要？很多时候你打败了别人，自己不一定会赢。当你完成了一家独大的目标后，却发现自己没有利润，这样的一家独大有什么意义？

如果你不去做预算，不去盘点利润，一心只想着如何把对手的市场给吃掉，把对手打垮，不去想自己要为此要付出多大的代价，最终可以获得多少利润，就算达到了目标，也没有意义。这应该是许多老板犯的最大的错误。

所以，我们一定要把目标先放在利润上，先使用保利销量点来衡量得失，而不是保本销量点。

回到案例本身，如果你是老板，涨价和降价这两种策略哪一种比较好呢？

我们先分析一下降价20%后会怎样：

保利销量点＝（固定成本＋利润）÷（打折后的售价－成本）

＝（固定成本＋利润）÷（原价－折扣－成本）

＝（3000万元＋1000万元）÷（100元－100元×20%－60元）

＝200万件

当200万件这个数据算出来之后，营销总监就摇头了，说这个方法不行。因为现在的年销售额是1亿元，也就是每年才卖100万件，降价20%可以促进成交，但肯定不足以让业绩翻倍。

大多数公司都面临这样的问题。销售人员总会说："老板，我们的产品价格太高了，如果把价格降一点，业绩就会变得更好。"因为他拿的是销售提成，不会考虑公司有没有利润。他只希望公司的产品便宜一点，这样更好卖，可以拿更多销售提成。当我们学会使用量、本、利分析法之后，就可以很好地回应他们，比如这么说："我可以降价20%，但你必须要卖出200万件。"

那么，如果涨价20%，又会怎么样？

保利销量点＝（固定成本＋利润）÷（售价＋溢价－成本）

＝（3000万元＋1000万元）÷（100元＋100元×20%－60元）

＝66.67万件

这代表什么呢？如果涨价20%，只要我们能保住70%左右的客户，就没有退步。如果我们跟老客户的关系好，他们一个都没有走，那我们就有更多的利润。这些利润如果老板暂时放弃，只想抢占市场，可以用来干什么呢？做研发、做服务、提升产品质量、提升客户满意度。

当我们成为质量最好的企业，服务最好的企业，竞争对手拿什么跟我们比？我们将迎来新的增量市场，就是那些对品质有要求的客户。对这部分客户来说，他们不介意花更多的钱，只希望买到更好的产品。所以，我们的产品销量也会迎来新的增长，并带动利润增长。

我过去一直在跟大家讲“低价无路，出路在高端”。因为薄利多销是有尽头的，很快就会迎来薄利也销不多的时候。未来只有一条路可以走，就是产品单价越来越高，品质也随之越来越高。如果你还按照薄利多销的思想，你的企业会倒闭得更快。

那么，涨价难道就没有缺点吗？

涨价肯定会影响到一部分对价格敏感的客户，上面我们已经算出了保利销量点。如果涨价计划实施一年之后，发现对销售的影响太大，就要及时调整策略。这时候，就要用到保本销量点。

保本销量点＝固定成本÷毛利

＝固定成本÷（售价＋溢价－成本）

＝3000万元÷（100元＋100元×20%－60元）

＝50万件

如果我们实际卖出的产品不到50万件，就亏本了，这时候就要急刹车，尽快调整策略止损。如果实际卖出的产品在50万件以上、66.67万件以下，说明有利润，只是没有原来赚得多。这时候可以观望，看看未来发展趋势是如何，看我们对产品质量的提升能不能换来更多客户的认可。

在实际经营中，不同的老板可能有不同的风格，不同的打法，未必一定要如上面案例那样操作。但只要你学会怎么做业务预算，正确运用我分享的工具，就一定能赢得清清楚楚，掌握扭转乾坤的秘诀，更好地经营企业。

第四节　如何做资金预算

How to do

现金流为什么总是很紧张？资金链断裂离我有多远？当供应商要求尽快回款，我能答应吗？学会做资金预算，就能找到这些问题的答案。

资金预算是对企业下一年度的资金使用状况做一个初步合理的预测，主要考虑现金流，目的是防止公司的资金链断裂。

为了确保目标实现所需准备的资金，包含两个方面的内容：

一个是日常生产经营活动的现金流量收支情况。

另一个是，下一年度是否会有重大的投资活动，要预留出资金。

一、基本概念

首先，要明白基本的财务概念，以便更好地学习本节的内容。

一般来说，做生意都会知道这样几个关键节点：首先有采购，采购之后要付款；其次把产品销售出去后，会收款，见图8-4。

图8–4 做生意的关键节点

而在实际经营中，往往会出现图8–5所示的状态。

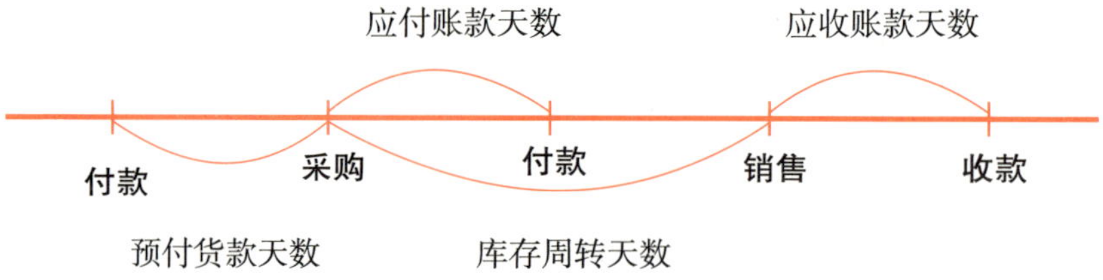

图8–5 企业付款流程

采购结束，生产出产品，一般不会马上卖出去，而是要先存到自己的仓库里（入库），要把它卖出去（出库）需要一段时间。从入库到出库的时间叫**库存周转天数**。

销售完成后，有些时候是立刻收款的，比如我们去超市买完东西是当场结账，此时销售和收款中间几乎没有间隔。更多时候，企业是采用赊销的方式销售。也就是说，把产品卖给别人的时候是没有收到钱的，而是要等一段时间后再收款，这笔钱叫**应收账款**。从产品出库到收回钱的时间，我们称之为**应收账款天数**。

还有一些厂家很强势，他采用的是预收账款的方式进行销售。也就是说，你要购买他的产品，必须提前把钱支付给他，他才会把货给你。如果我们的上游厂家要预收账款，我们就要在采购的物品到货之前付款，这叫**预付账款**。他也要一个月后才会给你货，这个过程叫**预付账款天数**。

也有些上游厂家会采用赊销的方式进行销售，也就是说，你可以先从他那里采购货品，存入你的仓库，过一段时间之后才付款给他，把别人的货存入自己的仓库到支付货款的这个时间，我们称之为**应付账款天数**，也就是我们可以欠人家的钱。

二、资金预算的公式与应用

资金预算的核心公式，见表8-2。

表8-2　资金预算的核心公式

核心公式	资金缺口（企业要准备的流动资金）=年营收÷资金周转次数
	资金周转次数=365天÷资金周转天数
	资金周转天数=库存周转天数+应收账款天数-应付账款天数

我们通过案例来学习如何使用这些公式。为了方便，把一年按照360天来计算。

※ 案例：公式的基础运用 ※

假如，一家企业的库存周转天数是60天，应收账款天数是30天，应付账款天数也是30天，那资金周转天数是多少天？如果年营收1.2亿元，一年需要多少流动资金？

答：根据公式

资金周转天数=60天+30天-30天=60天。

资金周转次数=360次÷60次=6次。

需要的流动资金=1.2亿元÷6次=2000万元。

接下来，我们尝试运用资金预算公式解决一些实际问题。

※ 案例：公式的实际应用 ※

还是上面这家公司，如果他今年想要把年营收提升1倍，实现2.4亿元营收，在资金周转天数不变的情况下，需要准备多少资金呢？

答案是：2.4亿元÷6次＝4000万元

但是，现在流动资金只有2000万元，如果我们去寻求另外2000万元资金，可能有比较高的成本，比如要贷款。那么，该怎么办呢？

一般来说，我们会选择提升运营的效率，也就是把资金周转次数提升到12次，那么根据公式，资金周转天数就必须降到30天。那么，怎么办呢？

根据公式：

资金周转天数＝库存周转天数＋应收账款天数－应付账款天数

我们可以通过三种方法，让资金周转天数从60天降为30天。

第一种方法：降低库存周转天数

如果产品昨天生产出来今天就卖光了，那库存周转天数是多少天？只有1天。所以，回到这个例子，你看原来这家企业从入库到出库要60天，如果把这个时间缩短成30天，问题就解决了。

第二种方法：降低应收账款天数

应收账款，是别人欠你的钱。

如果业务比较固定，比如都是长期合作，早就跟客户签好了订单，约定了交货日期，那库存周转天数很可能无法缩短。这时候我们就只能跟客户说，交货日期可以不变，但不能赊销了，货到就得付款。因为例子里的企业应收账款天数是30天，直接抹掉变成0，才能让资金周转天数变成30天，才能解决问题。

第三种方法：延长应付账款天数

应付账款，是你欠别人的钱。

例子里的企业，想要把年营收提升1倍，才产生了资金缺口，流动资金变得不足了。那么，也许可以强势一点，把给供应商的付款时间往后拖一拖，这在现实中也很常见。

根据资金周转天数的公式，如果应付账款天数从30天延长到60天，也可以解决问题。

到这里，这个案例就讲解完了。

具体到企业的实际应用，因为一家企业可能同时会有多种产品、多个供应商，销售形式也是多种多样的，作为老板和管理者，能理解其中的底层逻辑，进而做出恰当的决策就可以了。那么现在，你是否能计算出根据自己公司下一年的目标营业额（年营收），需要准备多少资金，才能够保证资金链不断裂呢？

三、用资金预算来理解一些企业的崛起

像京东、国美、苏宁这样的公司为什么很牛？因为它们的资金周转天数非常低，这意味着企业几乎不需要流动资金。

比如像国美电器这样的公司，卖出一个电器后，马上就收到现金了，也就是说，该公司的应收账款天数是0。而公司的货是找厂家的供应商直接发的，店里除了样品是没有存货的，库存周转天数是0。但是国美电器让厂家发完货之后，并没有马上把钱打给供应商，而是等几个月后再把钱打给人家。这就相当于，国美电器不仅对流动资金的需求是0，公司账户上还有大笔别人的钱，有源源不断的资金可以免费使用。

所以你就很容易理解，这样的公司为什么能够不断做大。

第五节 如何做财务预算

How to do

营业额做大了，利润却少了，为什么？怎么解决？员工对我牢骚满腹，让他完成任务，他反而提了一堆要求，为什么？怎么解决？学会做财务预算，就能找到这些问题的答案。

前面我们讲的业务预算、资金预算都是为财务预算做准备的。而财务预算就像汽车的仪表盘（见图8–6）。我们开车的时候，如果没有仪表盘，就不了解汽车现在处于什么状态，很有可能造成车毁人亡。

财务预算

包含内容		落地表格
赚多少利润	……→	预计利润表
现金流增加多少	……→	预计现金流量表
资产结构如何变化	……→	预计资产负债表

图8–6 如何理解财务预算

财务预算是指明年一年能赚多少钱，也就是赚多少利润，现金流会增加多少，资产结构会如何变化，然后形成预计利润表、预计现金流量表、预计资产负债表。财务预算要以企业利润为核心，目的是找到让公司获利的方法。

公司老板最好在每年年初就让每个员工都知道自己今年需要做什么事，这样才有可能实现公司的目标，这才是正确的经营方式。而这，离不开财务预算。那如何做财务预算呢？

一、财务预算的前提——成本核算

财务预算的前提是要**对成本进行核算**。成本核算要锁定产品的盈利空间，如果成本核算不清楚，业务预算和销售预算就不准。这就像汽车仪表盘上显示的各种读数都不对，看似也能开车上路，却风险重重。

通过成本核算，老板才能发现公司各个产品的盈利水平，然后选择正确的方向。比如，有很多产品卖得很好，却不赚钱；有些产品很赚钱，但却卖得很少。我们要不要取舍？到底要如何取舍？主要是看各个产品的盈利水平。麦当劳就经常精简菜单，因为它只保留赚钱又好卖的产品。

我们筛选过产品之后，还要筛选客户。要通过成本核算，发现哪些客户是不赚钱的，可以不必继续在他们身上投入精力；发现那些对利润贡献大的客户，可以加大投入力度，提升服务品质。

二、预算准备三步走

1. 预算准备第一步：贡献分析

（1）编制客户毛利贡献表

如果做的是B端（代理商）的生意，你需要去分析一下每个代理商给公司带来的销售收入是多少？每个代理商贡献了多少毛利？毛利率是多少？回款金额是多少？账期是多长？收入比重是多少？所有客户的毛利总贡献是多少？这时你需要编制一份客户毛利贡献表，见表8-3。

表8-3 客户毛利贡献表

产品	销售收入	毛利额	毛利率	回款金额	账期	收入比重	毛利额比重
A							
B							
C							
D							
E							
F							
合计						100%	100%

在填充这张表格时，你会逐渐理解，每个客户到底对公司有多大贡献。

比如，你会发现有些客户你要投入很多成本，但是他却欠你很多钱，账期又很长，你还要承担额外的招待费用等。你明明在他身上花了很多钱，赚的钱却很少。虽然他可能给你带来的营业额很大，但是他的折扣要求高，返利很多。也许他给你带来的营业额占总营业额的比重高达50%，但他给公司带来的利润可能连5%都不到。这样的客户你留下来做什么？

我告诉你，这样的客户太危险了，相当于你公司所有的人都围着他转，结果他给你带来的钱只占利润的5%。如果要保证市场占有率，你可以保留这样的客户。如果不是为了保证市场占有率，我建议你早点放弃这样的客户。不赚钱的客户，应该通通甩给竞争对手，然后让他们把竞争对手都拖死。

当然，如果你是做C端零售的就不好统计。因为C端每个客户的单价都比较少，如果你是做B端的，就一定要去统计你所有的客户，然后筛选。

（2）编制产品毛利分析表

然后你要去做一下产品分析，你的公司可能是只做一个产品，也可能有A、B、C、D几个产品，要去算一下每个产品的收入占比，要算出直接成本、毛利额、毛利率、收入比重和毛利额比重，见表8–4。

表8–4　产品毛利分析表

产品	销售收入	直接成本	毛利额	毛利率	收入比重	毛利额比重
A						
B						
C						
D						
E						
F						
合计						

分析完之后，才知道哪个产品应该毙掉？哪个产品是公司主要的利润来源？我们应该把哪个产品重点放大？

当然有一些公司A产品是不赚钱的，A产品的毛利额比重虽然很低，但是因为A产品的销量提升，能够带来B产品的收入提升，这样是没有问题的。所以你要去测算每一个产品带来的价值。

（3）编制团队（个人）贡献分析表

另外，如果你们销售团队有开分店，还要去分析每一个团队或者每一家分店的价值。如果愿意的话，你甚至可以算出每一个员工做了多少业绩，他的毛利额、毛利率、收入比重、毛利额比重分别是多少，见表8–5。

表8-5　团队（个人）贡献分析表

团队（个人）	业绩	毛利额	毛利率	收入比重	毛利额比重
A					
B					
C					
D					
E					
F					
合计				100%	100%

※ 案例 ※

过去我们也在团队贡献这里踩过坑。大脑营行有好几个销售团队，A团队150人，一年做了1.5亿元营收；而B团队才80人，一年做了1亿元营收。请问哪个团队对大脑营行的贡献更大？

很多老板都没有算过每个团队具体的毛利率，我也一样。过去，我们是按照营业额来奖励员工，A团队的营收是B团队的1.5倍，但各项成本加起来比B团队多了将近2倍，又领取了高于B团队的额外奖励，进一步拉低了团队的毛利率，相比而言，A团队的贡献不如B团队。

所以，如果我们只按照营业额奖励，那所有的团队都会想办法增加人数。因为人数增加了，营业额就可能增加。但我们做企业不是考虑营业额，而是考虑利润。如果我用很少的人也能够实现目标，就不要招太多人，因为人少能让我的利润变得更高。当然，这不是让大家去无限压榨员工，而是说，要把团队人数控制在合理范围内。

2. 预算准备第二步：编制费用预算表

这张表非常简单，我们用一个案例来讲解。

※ 案例 ※

假设2021年做了1200万元业绩，固定工资花了100万元，变动工资花了50万元，奖金花了10万元，房租花了20万元。今年计划完成2400万元业绩。

那费用预算表怎么做呢？

先把去年所有的费用都列出来，填入表格，包括不限于营业费用、管理费用、财务费用、营业支出，比如工资、奖金、社保、招待费、差旅费……然后，假定公司的管理水平跟上一年是一样的，下一年还会延续这个管理水平，那么今年的费用是跟业绩指标成正比的。根据今年的业绩指标直接计算，今年业绩要完成去年的两倍，那么费用也是去年的两倍。

然后，得到下表8–6。

表8–6　费用预算表（一）

项目	去年	今年
固定工资	100万元	200万元
变动工资	50万元	100万元
奖金	10万元	20万元
房租	20万元	40万元
总计	180万元	360万元

注：该表为等比例计算。

所以，我们做费用预算表的时候，一定要先确定去年业绩和今年目标业绩的比值，根据这个比值计算今年的各种费用。但因为固定费用基本上是不变的，所以要把固定费用改回去。

在这个案例里，固定工资和变动工资是会变的，因为业绩要增加，员工也可能要增加；奖金是会变的，毕竟业绩增加了，但房租不变。所以，我们把房租改成跟去年一样。

得到下表8–7。

表8–7　费用预算表（二）

项目	去年	今年
固定工资	100万元	200万元
变动工资	50万元	100万元
奖金	10万元	20万元
房租	20万元	20万元
总计	180万元	340万元

注：固定费用不变。

最后，只要我们能按这张表控制住各项费用的发生，企业的利润就提前锁定了。

3. 预算准备第三步：编制模拟利润表

这张表在“利润的底层逻辑”里就已经教过大家了，你按表格的提示填入相对应的数据就可以提前知道下一年的利润会是多少了。

三、如何制定年度预算

当我们准备好上面这些资料之后，就可以开始制定年度预算了。

（1）搭建预算小组（见表 8-8）

表8-8 预算小组

名称	人选	职责
组长	老板或总经理	全局思考
副组长	财务总监或财务经理	提供数据
书记员	一个数据能力非常强的人	整理、总结、发布
组员	各部门主管	制订自己部门的预算方案
纪律委员	无要求	维持秩序
生活委员	无要求	安排餐饮和茶歇

预算小组的组长为什么必须是老板或总经理？因为老板或总经理必须对经营负责，只有站在全局的角度来思考，才能确保预算的成功。

副组长为什么必须是财务总监或财务经理？因为他能够提供数据，没有人比他更清楚公司的经营状况。

预算小组里还需要有一个人做纪律委员，为什么？因为公司开预算会议可能要持续开一周，这时候可能会有人迟到或早退，要有纪律约定不能迟到或早退，要召集会议并做好考勤记录。同时，要请一个人担任生活委员，因为在预算会议的过程中有可能会没日没夜地做头脑风暴，这时候就需要生活委员安排餐饮和茶歇给大家补充能量。

搭建预算小组的目的是，通过预算，把公司的总目标分到每一个部门，再让每一个部门把目标分给下属团队，最终转化为每一个人的目标。当每个人的目标都实现时，公司的目标自然就实现了。

为什么要这样做呢？因为有这样一句话："上对下，层层加码，'码'到成功；下对上，层层兑水，水到渠成。"如果我们不通过预算小组来分解目标，而是直接分解目标，就会导致层层加码。

※ 案例 ※

有个老板，他心中真正的年度营业额目标是100万元。但他告诉总监，目标是120万元。这样略高一点，更保险。

总监给手下的3个团队把目标定在50万元，防止有团队完不成任务，连累自己。

团队经理再往下分任务，又要略高一点，所有人的个人目标加起来变成了60万元。

这样，公司实际上的年度目标变成了多少呢？180万元，几乎翻倍了。

压力传导到基层，下级人员为了完成目标，就会要求获得更多的资源，或者干脆撂挑子不干了：你用100万元的资源，让我们完成180万元的指标，那是不合理的，甚至不可能完成，就不听你的了。

层层加码会导致公司绩效考核的指标都是不准的。这样，员工完不成，公司也很难进行惩戒，因为确实理亏。如果公司硬要惩戒，就会人心涣散。

如果成立预算小组，大家一起参与预算的决策过程，就能够把目标和资源匹配起来，有利于最后的执行，不会因为纸上谈兵心里没底就盲目加码，也不会随便同意下属提出的资源要求，造成浪费。

（2）召开第一次动员会议

会议的主要内容是什么？**明确年度目标及目标增幅。**

首先，我们要确定年度目标是增加客户数量还是增加营业额，还是增加利润。其次，要想清楚目标增幅到底是增长10%还是增长20%，还是更多。

要想清楚如果我们要做什么大项目，需要多少费用。要想清楚今年到底要现金流，还是要利润，还是要扩大规模。

战略影响决策。如果公司的战略选择是要现金流，便宜一点卖都可以；如果要保证利润，我少卖一点都可以，但要涨价；如果要市场占有率，我便宜一点卖也可以，赊销铺出去也可以；如果需要营业额，就需要更大的客户，需要更多的客户。

目标增幅一定要建立在大量数据的基础上。大量数据的基础是什么？比如有些人去年做100万元，今年说要做1000万元，这叫拍脑袋喊口号，是没有用的。目标增幅一定是基于过去三年的增长趋势，同时可以结合同行的数据。如果同行都能够增长10倍，而我们每年只增长一两倍就满足了，那后果不堪设想。

（3）找出经营着力点，对年度目标进行分解

所谓的经营着力点，就是实现目标的策略。

总之，我们要根据在“经营的底层逻辑”中学过的内容，找到影响目标达成的因素。

利润＝客流量×成交率×客单价×复购率－成本

要根据利润公式，找到实现利润目标的措施及方法，分析一下措施及方法的可行性和能产生多大的效果。

要把一年需要的所有费用都算出来，并细化到每一个月公司要花费多少钱，细化到每个部门要花多少钱，再细化到每个人要花多少钱，让大家都珍惜资源。否则，靠个别人的主动节约是没有用的，靠个别人的主动努力是不可控的。

（4）费用的管控与绩效指标的确定

费用可以分为两部分，一部分是部门的费用，一部分是公司的费用。

部门的费用可控，包括房租、水电费、工资、奖金等。分得越细就越可控，越容易将责任分配到人。比如公司老板今年给财务部100万元做预算，如果财务部增加人手，每个人的工资就要变少。如果财务部能够用更少的人就把事情做好，节约的钱可以拿出一部分分给财务部的员工。比如财务部今年只用80万元就把目标完成，那公司老板就会拿出20万元的50%，也就是10万元奖励给财务部的员工。

公司的费用不可控，但是这部分要进行分摊。

※ 案例 ※

我们公司有一栋办公大楼。所有的销售团队都希望要一层楼用来办公，这层楼由团队说了算。但如果每个团队各分一层，公司的办公费用肯定很高。

所以我们把公司的费用进行细化，每个团队独立核算成本。如果某团队提出要用一层办公楼，公司不阻拦，但要承担相应的成本。于是，他们部门的利润就会因此减少，能拿到的公司奖金可能就少了，然后他们就说："给我1/3层就好了。"

如果公司没有把费用按部门分摊，各部门就不会考虑办公场所的成本问题。但如果把公司费用分摊到每个部门，让每个部门都承担相应的成本，他们自然会想办法节约。

部门利润＝部门总收入 —部门费用—公司费用分摊

我们要算出每个部门的利润，针对每个部门的利润进行分配，就可以导入增加式分配机制和减少式分配机制。但这一切的前提是你要先把成本计算出来，如果成本没有办法算出来，这一切都没有办法算。

假设去年公司赚了300万元利润，今年目标是赚400万元利润，超过400万元的部分全部都分给团队，相信你的团队一定会想办法赚更多的利润。哪怕没达到400万元利润，只要团队通过节约给公司省成本，也就创造了利润，比如创造了10万元，那就把其中一半奖励给员工，相信你的团队一定也会注意节约。

但注意：预算分析的目的不是帮公司省钱，而是定出合理的绩效指标，从而确定一条能有效实现公司目标的路径。

预算决定绩效，预算不清楚，绩效就无效。

（5）设定奖励机制

员工的原动力来源于公司的奖励机制，因为激励的核心是分配。要想实现目标，就一定要让员工有动力，所谓“重赏之下必有勇夫”。

我们可以设定基本目标和冲刺目标，还可以设定保底目标，见表8–9。

表8–9　目标与奖励

冲刺目标	奖励总利润的10%
基本目标	奖励总利润的5%
保底目标	鼓励奖

注意，到底拿出多少利润，由老板决定。不一定要拿利润的5%或者10%，原则上是要让团队有兴奋度。奖金也不能只给业务团队，因为一家公司不可能只有业务团队，还有行政、后勤、财务、生产部门。在团队内部，奖金也要以合理的方式分配给领导和员工，还可以留一部分当作团队活动基金，见图8–7。

这样，通过以上五个步骤，我们不仅能把预算做好，还能让公司的中坚骨干明确各自的目标，明确能拿到的资源支持，从而更好地达成目标。

财务预算中，还有一些专业的财务表，一般由财务人员编制，比如前面我们提到的预计利润表、预计现金流量表、预计资产负债表等，我们就不一一展开阐述了。如果想要了解，可以关注大脑营行的线下课程。

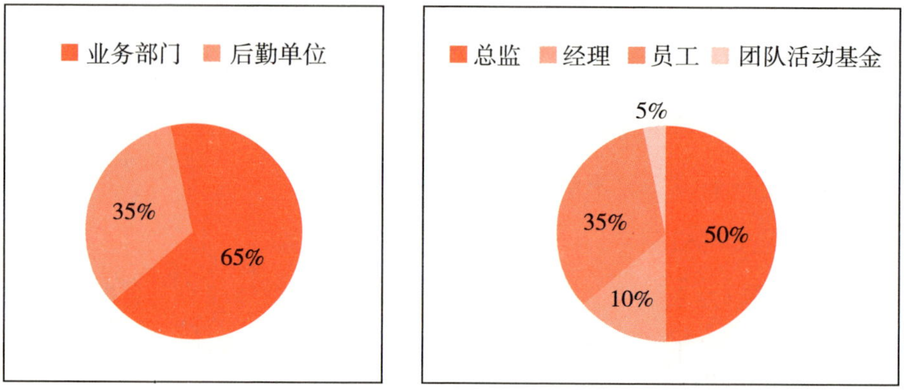

图8-7　奖金分配示例

后记一

从事企业管理培训十几年，培训了几十万家企业，发现同样的方法在不同的企业那里发挥出来的价值是不一样的，有的人听了觉得很好，但却用不出来，而有的人一学就会，导入企业后产生了不可估量的价值。

后来我发现最大的区别就在于老板与老板之间的差别。

人与人之间的差别，第一个叫作信息差，我知道你不知道。第二个叫作认知差，我的理解能力跟你的理解能力不同。第三个叫作执行差，我做了，而你没做。第四个叫作竞争差，我比你做得好。

因为每个老板从小受到的教育不同，成长的环境不同，创业的经历不同，所以思维模式有很大的不同。很多人虽然天天看书、听课或学习，但他的思维是碎片化的，缺少系统性，所以只能头痛医头、脚痛医脚，每天陷于“事物主义”泥沼，让自己活成了“救火队长”，根本原因就是他不懂商业的底层逻辑。

什么是商业的底层逻辑？简单说，就是商业运作的规律。

一栋高楼，你能看到窗户、墙面等等。这栋高楼无论风吹雨打都不会倒掉，因为这栋高楼的下面有你看不到的地基。地基深入地下，保证了高楼的稳定。如果地基不稳，整栋高楼将瞬间倒塌。所以我们可以这样说，地基的存在决定了高楼的存在。

商业的底层逻辑就像盖房子时的地基一样，地基没有规划好，再好的资源和条件，都无法盖出摩天大楼。

无数商业成功的案例都表明，要想彻底了解这个世界，最好的办法就是先把自己的领域研究透，找出其中的底层逻辑，只要你能够做到这一点，其他领域的事情就能够很容易搞定。

因为规律是相通的。请记住，无论你在多么传统的行业，只要你能把本行业的底层逻辑参透，就能够窥见整个世界的真相。一旦你拥有了这种能力，就可以一眼看穿不同事物的本质，就可以在不同的领域、不同的行业自由切换。

人与人的竞争，本质上是认知的竞争。思考能力的缺失、思维能力的局限，使得很多人意识不到自己真正的问题所在。员工干劲不足，流动性大；经营成本居高不下，内耗严重；部门之间扯皮推诿，效率低；资金回笼慢、坏账多；企业高层发展到一定阶段，出现另立“山头”的现象……种种问题让很多中小企业老板焦头烂额。还有很多老板在不停地“转型”，餐饮不好做就去做服装，服装不好做就去做机械，机械不好做就去做农业，农业不好做就去做金融……可是没有一件事做成功。为什么？因为他们没有参透商业的底层逻辑。没有顶层设计做什么都错，没有底层逻辑听什么都对，做什么都错。就像一个人不会游泳，即使拼命地换游泳池，也照样不会，还有可能被淹死。

《商业的底层逻辑》就是让你了解这个时代商业的底层逻辑，解决现在诸多企业面临的普遍性问题，减少你的犯错成本、时间成本，相当于为所有老板修建好了地基，再让大家像搭积木一样构筑好自己的商业王国。从战略到利润，从利润到经营，从经营到人才，从人才到激励，从激励到分配，从分配到绩效，从绩效到预算，八个维度为大家呈现一套系统的思维模式，助力老板打造好企业经营和管理的闭环，从而突破企业的发展瓶颈，实现企业业绩的增长和老板的身心解放。

这本书和我过去写的书都不一样，因为在写作上我做了一个创新，给了大家一套思考的底层逻辑。

这个底层逻辑是：

第一个，Why——为什么？

第二个，What——是什么？

第三个，How to do——如何去做？

也许过去你学过很多企业经营管理的知识，但是你只知其然，不知其所以然，那你所学的一切都无法真正应用到实践中，因为你无法形成自己的思维逻辑。

所以，我在创作这本书的时候，都是从“为什么、是什么、如何做”这三个维度来讲的，目的是方便大家更好地学习和理解。因为只有知道为什么，你才能把思维提升一个层次，让你学会站在更高的角度俯瞰事情的全局，这样你才不会困在细节当中，才不会出现当局者迷的情况。当然，所有的理论到最后都是要用于指导行动的，要将所学所思应用出来落地执行，就必须要学会定义它，知道它是什么，并且还需要有一套具体可行的方案方便你去执行，告诉你第一步做什么、第二步做什么、第三步做什么……

《商业的底层逻辑》这本书，就是帮助大家建立系统的思维逻辑，并给出一套完整的实操方法，让大家洞察商业运作的本质和规律，从而在商业王国中游刃有余。

本书也是我和李超合著的第一本书，“战略的底层逻辑、利润的底层逻辑、经营的底层逻辑、预算的底层逻辑”四个章节是我写的，“人才的底层逻辑、激励的底层逻辑、分配的底层逻辑、绩效的底层逻辑”四个章节是李超写的。我们从2010年合作创办大脑营行以来，一直都是他在带领团队执行拿结果，所以他写的这四个维度对于想把团队管理好的人非常有借鉴作用。

创业20多年，我们一直在研究企业、辅导企业、培训企业，通过我们不断地深耕细作，总结出一套经营管理逻辑，可以帮助企业应对市场的不确定性，目的就是要把偶然的成功变成一种必然。相信本书可以帮你找到一把解决企业经营管理难题的万能钥匙，助你实现企业的可持续增长。如果你想学习相关的视频课程，可以扫描图中的二维码进入大脑营行的App学习，我为大家提供了7天免费在线学习所有课程的福利。希望能助力你突破企业发展瓶颈，早日实现业绩暴涨和身心解放。如果你看完本书有所收获，建议你报名参加线下的“商业思维”课程，希望能助力你的事业更上一层楼！

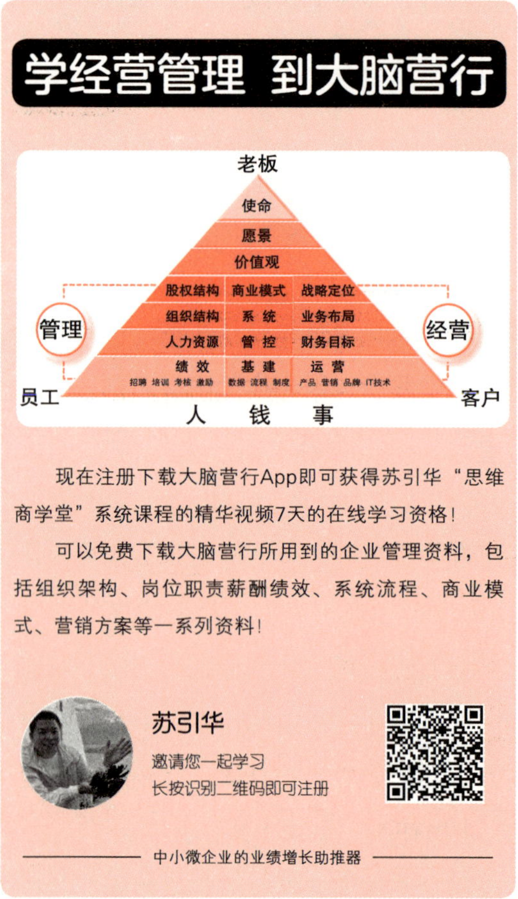

苏引华

2023年3月8日

后记二

创立大脑营行十几年来，培训过几十万家中小微企业，无数老板都向我表达了同一个愿望，希望通过学习打造出一个像大脑营行一样召之即来、来之能战、战之能胜的铁军团队。

因为所有的人都知道：小成功靠个人，大成功一定要靠团队！企业与企业之间的竞争不是老板与老板之间的单挑，而是团队与团队之间的比拼！没有团队，再伟大的梦想，也只能停留于空想！

无论是了解客户需求，还是研发、生产、销售、服务，企业所有的经营活动都是由人才来完成的，因此很多人认为人才是企业最核心的竞争力。但是在我从事企业管理培训的过程中，有很多人向我反馈，他们公司也曾招过很多不错的人才，但配合得并不好，甚至还出现了“请神容易送神难”的尴尬情形。事实上，很多企业表面上缺人才，根本原因是管理人才的人不是人才，因为他不懂得打造团队的底层逻辑，无法对人才进行系统的选育用留。

所以，人才并不是企业的核心竞争力，对人才进行管理的能力才是。作为一个老板或者企业高管，必须强化人才管理能力，只有学会如何管理人才，才能更好地使用人才。

虽然我们做的行业不一定一样，但所有的事情都是由人来完成的，所以本质上我们都是管理人才、使用人才的行业。虽然打造团队没有标准答案，但是也有规律可循。

之所以和苏老师一起写这本书，是因为看到太多的创业者因为不懂打造团队的底层逻辑，奋斗多年依然在孤军奋战、苦苦支撑。所以，我把这么多年从事企业管理研究和打造团队的实战经验总结成一整套理论逻辑和方法论写出来，帮助创业者在打造团队的过程中少走弯路，促进企业的快速发展。

本书结合了我十几年来自己打造团队的实战经验，以及给无数学员做咨询辅导的经典案例，帮助大家理清打造团队的底层逻辑，通过系统的流程步骤，协助每个企业老板和管理者把团队打造得更好，实现更大的目标和梦想。

具体从如何根据企业的战略和业务板块搭建公司的组织架构，实现各部门各岗位的合理分权分工；到如何设定各个部门和岗位的工作职责，让大家各司其职、各尽其责做好事情；再到如何明确人才的任职资格即人才画像，选对人才；再到如何系统地做好自我激励、下属激励（物质激励、精神激励、发展激励）、团队激励（思想、生活、目标团建），激发人才的动力；再到如何系统地制定薪酬机制和绩效考核，发好短期、中期、长期、关怀四大薪酬，让人才自动自发拼命干……

相信你掌握了这一套完整的团队管理系统后，也能在管理过程中省去时间成本、犯错成本，快速打造出属于自己的铁军团队，从而实现企业的业绩增长，获得更大的成功。加油！

李　超

2023年3月8日

“商业思维”课程

“商业思维”课程从**人性、人心、人欲**的角度教你如何构建持续获利、自动化运营的企业“金三角”，帮助老板**解决经营管理中的三大难题：**

1. 如何分钱——**如何让员工持续不断跟随？**（公司设定的机制必须能成就员工）
2. 如何赚钱——**如何让客户持续不断购买？**（公司研发的产品必须能造福客户）
3. 如何收钱——**如何让客户持续主动购买？**（公司设计的销售流程要简单易懂）

它破译了企业激发生产力背后的分配机制，
它解锁了员工高效超强执行力的奖惩机制，
它揭秘了世界500强基业长青的晋升机制，
它剖析了古老而永恒的人性、人心和人欲！
它帮助无数企业实现业绩暴涨、老板身心解放！

“商业思维”课程框架

当你学完“商业思维”课程，你会发现：

3个月就能赚到去年1年赚的钱，而且身为老板的你每月只需工作3天，
再也不用接那些让你心烦的电话。

更重要的是——

员工不要加班费，每天工作到你赶他下班还不走……
从此，你的企业将变成一台自动赚钱的机器，
你将过上有钱、有闲、有笑容的休闲生活！

接下来让我们快速浏览一下你将从“商业思维”课程中学到的部分精彩内容（仅仅是一小部分）。

第一部分 如何合理分钱（团队思维）——如何让员工持续不断跟随？

★【建立依赖】如何让员工离不开公司，如何让客户离不开公司？

在这里，你将学到分钱的三大原理。

当你学会这三大原理后，你将从招人难、留住好的员工更难的痛苦中解放出来，让人才蜂拥而至为你效劳，并且永远团结在一起为你所用，让你的团队稳如磐石！让你成为员工的偶像、企业的精神领袖，备受崇拜！【实现心灵自由】

★【统一立场】如何让员工像老板一样心甘情愿、自动自发地工作？

在这里，你将学到分钱的三大方法。

当你学会这三大方法后，你将从员工散漫、团队凝聚力弱、无法调动员工积极性的痛苦中解放出来，让你的员工拥有强烈的主人翁意识和责任感及成为第一名的原动力！让你每月仅需工作3天，却取得30天的工作成效！【实现时间自由】

★【解放老板】如何打造自动化运营的商业系统，让老板不再辛苦？

在这里，你将学到分钱的三大策略。

当你学会这三大策略后，你将从想解放自己却又无法脱身的噩梦中解脱出来，让你的员工心甘情愿地带好团队，裂变出更多分公司！让你的公司利润提升4~8倍，却不增加1分钱成本！让你解放自己，有钱又有闲！【实现财富自由】

第二部分 如何快速赚钱（产品思维）——如何让客户持续不断购买？

★【满足需求】如何让公司的每一款产品都令客户尖叫并疯狂购买？

在这里，你将学到**赚钱的三大原理**。

当你学会这三大原理后，你将从产品卖不出去、找不到新的业绩增长点、多年来停滞不前的煎熬中**摆脱出来**，让你公司的每一款产品都令客户尖叫并**疯狂购买**！让客户不买的时候记住你，想买的时候指定你，持续不断地永远只跟你购买！

★【无中生有】如何打造漏斗式的商业模式，让客户持续不断买单？

在这里，你将学到**赚钱的三大方法**。

当你学会这三大方法后，你将从赚不到钱、找不到人生方向、深陷迷茫无法自拔的煎熬中**挣脱出来**，打造出漏斗式的商业模式，让客户持续不断地买单！让企业可以在零风险的前提下以小博大，快速摆脱竞争对手的恶性竞争，**轻松赚钱**！

★【出奇制胜】如何运用颠覆时空的思维模式创造并引领商业潮流？

在这里，你将学到**赚钱的三大策略**。

当你学会这三大策略后，你将从成本不断增加而业绩停滞不前，甚至倒退的痛苦中**解脱出来**，打造出令客户尖叫的产品，让你的产品不需要销售也能让客户疯狂购买并转介绍，让你的企业立于不败之地，**基业长青**！

第三部分 如何持续收钱（客户思维）——如何让客户持续主动购买?

★【永续经营】如何优化企业的三大利润来源，打造持续赚钱系统?

在这里，你将学到**收钱的三大原理**。

当你学会这三大原理后，你将从苦于有好产品却找不到客户、有市场需求却找不到突破点的痛苦中**解放出来**，让你精准定位客户群体，增加客户黏性！让你不再计较一时的得失，学会放长线钓大鱼，让客户**持续主动**地回购！

★【赚钱机器】如何优化企业的销售流程，让客户持续主动地购买?

在这里，你将学到**收钱的三大方法**。

当你学会这三大方法后，你将从劳民伤财、费时费力地打造团队、开拓产品销路而市场占有率却很低的逆境中**找到一条出路**，让客户成为你免费的业务员，让你不需要优秀的业务员也能快速地把钱收回来，打造**自动化**的赚钱机器！

★【远交近攻】如何把一切社会资源为我所用、远交近攻纵横天下?

在这里，你将学到**收钱的三大策略**。

当你学会这三大策略后，你将从永远在开发新客户、永无止境面对客户拒绝的深渊中**解脱出来**，打消客户的购买顾虑，让客户心里无法剔除你的产品，自觉地购买你的产品，自愿地给你介绍客户，从而实现企业业绩的**快速倍增**！

“系统思维”课程

帮助你突破企业发展瓶颈，打造永续经营、自动化运营的系统，解决企业发展中老板的五大困惑，实现企业自动运转、老板身心解放、员工自动自发！

老板的困惑

“系统思维”课程框架

“系统思维”课程主要解决企业发展中**老板的五大困惑**：

1. **产品（项目）没杀伤力、不好卖，**想让产品（项目）卖得更好。

2. **资金瓶颈，**三角债务严重，资金链随时会断裂，想发展却没资金！

3. **渠道不给力，**业绩不理想，想提升业绩，开拓渠道，开分公司。

4. **团队无激情、没有状态、无执行力，**想打造好团队，管理好员工。

5. **营销跟不上，**想打造公司自动化运营系统，解放自己，时间自由。

一、系统思维之产品系统（卖什么）

1. 如何用“乔布斯产品创意法”来开发新产品，在新产品还未上市就成为万众瞩目的焦点，持币待购，上市当天就造成轰动，除了疯狂购买就是转介绍。

2. 如何用不为人知的“5种定价方法”，不打价格战也能让你的产品在竞争中脱颖而出，并巧妙提升产品价格，不但不会流失客户，而且能快速增加销量。

3. 如何在产品开发中设置“三大防火墙”，从而永远避开竞争，独家锁定高利润区，让竞争对手坐火箭也追不上你。

二、系统思维之资金系统（谁支持）

1. 如何用“比尔·盖茨期权融资法”，内部锁定员工，外部锁定客户，民间锁定投资人，并用“类金融”锁定他们的资金，零利息为你所用！

2. 如何用“麦当劳连锁复制法”，让别人心甘情愿地把他的钱、时间、资源贡献出来，免费给你使用。（99.99%的商业巨头都在使用此种方法，或者说不懂此法的人永远成为不了行业巨头。）

3. 如何用“华尔街复利倍增法”，小投入大产出，零风险做到1∶10的投资杠杆，让你的企业每年以10倍以上的速度增长！

三、系统思维之渠道系统（在哪卖）

1. 如何使用不为人知的“裂变式推广策略”，3个月内整合3000家不同行业的联盟商，免费帮你宣传产品并为你输送新客户，从而让你快速实现利润倍增！

2. 如何使用“产权分配法”，激发外部渠道和内部员工的强大动力，攻城略地，为企业源源不断地贡献收益！

3. 如何使用“史玉柱的脑白金逆向营销法”，让产品在一夜之间红遍大江南北，让代理商备着现金，排着长队，挤破脑袋，主动上门来找你！

四、系统思维之团队系统（谁来卖）

1. 如何借用全球最顶尖的体育团队——美国NBA梦幻团队——的“铁三角法则”，1个月内将原来相互拆台和一盘散沙的团队凝聚成一支无坚不摧的虎狼之师，对外不拿下不罢休，对内不抛弃不放弃！

2. 如何使用“汉高祖刘邦的帝王之术”，将天下英才收入麾下、为我所用，既能使每个精英尽展才华，又能防止高手团队的反水背叛！（你需要了解“汉初三杰”韩信、萧何、张良皆是当世一等一的高手，却为何心悦诚服地跟随草根出身的刘邦！）

3. 如何使用“军校的特种兵速成训练法”，将一个新入职的员工在3个月内训练成单兵作战能力超强的特种兵，高效完成各种任务！

五、系统思维之营销系统（如何卖）

1. 如何使用“必成交的营销高压锅”，24小时就把新客户“煮”成快速成交的大客户！（该方法的12条成交连环计，让新客户卸下防备，无法抗拒，马上成交，有效率高达99%，谁用谁知道！）

2. 如何用“小米参与营销法”，为企业这头猛虎插上互联网的翅膀，1个月内获得1000万个以上的潜在客户，并确保你的网站在开通的当天就赚钱，从而让你的企业变成一台自动赚钱的机器！

3. 如何用“好莱坞电影造势法”，在产品制造出来之前就吸引到足够的注意力，刺激客户的购买欲望，让客户朝思暮想渴望购买你的产品！

这不是一本书，而是一份礼物！